홍보가 아니라
소통입니다

홍보가 아니라
소통입니다

—— 뉴미디어 전문가 **정혜승이** 말하는 **소통 전략**

정혜승 지음

더 나은 소통을 위한 출발점

"네? 제가 거길 왜 가요?"

"가슴 뛰는 일을 해야 하지 않겠어? 이전 정부와는 완전히 다른 직접 소통, 해보고 싶지 않아?"

2017년 5월 윤영찬 국민소통수석이 만나자고 했을 때, 솔직히 혹시나 하는 마음보다 호기심이 더 컸다. 적당히 거절하고 돌아올 참이었다. '가슴 뛰는 일'이라니. 그해 초 나는 직장에서 부사장으로 승진했다. 월급도 오르고, 2년 뒤 행사할 수 있는 스톡옵션이라는 것도 난생처음 구경하게 됐다. 속된 말로 이제 꽃길이 열리나 싶은 상황이었다. 기자를 그만두고 기업으로 옮긴 지 9년째, 직장인으로서 권한과 책임이 늘어난 것도 나에게는 충분히 '가슴 뛰는 일'이었다.

역사상 유례없는 5월 '장미' 대선으로 문재인 후보가 대통령으로 당선됐다. 대통령직 인수위원회도 없이 바로 출범한 문재인 정부의 행보는 날마다 신선했다. 대통령비서실의 임종석 비서실장, 장하성 정책실장, 조국 민정수석을 비롯해 강경화 외교부장관, 김상조 공정거래위원장, 피우진 국가보훈처장… 인사마다 파격이고 감동이었다. 5·18민주화운동 기념식에서 펑펑 우는 가족을 꼭 안아주는 문재인 대통령을 보면서 우리도 드디어 국민과 공감하는 지도자를 만났다는 감동이 밀려왔다. 이 정부의 성공을 위해 뭐라도 도울 수 있다면 좋겠다는 생각이 들기 시작했다. 거짓말처럼 마음이 흔들렸다.

"지미, 나 청와대에서 같이 일해보자는 제안을 받았어요."

"마냐, 카카오에서도 할 일이 많아요. 우리 함께해야죠. 아니, '달님' 모시고 일한다고 하면 제가 붙잡기 너무 어렵잖아요."

카카오는 서로를 직급 대신 영어 이름 혹은 닉네임으로 부른다. 나는 마냐, 임지훈 카카오 대표는 지미다. 당시에는 많은 이들이 문 대통령을 '달님'이라 불렀다. 지미는 고맙게도 가지 말라며 나를 붙잡았다. 지미와 대화하면서 내가 이미 가진 게 많다는 사실, 그만큼 놓아야 할 것이 많다는 사실을 비로소 실감했다. 지미에게는 고맙고 미안했지만, 내 안에 '가슴 뛰는 일'을 하고 싶다는 열망이 싹을 틔우자 아무 말도 입력이 되지 않았다. 이미 눈에 콩깍지가 씐 사람에게 어떤 설득이 통하겠는가. 그나저나 인생 중대사를 이렇게 홀라당 결정해도 되는 걸까.

내가 가게 될 자리는 뉴미디어비서관이었다. 14년 기자 생활을 거쳐 2008년 다음Daum에 입사한 이후 뉴미디어와 소통에 대한 나의 관심은 당연히 높아졌다. 다음은 미디어라는 사실을 거부한 적이 없는 회사다. 다만 뉴스를 직접 생산하지 않고 유통하는 뉴미디어 서비스를 하고 있으니 새로운 룰이 필요했다. 다음은 뉴스 서비스인 미디어다음 외에 아고라를 비롯한 뉴스형 서비스에 대해 끊임없이 고민했다. 당시 언론사들은 '닷컴' 시대를 본격화했으나 혁신은 보이지 않았다. 해외에서는 문 닫는 언론사가 줄을 이었다. 기존 모델이 지속가능하지 않다면 우리도 뭔가 새로운 게 필요한 건 분명했다. 다음에는 이런 고민을 나눌 수 있는 최고의 전문가들이 많았다.

세계적인 미디어 학자 마셜 매클루언은 "미디어는 메시지"라고 했다. 글이든 이미지든 소리든, 우리는 동굴벽화에서 신문, 라디오, TV를 거쳐 디지털로 진화했다. 한때 케이블TV나 IPTV를 뉴미디어로 분류했지만 이후 소셜미디어, 유튜브, 인공지능 스피커, AR, VR까지 나왔다. 멀티미디어, 온디맨드미디어 같은 개념도 어느새 낡아버렸다. 올드미디어와 뉴미디어 구분은 수명이 길지 않다. 아날로그와 디지털로 구분한다면 어떨까? 그런데 현재 디지털 서비스를 하지 않는 신문, 라디오, TV가 있던가? 언제나 개념을 '정의'하는 게 가장 어렵다. 개념 정의도 어려운데, 달라진 미디어 환경을 기반으로 국민과 '직접 소통'을 하겠다니, 무엇을 어떻게 과거와 다르게 할 수 있을까?

이 어려운 도전에 가슴이 뛰기 시작했다. 부끄럽지만 '내가 해봐서 아는데', 소통은 진짜 힘들다. 아마 수많은 홍보 담당자들, 공보 책임자들, 대변인들 모두 어려움을 겪고 있을 것이 분명하다. 기자들도 마찬가지다. 마땅히 널리 알려야 할 스토리를 더 많은 사람에게 전달하고 확산되게 하기 위한 고민이 적지 않다. 예전에는 기사만 쓰면 됐는데, 이제 별걸 다 고민하지 않을 수 없는 상황이다.

내가 책을 쓰기로 결심한 것은 바로 그런 고민을 하는 분들과 정보를 나누기 위해서다. 청와대라고 별수 없다. 오히려 소통에 핸디캡이 있는 조직이다. 검색이 아니라 공유의 시대인데 청와대 콘텐츠를 공유하면 너무 친^親정부 사람처럼 보여서 꺼려진다는 얘기를 적잖게 들었다. 온갖 시행착오를 겪으며 고군분투했다.

1961년 청원법 제정 후 한번도 제대로 작동하지 않은 청원을 청와대 국민청원으로 살려낸 것도 소통의 일환이었다. 국민의 뜻을 모아서 국민의 힘으로 변화를 만들어내는 플랫폼을 시도했다. 때로 "청원이 있었기에 가능했다"는 한마디에 뭉클했다. 국민청원을 불편하게 생각하는 이들의 목소리도 주의 깊게 들어봤지만, 그래도 국민청원을 만들지 않았으면 국민과 어떻게 소통했을까 싶을 때가 더 많다. 청와대 소통 과정의 고민, 실수와 성과를 솔직하게 공유하기 위해 글을 쓰면서 국민청원을 각별하게 다룰 수밖에 없었다.

기자 출신으로서 포털에서 뉴미디어의 진화 과정을 가깝게 목격하면서 얻은 경험과 생각도 기록해두고자 한다. 앞서 언급했듯 뉴미디어 시대에 언론은 시장의 위기와 신뢰의 위기를 동시에 맞았다. 사람들은 점점 더 뉴스를 보지 않는다. 우리가 생각하는 것보다, 체감하는 것보다 미디어 생태계의 변화는 가파르고 거칠다. 후배 기자들조차 '기렉시트' 비법을 묻는 상황이다.

탈진실의 시대, 가짜뉴스가 범람하고 공론장이 위축되고 있다. 이는 민주주의의 기반을 위협하는 일인데 해법과 대안은 뚜렷하지 않다. 분명한 것은, 언론이 서서히 침몰하든 급격히 쓰러지든 결국 그 사회적 비용은 언론뿐 아니라 국민이 치러야 한다는 점이다. 위기를 기회로 삼아 절실하게 바꾸어야 한다.

시도가 없는 것은 아니다. 다시 저널리즘에 집중하는 곳을 비롯해 다양한 도전이 국내외에서 이어지고 있다. 플랫폼 환경의 변화에 상관없이 각자 처지에 맞게 추구하는 미디어 전략을 자세히 들여다보는 일은 꼭 필요하다. 현직 기자라면 어떤 도전을 이어가야 할지 궁금할 테고, 기자가 아닌 사람들 중에서도 콘텐츠와 플랫폼 실험을 하면서 미디어의 정체성 탐구에 분주한 경우가 적지 않을 것이다. 시민의 재교육 측면에서 미디어의 역할이 지금과 다르게 진화할 여지도 있다고 본다.

미디어의 미래, 저널리즘의 방향을 고민하는 이들과 이런 생각을 나누는 것은 언제나 즐거웠다. 책을 통해 정보를 투명하게 나누

는 것이 또다른 도전을 이끌어내고 더 나은 성과를 만드는 출발점
이라는 것을 믿는다.

차례

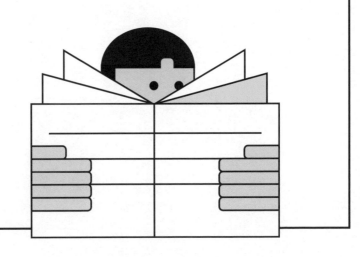

2장. 고전하는 올드미디어

1장

미디어 환경의 변화

누구나 뉴스를 보던 시대

포털 메인이 뭐길래

"아니, 대체 왜 그 기사가 하필 다음 메인에 있는 겁니까? 뭔가 (비판하려고, 선동하려고) 작심하지 않고서야 왜 그런 기사를 골라서 걸겠어요? 대체 편집은 누가 합니까? 기준이 뭐예요?"

포털에서 일하다보면 반복해서 듣는 질문이다. 포털 뉴스의 메인 톱기사는 정부와 정치권은 물론 기업도 관심이 많다. 이 항의의 속내는 이 기사 때문에 매우 불편하고 곤란하다, 윗분이 알기 전에 혹은 윗분에게 보고할 수 있도록 이 기사를 메인 화면에서 내릴 수 없느냐는 것이다. 나의 대답은 '별 의도 없다' '그 기사가 현재 가장 뜨거운 이슈 아니냐' '(어느 정도 시간이 지났으니) 곧 내려갈 것이다' 정도지만, 사실 모범 답안은 이렇다.

"포털 메인이 왜 그 기사냐고요? 한겨레 1면 톱은 왜 하필 그 기사일까요? 한국일보 1면 박스는 왜 그 기사일까요? 그건 미디어의 편집권입니다. 원래 미디어는 기사를 고르는 게 일입니다. '편집 판단'editorial judgement은 국내 언론 독립의 관점에서는 물론, 미국 수정헌법에도 적시된 미디어의 독립적인 고유 권한입니다. 포털은 뉴스를 생산하지 않지만, 메인에 어떤 기사를 걸지 판단합니다. 우리의 편집 원칙은 모두 공개되어 있습니다. 또한 어느 기사를 언제 어느 공간에 얼마나 걸었는지 모두 공개합니다. 투명성은 미디어 서비스의 신뢰성을 높입니다."

한번은 이런 일도 있었다. 어느 해 지방선거 투표일 오후에 일어난 일이다. 정부 고위 관계자가 다음 대외협력, 대관對官 담당자인 내게 전화를 걸어왔다. 어찌 (감히) 이럴 수가 있느냐고 목소리를 높였다. '대체 무슨 일이지?' 그럴 만한 일이 없을 텐데 싶었지만 가슴이 철렁했다. 뭔가 잘못된 게 있느냐고 조심스럽게 물었다.

"지금 미디어다음 메인 기사가 투표율이 낮다는 속보잖아요."

'아, 설마 투표율이 높은데, 낮다는 오보가 메인에 걸렸다는 말인가?' 순간 당황했다. 그런데 뉴스 자체는 정확한 속보였다. 투표율은 실제 낮았다.

"투표율이 낮은 건 맞는데요. 문제는 투표율이 낮다는 뉴스를 본 사람 중에 투표율을 높이고자 마음을 바꿔 투표를 하게 되면 어쩔 겁니까. 미디어다음이 선거에 개입하는 거잖아요. 당장 그 기사를 내리지 않으면 소송을 걸어 책임을 물을 수도 있어요."

정부 고위 관계자가 민간 기업의 대관 담당자에게 이런 식으로 얘기하면 기업 입장에서는 솔직히 위축될 수밖에 없다. 나는 목소리를 낮추며 애써 차분함을 유지했다. "무슨 말씀인지 잘 알겠지만, 포털이 정부 관계자 전화를 받고 선거 관련 기사를 내린다면 그게 더 오해의 소지가 있지 않을까요? 무엇보다 선거 당일 투표율은 중요한 속보인데, 그 보도 자체는 전혀 문제가 없잖아요. 기자 출신인 제가 판단하기에도 포털 메인에 걸리는 게 당연한 기사입니다. 정부에서 소송을 건다면 어쩔 수 없지만, 그게 소송 사안인지는 모르겠네요." 내 말을 듣자 그분도 화를 누르는 기색이 역력했다. 결국 소송은 걸지 않았다.

문제가 있는 보도라면, 어딘가에서 요청하기 전에 기사를 작성한 언론사가 먼저 삭제한다. 투표율 보도가 어떻게 문제 보도란 말인가. 민주주의 사회에서 정부가 투표율을 조금이라도 높이기 위해 애쓰는 게 맞지 않나? 중앙선거관리위원회가 선거에 대한 관심을 유도하고 투표율을 높이기 위해 온갖 캠페인을 하지 않던가? 그 정부 고위 관계자가 혹여 투표율이 낮다는 보도를 투표 독려로 받아들였다고 해도 그게 어떻게 선거에 개입하는 거라고 생각했는지, 왜 투표율이 높아지면 문제가 된다는 식으로 생각했는지 알다가도 모를 일이다.

잡지 편집장 출신인 프랭클린 포어 역시 자신의 저서 『생각을 빼앗긴 세계』에서 투표율과 관련해 정부 관계자와 비슷한 주장을 했다. 페이스북은 "2006년 대비 2010년에 상승한 투표율 중 0.6퍼센트 이상이 페이스북에 등장한 단 하나의 메시지로 인한 것이라고 볼 수 있다"라는 내용을 학술지에 발표했다. 이에 대해 포어는 "하나의 기업이 감당하기에는 지나치게 큰 권력"이라고 비판하며 페이스북이 투표율에 영향을 미친 사건을 심각한 문제라고 지적했다.[1]

포털 메인에 걸리거나, 페이스북 뉴스피드에 올라온 정보가 투표율에 영향을 미칠 수 있다. 그런데 그게 원래 미디어의 역할이다. 민주주의 사회에서 미디어는 유권자들에게 후보자에 대한 정확한 정보를 전달하고 투표를 독려하는 역할을 해야 한다. 투표율이 높게 나온 것을 높게 나왔다고 전달하는 것은 투표율에 영향을 미치는지 여부와 상관없이 지극히 정상적인 미디어 활동이다. 설혹 소셜미디어가 투표율에 영향을 미쳤다고 해도, 편파적 사실 왜곡이 아닌 바에야 문제 삼는 것이 더 이상하다.

누구나 뉴스를 보는 시대에는 모든 게 예민했다. 포털이라는 뉴스 플랫폼을 놓고 별걸 다 신경 쓰던 시절이었다. 그 무렵 청와대에 있던 옛 친구에게서 저녁 시간에 전화가 왔다.

"그래도 믿었는데, 어떻게 이럴 수가 있어. 포털 대문(첫 화면)에 온통 한겨레, 경향신문 기사만 걸려 있는 게 말이 되냐?"

이건 또 무슨 얘기인가. 바로 들어가 살펴보니 실제로 한겨레와 경향신문의 기사가 적지 않았다. 이직한 지 얼마 안 됐을 때라 곧바로 확인했다. 미디어다음 뉴스 서비스 담당자는 차분하게 설명해줬다.

"언론사들이 포털로 기사를 보내는 시점 때문에 그래요. 저녁 무렵에 한겨레, 경향신문의 따끈한 기사가 많이 들어오고요. 저녁에 방송 뉴스 나가고 나면 방송 뉴스가 많이 걸리게 돼요. 조중동(조선일보, 중앙일보, 동아일보)은 신문을 찍어내는 윤전 설비가 좋아서 다른 신문보다 마감이 늦잖아요. 거긴 새벽 한두시, 늦으면 세시까지 들어와요. 아침에 출근해서 포털 보시면 조중동 기사가 더 많을 겁니다."

포털의 기사는 언론에서 보내주는 순서대로 걸린다. 종이신문 마감 시간에 맞춰 기사를 온라인에 띄우는 것도 오랜 관행이다. 그러니 이건 포털에 대한 신뢰 문제다. 신뢰가 없으니 포털이 또 무슨 장난을 치는 건 아닌지 의구심을 가졌을 법하다. 좋은 기사 위주로 거는데 신문 문패가 무슨 상관이냐 싶지만, 그 균형에 신경 쓰지 않을 수 없었다. 이런 논란을 피하기 위해 네이버는 통신사인 연합뉴스의 기사를 압도적으로 많이 걸기도 했다. 2016년 네이버 PC의 '많이 본 뉴스'에서 연합뉴스 기사가 54퍼센트를 차지했다는 분석이 있었다. 같은 시기 다음 PC의 '많이 본 뉴스'에서 연합뉴스 기사의 비율은 14.8퍼센트로, 네이버에 비해 약 4분의 1 수준인 것으로 나타났다.[2] 포털이 계약을 맺고 기사를 사와서 편집하는 언론사의 숫자가 100개를 훌쩍 넘는데 연합뉴스의 기사 노출이 절반을 넘는 건 괜찮은 것일까?

　포털 메인에 조선일보 기사가 많은지 한겨레 기사가 많은지만 문제가 되는 것이 아니었다. 포털 근무 당시 청와대 홍보수석실의 비서관을 만난 적이 있다. 청와대 홍보수석실은 청와대 출입기자들에게 현안을 브리핑하고, 언론 보도를 모니터링하고, 문제 보도가 있다면 정정을 요구한다. 포털 뉴스 소비가 늘어나면서 청와대에서 포털도 신경 쓰는 건 당연했다. 그 자리에서 비서관이 했던 정확한 발언은 기억나지 않지만 대략 재구성하면 이렇다.

　"일 잘하는 홍보팀은 평소에 언론사 기자들과 술도 마시고 밥도 먹고 관계를 잘 다져놓습니다. 그리고 결정적 순간에 부탁을 합니다. 제발 제목만 바꿔달라고, 혹은 1면 톱에서 사이드로 줄여주거나 2, 3면 안쪽으로 넣어달라고. 기사 삭제가 아니라면, 제목 수정이나 기사 위치를 바꾸는 게 사실 그렇게 어려운 일은 아니잖아요. 홍보 담당자 입장에서는 위에 성과로 보고할 내용만 있으면 돼요. 언론사에 뭔가 요청해서 통했다고 보고하면 되는 거죠. 포털의 문제가 뭔지 아세요? 제목 하나 바꿔주지 않고, 기사를 내려주지도 않는 겁니다."

　"아니, 포털이 언론사가 보내준 기사 제목을 마음대로 수정하는 것은 신문법에 따라 불법입니다. 아예 건드리지 못하도록 법으로 정했다고요." 그는 전혀 수긍하지 않았다. 포털이 뉴스를 '편집'하는 것은 사실이니 변명만 늘어놓고 있다고 여겼던 듯하다. 그러나 포털에 대한 규제는 대체로 언론사의 권한을 보호하는 방향으로 만들어졌다. 언론사 뉴스 수정은 제목이든 내용이든 포털이 건드릴 이유도 없지만 법으로도 금지되어 있다. 명백한 허위사실, 가짜 뉴스라면 언론사에 정정, 삭제를 요청해야 한다. 매개 플랫폼인 포털이 할 수 있는 일은 없다. 이제 와 고백하면, 청와대나 정부, 국회로부터 포털 메인에 올라 있는 기사를 내려달라는 요청을 받을 때 나는 기사가 노출된 시간부터 확인한 뒤 이렇게 말할 때도 있었다.

"아시다시피, 기사를 내리는 건 어렵지만, 이미 노출된 지 2시간이 지났으니, 1~2시간 내로 바뀔 겁니다. 당신이 애를 써서 기사가 내려갔다고 위에 보고하는 걸 말리지는 않겠어요."

이런 경우, 나는 뉴스 편집 담당자에게 입도 뻥긋하지 않았다. 원래 포털은 들어오는 사람들이 계속 같은 기사만 보지 않도록 적당한 시간이 지나면 기사를 교체한다. 때가 되면 노출된 기사가 바뀌는 걸 이용한 셈이다. 이런 에피소드도 이제는 다 과거의 일이 되었다. 이조차 사람이 편집할 때나 생각할 수 있는 일이지, 알고리즘 편집으로 바뀐 후에는 아예 불가능한 일이 되어버렸다. 포털에서 뉴스 서비스를 시작한 이래, 편집에 따른 책임 혹은 위험을 줄이기 위한 10여년간의 노력이 알고리즘 편집으로까지 이어진 셈이다.

포털에서 뉴스를 챙겨 보시나요?

미디어를 둘러싼 공정성, 중립성에 대한 논의는 뒤에서 다시 살펴보기로 하고, 여기서는 다른 차원의 질문을 해보자. 당신은 포털을 통해 뉴스를 보는가? 알고리즘 편집에 의한 포털의 기사 노출이 심각하고 중대한 문제이기는 한 것일까? 그동안의 문제를 근본부터 다시 검토할 시점이다.

네이버나 다음에 어떤 기사가 걸리느냐를 놓고 정치적 비난이 이어지고, 국회 국정감사 자리에 민간 기업인 포털의 CEO들이 불려갔던 것이 불과 몇년 전이다. 2015년 9월 당시 새누리당 김무성 대표는 "포털은 악마의 편집을 통해 진실을 호도하거나 왜곡되고 과장된 기사를 확대 재생산함으로써 '기울어진 운동장'을 만든다는 비판이 있음을 알아야 한다"라고 말했다.[3] 18대 대통령 선거를 두달 앞둔 2012년 10월 새누리당 홍지만 의원은 국정감사 자리에서 "다음 메인 화면에 새누리당 악재와 경제 위기 기사는 볼드체(굵은 글씨)로 표시하는 반면 야당에 불리한 기사는 게재하지 않고 있다"라고 주장했다.[4] 이용자의 가독성을 높이기 위한 볼드체 처리가 정치적 공방의 대상이 되다니. 신문 편집에서는 독자의 가독성을 높이기 위해 다양한 폰트를 각각 다른 사이즈로 쓰지 않던가. 신문 기사 제목의 크기, 위치 등이 국회에서 논란거리가 된 적이 있던가. 이런 주장에 맞서 실상은 그렇지 않다는 점을 설명하느라 오랜 시간을 들였다. 그런데 순식간에 옛날이야기가 되고 말았다. 사람들이 포털 뉴스를 덜 보기 때문이다. 그게 전부일까? 아니다. 핵심은 뉴스 자체를 덜 보고 있다는 것이다.

1990년대 각 방송사의 9시 뉴스 시청률이 20퍼센트 이하로 떨어졌다고 하늘이 무너진 듯이 걱정하던 시절이 있었다고 한다. 하지만 현재 각사 뉴스 시청률은 한 자릿수에 머물고 있다. 내가 신문기자로 일하던 시절에는 모든 출입처마다 테이블 위에 신문이 잘 정리되어 놓여 있었다. 2008년 다음으로 이직한 뒤 놀란 것 중 하나는 수백명이 근무하는 사무실에서 종이신문을 찾아보기 어려웠던 일이다. 오로지 홍보팀 공용 테이블에만 신문이 있었다. 한국언론진흥재단의 「2019 언론수용자 조사」에 따르면 1996년 85.2퍼센트에 달했던 신문 열독률이 2019년 12.3퍼센트로 뚝 떨어졌다. 하루 평균 신문 열독 시간 역시 같은 기간 43.5분에서 4.2분으로 급감했다.[5]

그래도 내가 포털로 옮겼을 당시만 해도 뉴스는 유효했다. 출근하면 커피 한잔하면서 포털 뉴스를 둘러보던 시절도 있었다. 포털 뉴스 트래픽은 출근 시간대, 점심시간 직후, 퇴근 이후에 높았다. 하지만 이제 PC를 통해 매일 네이버, 다음, 구글 등 포털 뉴스를 본다는 응답자는 3.1퍼센트에 불과하다. 전년 6.0퍼센트에서 또 절반으로 줄었다. 모바일은 훨씬 높지만 그래 봐야 34.6퍼센트다. 역시 전년 40.6퍼센트에서 감소 추세다. 게다가 단 하루도 포털 뉴스를

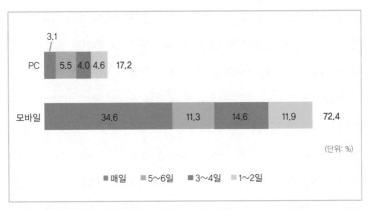

경로별 인터넷 포털 뉴스 이용 빈도
(출처: 「2019 언론수용자 조사」, 한국언론진흥재단 2019, 59면 참조)

보지 않는다는 응답이 PC에서는 10명 중 8명(82.8퍼센트), 모바일에서는 4명 중 1명(27.6퍼센트)을 웃돈다.

이제 방송 뉴스, 신문에 이어 포털 뉴스조차 덜 보기 시작했다는 것은 사실상 대중^{mass}을 상대로 한 커뮤니케이션, 즉 매스컴의 시대가 끝나고 있다는 뜻이다. 모바일에서도 네이버, 다음, 구글에서 뉴스를 아예 안 보거나, 일주일에 1~2일 정도 보는 이(11.9퍼센트)를 합치면 약 10명 중 4명. 이들은 어쩌다 뉴스를 보는 정도다. 속보 위주인 '단독'의 의미가 무색해지고 있다. 독자나 시청자가 어제 뉴스를 봤기 때문에 오늘 뉴스를 이해할 것이라고 생각하면 오산이다. 이런 인식이 소비자를 전혀 모르는 불친절한 미디어, 공급자 중심의 홍보팀을 만든다.

네이버 뉴스를 덜 본다는 것이 실감나지 않는다면, 아이든 조카든 주변 초중고 학생들에게 물어보라. 포털 뉴스를 보느냐고 묻는 것이 더 정확한 질문이겠지만 10대들에게 네이버를 이용하느냐고 물으면 아니라고 대답할 확률이 높다. 원래 아이들은 부모가 쓰는 앱을 좋아하지 않는다. 네이버도 엄마, 아빠가 쓰는 앱이라 덜 쓰게 된다는 반응이 나올 법하다. 2018년 미국과 영국에서 25세 이하 페이스북 이용자가 300만명 이상 줄었는데, 영국의 일간지 가디언은 페이스북이 10대 이용자를 잃어버리는 이유를 부모들 탓이라고 분석했다. '부모들이 페이스북을 죽여버렸다'는 제목인데, 부모가 페이스북에서 자신에게 친구 신청하고 말 거는 게 싫다는 얘기다.[6] 하물며 뉴스를 부모들과 같은 앱에서 보려고 할까?

네이버 뉴스의 뒷걸음질

한때 대다수 국민들이 뉴스를 보는 창구 역할을 했던 네이버의 변화도 눈여겨볼 만하다. 진보와 보수를 가리지 않고 뉴스가 편파적이라는 비판에 시달린 네이버는 결국 뉴스를 포기하는 것이 아니냐는 의구심까지 사고 있다. 네이버 PC 첫 화면은 가장 좋은 중앙 자리에 언론사 이름만 남기고 개별 기사는 없앴다. 가장 중요한 자리에 남의 명패만 진열한 셈이다. 네이버 모바일의 첫 화면 역시

2019년 4월 개편에서 구글과 유사하게 단순한 검색창만 남겨놓았다. 왼쪽으로 화면을 밀면 뉴스, 오른쪽으로 밀면 쇼핑이다. 쇼핑이 뉴스와 같은 비중으로 부각됐다기보다 뉴스 서비스가 그만큼 축소되었다고 봐야 한다.

이런 개편으로 뉴스 트래픽이 감소할 게 분명했음에도 네이버는 결단을 내렸다. 네이버에서 아웃링크로 연결된 트래픽이 쏠쏠했던 언론사에게도 트래픽 감소 타격이 적지 않은 것으로 알려졌다. 네이버의 대표 서비스인 검색 점유율도 2017년 80퍼센트를 웃돌았으나 2019년 50퍼센트대로 떨어졌다. 구글이 다음을 추월해 35퍼센트에 달한 상태다.[7]

네이버는 기존 주력 사업인 검색, 광고에 이어 웹툰, 커머스, 금융으로 사업을 확대하고 있다. 2019년 말 미래에셋대우로부터 8,000억원을 투자받은 네이버 파이낸셜은 2020년 행보가 빨라질 전망이다. 앱 시장과 소매 시장 분석 서비스인 와이즈앱/와이즈리테일에 따르면 2019년 우리 국민이 가장 많이 결제한 온라인 서비스는 네이버로 20조원을 웃돈다. 전년 대비 27퍼센트 증가했다. 2위가 약 17조원의 쿠팡이다.[8] 네이버의 인터넷 결제에는 온라인 쇼핑뿐 아니라 콘텐츠 구매도 포함되어 있지만, 아무튼 네이버가 뉴스에 주력할 상황은 분명 아니다. 네이버 웹툰은 2019년 글로벌 월간 활성 이용자[MAU] 수 6,000만명을 넘겼다.

네이버는 2019년 11월 '2019 미디어 커넥트 데이'라는 행사를 통해 네이버 뉴스 현황을 발표했다. 뉴스 이용자 중 30~40대가 56.2퍼센트를 차지한 반면, 10대는 3.4퍼센트, 20대는 17.1퍼센트에 머물렀다. 어차피 뉴스는 어른들의 애용품 아니냐고 할 수도 있겠지만, 젊은 세대에 어떻게 접근해야 할지 고민하지 않을 수 없다.

네이버는 뉴스 편집을 AI 자동추천 서비스로 개편한 이후 메인에 노출되는 기사가 200개에서 1만 2,000개로 늘었다고 한다. 기사당 조회 수를 말하는 페이지뷰도 10만 이상 뷰는 줄어들고, 그 이하 뷰가 늘어났다.[9] 뉴스 소비도 분산되고 파편화된 셈이다. 언론사를 구독하는 형태로 바꾼 지 2년 만에 1,500만 명이 신청했지만,[10] 전체 뉴스 소비의 총량, 개별 뉴스의 소비량은 줄어들었다. 이는 특정 기사에 사람들의 관심이 집중되면서 나타나는 영향력이 부담이 되자 이를 쪼개버린 결과다. 즉 네이버는 덜 주목받고 어젠다 세팅에 덜 관여하는 결정을 내렸다. 메인에 노출되는 200개 기사에 자사 기사가 많이 포함되던 언론사에게는 아쉬운 일이고, 다른 언론사에게는 조금 더 기회가 생긴 것으로 해석된다. 네이버는 소비되는 콘텐츠가 다양해졌다고 평가했다.

이 같은 개편에 대해 네이버가 정치적 논란을 피해 비즈니스만 좇는 선택을 했다고 보기에는 그간의 사회적 압력이 적지 않았다. 국회의원 출신 김기식 더미래연구소 정책위원장은 "네이버가 편집권을 언론사에게 넘기는 수준을 넘어서서 뉴스 페이지 기능을 아예 폐지해야 한다"라는 주장을 꾸준히 하고 있다. 언론 소비가 네이버를 통해서만 70퍼센트 이상이 이뤄진다는 것은 언론 자유는 물론 민주사회의 여론 형성에 위협이 된다 판단하는 것이다.[11] 방송 3사의 9시 뉴스든, 특정 신문이든, 특정 종합편성 채널(종편)이든, 유튜브든 뉴스 소비가 특정 매체에 집중되는 것은 늘 위협적이다. 그나마 포털이 방송과 신문들을 골고루 보여주는 다양성을 제공하지 않았나 싶지만, 그 포털 자체의 영향력이 큰 것은 다시 위협으로 돌아온다.

유봉석 네이버 서비스운영 총괄 전무는 2019년 8월 '저널리즘의 미래' 콘퍼런스에서 네이버 뉴스 서비스가 무엇을 고민하고 있는지 솔직히 공개했다. 이용자들이 뉴스 채널을 고를 수 있도록 이용자 미디어 리터러시(media literacy, 다양한 매체를 이해하고 이용할 수 있는 능력)를 어떻게 지원할 것인지, 필터버블(filter bubble, 이용자의 관심사에 맞춰 필터링된 인터넷 정보로 인해 편향된 정보에 갇히는 현상) 문제를 어떻게 해결할 것인지, 채널 저널리즘에 걸맞은 수익 모델은 어떻게 가져갈 것인지, 추천과 고도화는 어떻게 할 것인지 고민하고 있다고 밝혔다.

네이버의 뉴스 서비스가 어디로 가는지는 개인적으로도 큰 관심사다. 매체별 채널 서비스는 네이버가 선택할 수 있는 당연한 흐름이다. 네이버는 채널 구독을 각 매체의 역량에 맡기고, 자체 편집이나 자체 뉴스 서비스를 계속 축소하는 것으로 보인다. 뉴스 서비스에서 힘을 빼는 것이 네이버의 전략이라면 미디어 생태계를 지켜보는 이들에게는 충격이 아닐 수 없다. 신문과 방송의 시대를 지나, 포털을 통해 뉴스를 보는 시대가 저물어가고 있는 시점이라 더 그렇다.

2019년 초에 나는 다음 관계자에게 네이버가 뉴스 서비스에 소극적인 상황이 다음에게 기회가 될 수 있지 않느냐고 물어본 적이 있다. 실제 다음 뉴스의 트래픽은 네이버의 모바일 개편 이후 늘어난 것으로 알려졌기 때문에 뭔가 역전을 도모하지 않을까 개인적으로도 궁금했다. 그러나 이런 질문 자체가 조금 뒤떨어졌다는 사실을 알게 됐다.

"마냐, 지금은 네이버를 이기기 위해 뉴스 서비스에 인력과 예산을 투입할 때는 아닌 것 같아요. 문제는 네이버가 아니에요. 모두가 유튜브를 보고 있는데, 어떻게 대응할 것인지가 더 급해요."

정보 과잉의 시대, 흩어진 사람들

1984 vs 멋진 신세계

뉴스를 예전만큼 안 본다는 것이 사람들에게 죄책감이 드는 일일까? 전혀 그렇지 않다. 우리는 예전보다 훨씬 많은 정보에 노출되어 있다. 정보와 지식을 전달하는 것은 무척 오래된 역사적 행위이고, 문명의 기본이기도 하다. '베스트 오브 엣지' 시리즈의 첫권인 『마음의 과학』에서 스티븐 핑커는 "언어는 인류의 생물학적 진화에서 일어난 진정한 혁신"이라고 언급하고 있다.[12] 그 이후의 모든 혁신은 그저 언어를 더 멀리까지 전달하거나 더 오래 남도록 했을 뿐이라는 얘기다. 동굴벽화(그림)에서 수메르의 설형문자(글자)로 인류의 커뮤니케이션이 새로운 기원을 맞이한 이래로, 언어를 더 멀리 전달하는 방법으로 책, 신문, 라디오, TV, 인터넷이 차례로 등장했다. 전달 매체로서 이들의 등장은 하나하나가 역사를 바꾼 혁신이었다. 정보 독점이 권력의 속성이라는 것을 우리는 역사를 통해 배웠다. 그렇다면 대중에게 정보를 전달하고, 생각하고 논의할 기회를 주는 것이야말로 민주주의의 미덕 아닐까.

문제는 요즘 말로 TMI(Too Much Information의 약어. 너무 많은 정보, 굳이 알려주지 않아도 될 정보) 현상이 점점 심해지고 있다는 점이다. 1995년 스튜어트 맥밀런은 조지 오웰의 『1984』와 올더스 헉슬리의 『멋진 신세계』를 비교한 만화를 내놓았다. 이 만화는 두 작가의 경고가 어떻게 다른지 보여준다. 오웰은 정보가 차단당하는 것을 두려워했지만 헉슬리는 너무 많은 정보가 제공되어 소극적이고 자기중심적이 되는 것을 두려워했다. 오웰은 책을 금지당하는 것을 두려워했지만, 헉슬리는 사람들이 책을 읽지 않아 금지할 이유가 없게 되는 것을 두려워했고, 오웰은 진실이 전달되지 않을까 두려워했지만 헉슬리는 진실이 쓸데없는 정보의 바다에 가라앉을 것을 두려워했다. 한국사회도 오웰식의 두려움이 실질적이었던 시절이 분명 있었다. 하지만 지금은 헉슬리의 예감이 틀리지 않았음을 알 수 있다.

영국 작가 알랭 드 보통은 『뉴스의 시대』에서 뉴스의 TMI 현상을 다음과 같이 설명했다. "이제 우리는 뉴스의 공급량이 거의 무한하다는 사실을 자각하고 있다. 날마다 엑사바이트 급의 이미지들과 기사들이 생산되고 있다는 사실과, 신문과 뉴스 방송이란 실은 압박에 시달리는 기자가 '평균적인 독자'라고 추정되는 사람들이 가진 욕망을 추측하면서 무한한 데이터의 바다에서 날마다 임의로 뽑아낸 한줌의 정보에 불과하다는 사실을 알게 된 것이다. 필연적으로, 뉴스가 늘 올바를 수는 없다. 뉴스는 서아프리카의 전쟁이나 이해 자체가 불가능한 채무 탕감 계획에 대해 너무 길게 늘어놓기도 한다. 우리 의사와 무관하게 상류사회의 결혼식이나 카리브해의 허리케인에 대한 최신 정보를 알려주기도 한다. 그러면 마치 주문한 적이 없는 요리를 강제로 먹고 있는 기분이 든다."[13]

뉴스의 전체 공급량이 계속 늘어나는 현상은 데이터 우주가 커지는 흐름과 무관하지 않다. 세계경제포럼^{WEF}은 2020년 전체 디지털 세계의 데이터 규모를 44제타바이트^{zettabyte}로 전망했다.[14] 제타바이트는 대체 어느 정도의 규모일까? 1바이트^{byte}에 '0'이 세개씩 늘어나는 방식, 즉 1,000배씩 늘리면 킬로바이트, 메가바이트, 기가바이트, 테라바이트, 페타바이트, 엑사바이트 그다음이 제타바이트다. '0'이 21개 붙는다. 이것은 현재 관측되는 우주의 별보다 40배 많은 규모라고 한다. 디지털 우주의 규모가 일상적 감각의 단위를 훌쩍 뛰어넘는 셈이다.

과학기술문화 잡지 『와이어드』^{WIRED}를 만든 실리콘밸리의 구루 케빈 켈리는 자신의 저서 『인에비터블 미래의 정체』에서 이렇게 지적했다. "해마다 인류는 인터넷에 2조개의 질문을 하며, 해마다 검색 엔진은 2조개의 답을 한다. (…) 게다가 답은 무료다."[15] 답은 저렴해지고 질문은 오히려 가치가 높아진다. 저널리즘 측면은 물론 소통의 측면에서도 질문이 점점 더 중요해지고 있다는 얘기에는 공감하지만, 2조개라는 숫자는 가늠이 잘되지 않는다. 아마 몇 년 사이 더 늘어났을 것이 분명하다.

인터넷은 거의 모든 답을 찾아준다. 정보는 널리고 널렸고 더 많이, 더 빠르게, 쉬지 않고 생성된다. 구글코리아의 유튜브 담당자에 따르면, 2019년 8월 기준 유튜브에 올라온 영상의 양은 1분당 500시간 분량, 하루에 88년어치의 영상이 업로드되고 있다고 한다. 거의 모든 연령대에서 가장 많이 쓰는 앱이 유튜브인 시대라지만, 아무리 보고 또 봐도 우리가 볼 수 있는 것은 정말 극소 분량이다. 정보가 너무 많아 그중 알짜 정보를 골라주는 알고리즘이나 큐레이션도 함께 진화하고 있지만, 헉슬리가 예상한 '멋진 신세계'에서 똑똑하게 정보를 소비하기란 역부족이다.

알랭 드 보통은 권력을 공고히 하길 바라는 독재자에게 뉴스 통제 같은 눈에 빤히 보이는 사악한 짓을 저지를 필요가 없다고 조언한다. 언론으로 하여금 닥치는 대로 단신을 내보내게 하면, 뉴스의 가짓수가 엄청나게 늘어나게 된다. 여기에 배경이나 맥락 설명은 거의 하지 않고, 의제를 지속적으로 바꿔버리면 국민들이 정치적 현실을 파악하는 능력이 약화되기 때문에 굳이 뉴스를 통제할 이유가 없다는 것이다.[16] 꽤나 설득력 있는 주장이다.

포털은 100개가 넘는 언론사로부터 하루 2만~3만개의 기사를 공급받고 있다. 이 가운데 우리 눈에 들어오는 기사는 얼마나 될까. PC나 모바일 메인 페이지에 노출되는 운 좋은 기사는 하루 몇백개에 불과하다. 아니, 노출이 된다고 해도 하루에 기사를 몇백개나 보는 사람이 몇명이나 되겠는가. 앞서 분석했듯, 포털 뉴스조차 보지 않는 사람들이 늘어나고 있다.

너무 많은 기사는 수용자의 피로도를 높인다. 2019년 8월 조국 법무부장관 후보자 지명을 놓고 벌어진 언론 보도는 '조국 대전'이라 불리는 지경에 이르렀다. 기사 건수를 둘러싸고도 공방이 있었다. 한때 70만~80만개, 100만개를 넘겼다던 조국 기사는 미디어오늘의 분석에 따르면 대략 6만~7만개로 추정된다.[17] 이것은 포털에서 검색되도록 제휴한 약 1,000여개 언론사에서 내보낸 기사일 뿐, 등록된 인터넷신문이 8,000개를 훌쩍 넘긴 사회에서 기사 건수를 따지는 일은 한계가 있다. '조국'이라는 키워드가 특정 인물을 지칭하기도 하지만 보통 명사이기도 해서, 검색 결과가 정확하다고 보기 어렵다는 점을 감안한다 하더라도 기사가 몇만개 단위로 집계된다는 사실 자체가 놀랍다. 최소 몇만건의 기사가 단기간에 쏟아진 것이 사실이라면 양만큼 질적으로도 가치가 있었을까? 당연히 아니다. 근거가 부족한 일방적 주장만 있거나 유사한 내용으로 쏟아지는 뉴스가 대부분이었다.

어뷰징 전쟁

제목만 봐도 기사 내용이 별로 궁금하지 않은 비슷한 기사들이 끝없이 쏟아진다. 한때는 포털 검색어에 걸리기 위해 실시간 검색어에 맞춰서 기사를 생산하는 매체가 적지 않았다. 어느 정도 트래픽을 낚을 수 있다면, 이는 매출과 직결된다. 같은 기사를 반복해서 보내거나 실시간 급상승 검색어에 맞춰서 같은 키워드를 넣어 만드는 어뷰징 기사는 저널리즘을 망가뜨리는 주범으로 여겨졌다. 2010년대 들어서면서 상황은 계속 나빠졌다. 초기에는 실시간 검색어에 맞춰서 기사를 파는 것이 영세한 언론사의 일이던 시절도 있었으나, 어느 순간 이른바 주요 언론사들도 가세했다. 심지어 더 잘하기까지 했다. 전담 인력을 수십명씩 뽑았다는 소문도 돌았다.

실시간 검색어에 맞춰서 기사를 쏟아내는 것은 일종의 검색 어뷰징으로 서비스 퀄리티를 떨어뜨리는 고의적 행위다. 포털은 흡사 창과 방패의 싸움처럼 수년간 어뷰징과 전쟁을 벌였다. 그런 노력에도 불구하고 포털들이 이 문제를 방치하고 있다는 논란과 비판이 더 많았다. 거의 모든 언론사가 한편으로는 직접 어뷰징을 하면서도 다른 한편으로는 이를 비난했다. 신문사마다 종이와 온라인 뉴스룸이 분리되어 있기 때문에 종이신문 본지 기자들은 온라인 뉴스팀의 어뷰징 행위를 남 일처럼 얘기했고, 생존을 위해 트래픽이 필요했던 온라인 뉴스팀은 나 몰라라 하는 본지 기자들을 원망한다는 풍문이 들려왔다.

포털이 언론사와 맺는 계약과 제휴는 좀 복잡하다. 2019년 3월 기준 문화체육관광부에 등록된 8,100여개의 인터넷신문사 중 약 100여개 언론사와 포털은 '계약' 관계다. 포털이 언론사에 돈을 주고 기사를 구입해 포털 뉴스 서비스 내에서 보여주는 구조다. 포털은 또 약 1,000여개 언론사와 비용 없이 '제휴'를 맺고 있는데, 검색했을 때 기사 제목만 보여주고 클릭하면 해당 언론사로 아웃링크를 넘겨준다. 일단 포털에서 검색되는 매체는 광고 영업 실적이 다르기 때문에 작은 언론사들은 제휴에 특히 필사적이었다. 기업이나 주류 언론들은 악의적 기사로 광고비를 요구하기 일쑤인 '사이비 언론'을 포털이 방치한다고 비판했다. 더 많은 매체를 받아야 한다는 주장과 더 많은 매체를 배제해야 한다는 상반된 주장이 계속 이어졌다.

다음은 어뷰징에 대해 적발 시 경고를 거쳐 '삼진아웃'으로 제휴를 종료했으나, 연 단위로 계약을 체결한 주요 언론사의 어뷰징에는 대응이 어려웠다. 작은 언론사도 제휴가 종료되면 대개 지역 국회의원을 동원해 압박하곤 했다. 언론을 탄압하지 말라는 압력 혹은 작은 언론 살려달라는 읍소. 원칙대로 할 수밖에 없으나 관련 업무 피로도가 높았다. 게다가 어뷰징 피해는 고스란히 이용자에게 돌아갔다. 결국 2015년 네이버와 다음은 언론계에 공적 책임감을 가진 기구를 만들자고 제안했다. 이로써 '뉴스제휴평가위원회'

라는 외부 기구가 포털과 언론사 간의 계약 및 제휴에 대한 결정권을 가져가게 됐다. 버거운 제휴 결정 권한을 외부로 넘긴 셈이지만 투명성과 객관성을 높였다. 뉴스제휴평가위원회에는 교수와 시민단체 전문가를 비롯해 언론사 관계자도 포함됐다. 자신들의 어뷰징을 자신들이 제재해야 할 상황이 된 것이다.

뉴스제휴평가위원회 출범 이후 하루 동안 포털에 제공되는 기사의 숫자가 3만건에서 2만건으로 줄었다. 실시간 검색어 어뷰징 기사도 사라졌다. 어뷰징이 적발되면 주요 언론사도 예외 없이 포털에서 쫓겨난다는 원칙 때문이었다. 그렇게 한동안 질서가 잡혀가는 것 같았다. 하지만 이후 다시 어뷰징이 시작됐다고 들었다. 단순한 '복사하기' '붙여넣기'를 덜하는 방식으로, 조금 더 공들인 기사라는 점이 다를 뿐이다. 2019년 기준, 기사는 다시 3만건 수준으로 회복됐다. 의미 있는 기사도 적지 않겠지만 역시 상당수는 조금 다르게 '복붙'한 기사다.

실시간 어뷰징 기사를 줄인다고 좋은 기사를 만날 확률이 높아지는 것은 아니다. 포털의 뉴스 편집은 기술적으로 진화하고 있으나 저널리즘 측면에서는 상황이 복잡하다. 앞서 설명했듯, 알고리즘 시대 이전 포털 편집팀이 애써 고른 기사에 대해 정치권과 언론계는 '포털이 임의로 편집한다'는 문제를 제기해왔다. 언론이 아닌 포털이 감히 '주요 뉴스'를 마음대로 고른다는 것에 대한 언론계의 반발, 불리한 뉴스가 올라올 때마다 발끈하는 정치권의 이해관계가 맞아떨어졌다.

네이버는 결국 '임의 편집'을 중단하고, 편집권을 각 매체에 넘겼다. 2009년 탄생한 네이버 뉴스캐스트는 언론사가 각자 주요 뉴스를 골라서 선보이는 구조였다. 그러나 뉴스 서비스가 더 좋아지기는커녕 옐로 저널리즘의 쓰레기장으로 전락했다. 언론사 간 클릭 경쟁으로 인해 자사 홈페이지라면 절대 걸지 않을 낯 뜨거운 기사를 호객용으로 거는 사태가 벌어졌다. "기사 제목을 우선 노출하는 네이버 뉴스캐스트는 '낚시성 제목'과 자극적인 기사로 언론사 간 불필요한 경쟁을 불러일으켰다는 질타를 받아왔다"는 게 언론계의 평가다.[18] 그런데 이것은 뉴스 서비스 마당을 내주고 언론사들이 알아서 편집하도록 한 네이버의 책임인가, 마당에서 낚시 경쟁을 한 언론사의 책임인가. 잘못은 언론사에서 해놓고도 네이버를 탓하는 적반하장을 어떻게 이해해야 할까.

최근 포털은 알고리즘으로 '많이 본 뉴스'만 뽑아서 보여준다. 그런데 혐오를 자극하고 분노를 부르는 기사일수록 '많이 본 뉴스'에 자주 올라온다. 더 많이 보고, 더 많은 댓글을 다는 뉴스가 꼭 좋은 뉴스는 아니다. 네이버 뉴스의 경우, 비슷한 기사가 '많이 본 뉴스' 10위권 중 절반을 넘어가는 일도 종종 나타난다. 알고리즘이 처리할 뿐, 인간 에디터의 세심한 관리가 없는 탓이다. 언론사는 뉴스를 점점 더 보지 않게 된 배경에 좋은 기사를 주목하지 않은 포털이 있다는 책임론을 꺼낸다. 하지만 포털이 없었다면 다 괜찮았을까? 좋은 기사를 쏟아내고 브랜드로 승부해서 디지털 유료 구독자를 끌어 모을 수 있었을까? 매체의 유료화 전략 부진에 포털 핑계를 대는 것은 아니었을까? 유료 구독을 목표로 했던 IT 전문 매체 '아웃스탠딩'이나 기업정보 매체 '더벨'은 아예 포털에 의존하지 않는 유통 전략으로 시작했다. 다른 나라의 사례를 보아도 마찬가지다. 제아무리 명망 높은 언론사라도 구글, 페이스북 등 플랫폼에만 의존하다가 흥망성쇠를 겪는 사례가 수도 없이 많다. 플랫폼의 시대에 언론사가 어떤 전략을 세워야 하는지는 더 깊은 고민을 필요로 한다.

나는 다른 상상도 해본다. 포털이 미디어 플랫폼으로서 보다 적극적으로 강단 있게 미디어의 역할을 했다면 어떻게 됐을까. 몇몇 언론사와 정치권은 반발했겠지만, 이용자 만족도가 높아지는 품격 있는 미디어가 될 가능성은 없었을까. 포털과 언론사가 서로 책임을 회피하면서 달려온 끝에, 우리는 이제 더이상 뉴스를 보지 않는 시대에 당도했다.

사람들의 '초'를 잡아라

그사이 미디어의 경쟁 구도, 시장의 판도는 완전히 달라졌다. 다음이 네이버와 경쟁한다고 생각하는가? 그런 시절도 있었다. 하지만 현재 포털의 경쟁 상대는 유튜브고, 카카오톡이다. '리그 오브 레전드' '리니지2M' 같은 인기 게임에 밀리기도 한다. 조선일보의 경쟁자는 더이상 한겨레가 아니다. MBC가 KBS와 경쟁한다는 것은 옛말이다.

사람들은 하루 종일 무언가를 본다. 우리는 모두 스마트폰에 중독된 상태다. 이걸 중독이라 불러야 할지 일상이라 불러야 할지 모르겠지만 아무튼 모두 스마트폰을 보고 있다. 포털이든, 신문 앱이든, 방송이든, 유튜브든, 카카오톡이든, 인스타그램이든 다 똑같이 스마트폰 안에서 이용자의 24시간을 두고 경쟁한다. 2019년 우리 국민들의 시간을 가장 많이 가져간 서비스는 남녀노소 불문하고 유튜브다. 유튜브 월 이용 시간은 2016년 3월 79억분에서 2019년 8월에는 460억분으로 늘었다.[19] 2위인 카카오톡이 220억분, 네이버는 170억분이다. 이는 1인당 한달 평균 23시간 11분을 유튜브에 쏟아부었다는 놀라운 기록으로, 카카오톡, 네이버, 페이스북 등을 모두 압도하는 수준이다.

미국의 데이터 분석 기업인 도모^{DOMO}는 수년째 '데이터는 결코 잠들지 않는다'^{Data never sleeps}라는 인포그래픽을 발표하고 있다. 2019년 내놓은 7.0 버전을 보면, 국경도 시차도 중요하지 않은 전 세계 사람들이 1분당 450만개의 유튜브 영상을 감상한다. 51만 1,200개의 트위터, 27만 7,777개의 인스타그램 스토리를 올린다. 구글에서 449만 7,420개의 검색 결과가 나오고, 1,810만개의 문자 메

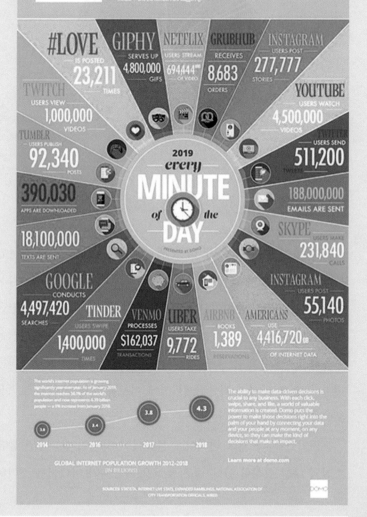

데이터는 결코 잠들지 않는다 7.0
(출처: https://www.domo.com/learn/data-never-sleeps-7)

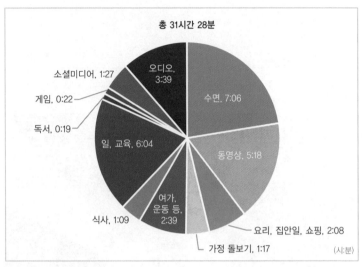

총 31시간 28분

- 소셜미디어, 1:27
- 게임, 0:22
- 독서, 0:19
- 오디오, 3:39
- 수면, 7:06
- 동영상, 5:18
- 일, 교육, 6:04
- 여가, 운동 등, 2:39
- 식사, 1:09
- 요리, 집안일, 쇼핑, 2:08
- 가정 돌보기, 1:17

(시:분)

2014년 미국 성인의 하루
(출처: https://www.slideshare.net/ActivateInc/activate-tech-and-media-outlook-2016/7-Because_attention_is_highly_multitasked)

시지가 발송된다. '#LOVE'라는 해시태그를 달고 작성되는 글만 분당 2만 3,211개에 달한다. 넷플릭스에서 매분 스트리밍되는 영상이 69만 4,444시간 분량이다. 한마디로 클릭하고, 스마트폰 화면을 밀고, 메시지와 사진을 올리고, 다른 사람이 올린 메시지와 사진을 공유하고, '좋아요'를 누르느라 매 순간 인류가 엄청 분주하다는 얘기다. 인류 역사상 커뮤니케이션에 이토록 많은 시간과 노력을 쏟아부었던 적이 있었던가.

우리가 얼마나 많은 미디어에 둘러싸여 사는지 살펴보면 좋은 소식과 나쁜 소식이 있다. 좋은 소식은 이용자가 미디어를 소비하

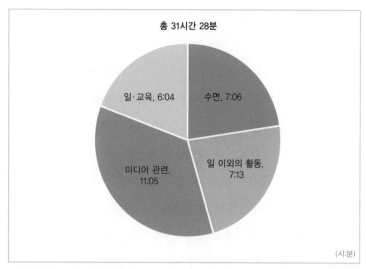

총 31시간 28분

일·교육, 6:04

수면, 7:06

미디어 관련,
11:05

일 이외의 활동,
7:13

(시:분)

하루 동안의 미디어 이용 시간
(출처: https://www.slideshare.net/ActivateInc/activate-tech-and-media-outlook-2016/8-
The_total_tech_and_media)

는 절대 시간이 늘었다는 것이다. 글로벌 시장조사 업체 액티베이
트^{Activate}에서 2014년 미국 성인의 하루를 분석한 결과, 하루가 24시
간이 아니라 31시간 28분에 달했다. 어떻게 된 일일까?

예전에는 TV나 신문을 볼 때 한가지 일만 했지만 지금은 멀티태
스킹 시대다. 사람들에게 스마트폰을 들여다보는 행위는 밥을 먹
거나, 화장실에 있거나, 출퇴근 지하철을 타거나 하는 등 다른 행위
와 동시에 진행되는 일이다. TV 드라마를 보면서 관련 커뮤니티에
들어가서 댓글을 달고, 오픈채팅을 통해 수다를 떤다. 이러다보니
하루 7시간 6분 수면을 취하는 것 외에 가장 많이 하는 행위가 5시

간 18분에 달하는 비디오 감상이다. 오디오는 3시간 39분 동안 이용했다.

덕분에 하루 동안 미디어를 소비하는 총 시간은 하루 11시간 5분에 달한다. 수면 시간보다 길다. 비디오, 오디오 감상, 소셜미디어 이용, 게임 등의 시간의 총합이다. 노동 혹은 교육 시간이 하루 6시간 4분, 요리 등 집안일이나 쇼핑, 여가 생활, 피트니스, 먹고 마시는 일 등의 활동 시간이 하루 7시간 13분. 어쨌거나 멀티태스킹 덕분에 늘어난 시간 대부분이 미디어 소비 활동에 투입된다. 앞으로 자율주행차가 활성화되면 이동 시간에 비디오 콘텐츠를 소비하게 될 것이라는 전망이 지배적이다. 광고주 입장에서는 광고와 홍보 콘텐츠를 노출할 시간이 압도적으로 늘어나게 되는 셈이다. 광고 시장이 늘어나니까 미디어 기업에게도 성장의 기회가 된다는 분석이 가능하다.

이것이 좋은 소식이라면, 그만큼 사람들의 관심을 붙잡는 경쟁이 상상을 초월하게 될 것이라는 건 나쁜 소식이다. 같은 조사에서 당시 잘나가던 버즈피드^{BuzzFeed}는 미국인들의 관심을 하루 평균 36초나 확보한 덕분에 기업 가치가 15억 달러로 평가됐다. 17초를 확보한 미국의 뉴미디어 언론사 복스^{VOX}는 10억 달러, 16초를 가져간 영상 전문 미디어 바이스^{VICE}는 25억 달러 규모로 평가됐다. 한마디로 단 몇초의 관심을 확보하는 게 그렇게 대단한 일이고, 그렇게 어려운 일이다.

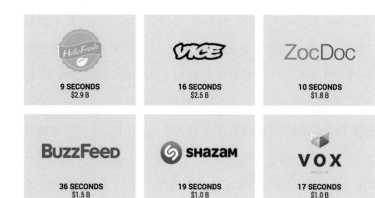

매체별 시간 확보에 따른 기업 가치
(출처: https://www.slideshare.net/ActivateInc/activate-tech-and-media-outlook-2016/11-A_
billion_dollar_business_can)

한때 포털에 사람들이 유입되어 누구나 일정 시간 이상 뉴스를 본 것은 돌아볼수록 정말 대단한 일이었다. 어쩌면 당대의 네이버는 초 단위가 아니라 분 단위, 시간 단위의 관심을 가져가지 않았을까 싶다. 하지만 현재 그 관심은 모두가 알다시피 상당 부분 유튜브로 이동했다. 불과 몇 년 전에는 하루 100만 번 이상 조회되는 기사가 적지 않았다. 포털 메인에 올라가면 그 정도 관심은 받았다. 하지만 이제 조회 수 100만이 넘어가는 기사는 드물다.

네이버 랭킹뉴스의 조회 수를 살펴보자. 네이버는 랭킹뉴스에서 1시간 동안 얼마나 많은 이용자가 그 기사를 봤는지, 조회 수를 집계해 공개한다. 섹션별로 1~5위 랭킹 기사가 노출되는데 기사 제목 끝에 눈동자 모양의 아이콘 옆 숫자가 조회 수다. 꾸준히 관심 갖고 살펴보면, 정치, 경제, 사회 등 섹션별 많이 본 뉴스의 시간당 조회 수가 불과 몇만 수준이다. 때로 천 단위 조회 수도 목격한다. 한 기사의 주목도가 몇시간씩 가지 않기 때문에 과거 '많이 본 뉴스'에 비해 조회 수가 급감했다는 것을 금방 알 수 있다. 알고리즘으로 이루어지는 기사 편집 시스템으로 인해 기사 한건당 노출되는 평균 시간이 훨씬 짧아졌다. 좋든 나쁘든 기사를 기사로 덮어버리는 시대가 된 것이다. 어떤 보도든 예전 '매스컴'의 시대만큼 '매스'에게 전달되기는 쉽지 않다.

커뮤니티로 분산되고, 연결된다

그렇다면 사람들은 어디에 모여 있을까. 벌써 수년째 하는 질문이다. 2000년대 초반 나는 주로 인터넷서점 블로그 커뮤니티에서 놀았다. 시간이 날 때마다 서평이나 잡글을 올렸고, 남들이 쓴 빛나는 글을 보면서 시기와 질투에 빠지곤 했다. 그 시기 남편은 주로 음향에 관련된 기기와 장비의 정보를 공유하는, 남자들이 많다는 한 인터넷 커뮤니티에서 놀고 있었다. 당시 둘 다 기자였는데 대화의 재료는 각자 노는 커뮤니티에서 얻은 것들이었다.

2009년부터 트위터에 빠진 나는 세상 모든 정보를 트위터에서 얻었다. 서로 팔로우해주는 예의 바른 한국식 '맞팔'(맞팔로우) 문화

를 거부하고, 유익하거나 웃기거나 맘에 드는 계정만 골라서 팔로
우했더니 이보다 더 좋은 미디어가 없었다. 이 좋은 것을 나만 알
기 아까워 남편에게도 트위터를 하라고 권했지만 나 같은 '트잉
여'(트위터+잉여의 합성어로 스스로 '잉여'를 자처하는 트위터 이용자)를 그다
지 높게 평가하지 않던 남편은 자신에게 필요한 모든 정보는 다 얻
고 있다며 거절했다. 실제 그랬다. 온라인에서 '핫'한 같은 정보를
각자 다른 곳에서 봤다. 우리 부부는 노는 물이 달랐을 뿐이다. 그
리고 지금도 다르다. 남편은 예전만큼 자주는 아니어도 여전히 그
커뮤니티에 들락날락하는 모양이다.

　20대인 한 동료는 '여성시대', 일명 '여시'라는 다음 카페에서 주
로 놀고 있다고 했다. '여시'는 20대 여성들이 자유롭게 의견을 나
누는 커뮤니티로 80만명에 육박하는 회원을 확보한 엄청난 곳이
다. 젠더 이슈가 불거질 때마다 '여시'의 화력을 실감한 사례가 여
러번 있었다. 이 친구가 뉴스를 소비하는 방식을 듣고 나는 충격에
빠졌다. 그는 포털에서 뉴스를 보지 않았다. 포털 앱을 열어보는 일
자체가 드물었다. 대신 날마다 다음카페 앱을 열어서 '여시'로 들
어가 [여시 뉴스데스크]라는 '말머리'가 달린 뉴스를 골라 본다는
것이었다. 누군가 '여시' 친구들과 나누고 싶은 기사를 가져와 '말
머리'를 달아 자유 게시판에 올려놓는 방식이다. 그래 봐야 그런
기사가 몇건이나 되겠나 싶은데, 본인이 보는 뉴스는 그게 전부라
고 했다.

그러면 젊은 여성을 타깃으로 한다고 '여시'만 공략하면 될까? 일단 커뮤니티 공략이란 게 정말 어려운 얘기인 데다 그런 커뮤니티가 '여시'만 있는 것도 아니다. 당장 또다른 20대 동료는 '소울드레서', 즉 '소드'를 주로 찾았다. '소드' 역시 다음 카페인데 회원 수는 15만명 수준으로 '여시'에 미치지 못하지만, 2008년에 개설된 전통의 강자 중 하나다.

디지털 소통을 고민하던 어느 50대 남성이 나에게 '맘카페'에 대해 물어본 적이 있다. 기혼 여성들이 모여 있는 커뮤니티를 찾다가 맘카페를 떠올렸는데 맘카페에 중요한 소식을 올리고 홍보를 할 수 없느냐, 맘카페 동향이 어떻게 되느냐는 질문이었다. 맘카페를 찾아보거나 구경도 해보지 않은 분이라는 것이 명백하기에 설명하기가 더 난감했다. 맘카페는 지역을 기반으로 육아와 교육 정보를 비롯한 각종 생활 정보를 나누는 커뮤니티다. 질문한 분이 상상하듯 '맘카페'라는 이름하에 모여 있는 하나의 커뮤니티가 아니다. 네이버 카페에서 '맘카페'를 검색하면 2020년 4월 기준 결과가 8,500개를 훌쩍 넘는다. 경기도 용인의 용인맘 카페 회원은 50만명, 부산과 경남의 부경맘 카페 회원은 27만명, 강남맘·서초맘들의 카페에도 20만명이 모여 있다. 물론 '맘'들의 허브 커뮤니티라 할 수 있는 회원 수 약 300만명의 '레몬테라스' 같은 카페들이 있기는 하지만 각 커뮤니티마다 회원들만의 코드가 있는데 무작정 홍보하자고 달려들 수는 없다.

남자들 커뮤니티도 다양하다. 오늘의유머, 클리앙, 루리웹, 보배드림, 뽐뿌, 에펨코리아, 엠엘비파크 등 남초 사이트는 게임, 자동차, 스포츠 등 취향을 기반으로 제각기 모였다. 아주 뜨거운 이슈는 거의 모든 커뮤니티에서 화제가 되지만, 대체로 각자 다른 세상에 살고 있다고 봐도 무방하다. 누군가는 '일간베스트'에서 거의 모든 정보를 받아들이며 살고 있다. 최근에는 네이버의 SNS 커뮤니티 서비스인 '밴드'도 결코 무시할 수 없다. 모바일 앱 이용자 순위로 따져보면 카카오톡, 유튜브, 네이버에 이어 4위 앱인 밴드의 월간 순 이용자는 2019년 기준 약 1,750만명에 달한다.[20] 지역에 따라, 분야에 따라 밴드가 가장 활성화된 곳이 적지 않다. 다 함께 모여 있는 공론장이 있으면 좋겠지만 현실은 다양한 그룹으로 조각조각 나뉘어 있다.

그럼 이렇게 취향 커뮤니티를 찾기만 하면 홍보가 가능할까? 보통 관심사를 기반으로 모여 있는 포털 내 카페 커뮤니티는 가입도 까다롭고 운영 규칙이 상당히 강한 편이다. 상업성 게시물을 올리면 제재를 받는 등 자기들만의 규칙이 따로 있고, 결속력도 강하다. 별도 사이트를 두고 있는 커뮤니티 역시 문화가 간단치 않다. 엉뚱한 이야기들은 아무도 반응해주지 않는 '무플' 혹은 키보드 전쟁에 가까운 댓글 논쟁이 벌어지기도 한다. 이것도 다 해당 커뮤니티에 애정이 있기 때문에 가능한 일이다. 온라인 일상의 터전이 되는 커뮤니티에서 동지의식을 키우는 이들은 중요한 뉴스를 공유하기도 하고 의견을 나누기도 한다. 닉네임으로 통하는 익명의 자아지만, 그 새로운 자아를 오프라인에서의 자신보다 더 소중하게 여기는 사람들도 많다.

폐쇄적인 커뮤니티 안에서 홍보나 소통을 한다는 건 쉽지 않은 일이다. 하지만 잘만 하면 관심사 기반인 커뮤니티야말로 세분화된 홍보와 마케팅에 잘 맞는 것도 부인할 수 없다. 상업적 활동을 극도로 경계하지만 서비스든 상품이든 정책이든 담당자가 평소 커뮤니티 활동을 꾸준히 했다면 가끔 목소리를 낼 수도 있다. 소속을 투명하게 밝힌다거나 전문가 정체성을 키우면서 커뮤니티에서 제명되지 않도록 적절한 균형을 잡는다면 어떨까. 이 같은 활동을 조직에서 독려하기는커녕 대체로 리스크 요인으로 판단해 막을 가능성이 더 높아 보이지만, 좀더 적극적으로 전략을 고민해볼 만하다.

느슨한 커뮤니티의 등장

기존 커뮤니티들이 이런 끈끈한 결속력과 그들만의 문화를 바탕으로 성장한 것과 달리 최근 부상하고 있는 '느슨한 커뮤니티' 현상도 주목해야 한다. 바로 카카오톡 오픈채팅이다. 카페를 대체할 만큼 규모가 커지고 있는 추세로, 2019년 봄에 만난 전 직장 동료는 머릿속에 온통 오픈채팅 생각뿐이라고 했다. 그의 말로는 카카오톡 전체 수발신 메시지 가운데 30퍼센트가 오픈채팅 톡이라고 한다. 우리 눈에는 잘 보이지 않지만 엄청난 세상이 새로 열리고 있는 중이다.

오픈채팅의 가장 큰 특징은 익명, 그리고 관심사 혹은 지역 기반이라는 점이다. '방탄소년단' 키워드로 찾아보면 '고독한 방탄움짤' '안 고독한 지민방' 등의 이름을 달고 있는 채팅방이 수도 없이 나온다. '제주도 여행'을 키워드로 정보 공유나 친목, 동행을 위해 모인 사람들의 오픈채팅방도 꽤 많다. '안녕하세요 제주도 7월 24일에 와서 8월 29일까지 있는 23살 남입니다. 좋은 정보가 있어서 하나 알려드립니다'라는 카카오톡 메시지와 함께 '2019 디지털 노마드: 제주도 한달 살기 프로그램' 추가 모집 정보가 뜬다. 함께 운동하고, 함께 다이어트하고, 함께 보드게임하고, 함께 고민을 나누는 등 종류도 다양하다. '충주 20대 끝말잇기 하자' '끝말잇기방&카톡봇방' 등 '끝말잇기'가 오픈채팅에서 많이 찾는 키워드라는 점도 흥미롭다. ○○대 암호화폐 투자방, 로스쿨 준비방, CPA방도 있다.

연결이 느슨하다는 것은 언제든 들어가고 나오는 데 부담이 없다는 뜻이다. 일부 카페의 경우 가입이 까다롭다는 점을 감안하면 굉장히 큰 장점이다. 오픈채팅방 최대 인원이 당초 1,000명에서 1,500명으로 늘어나기는 했으나 몇십만 명이 움직이는 커뮤니티와는 다르다. 사람들은 자신을 드러내지 않은 채 필요한 정보를 나누고 같은 취향, 비슷한 관심사의 사람을 반긴다.

오픈채팅 같은 느슨한 커뮤니티는 홍보나 소통을 하려는 사람들에게는 완전히 새로운 미디어 환경이다. 관심사 기반이라는 특징은 또다른 기회가 되기도 한다. 2020년 1월 실리콘밸리 기반 테크 미디어 더밀크$^{The\ Milk}$가 만든 'CES 2020' 오픈채팅방에는 800여명이 모였다. CES에 대한 정보를 나누기 위해 개설한 오픈채팅방이 입소문을 타고 순식간에 활성화됐다.[21] 정보 사랑방 기능에 만족한 참여자들은 CES 이후에도 테크 업계 소식을 나누는 공간으로 활용하고 있다. 신생 미디어인 더밀크로서는 오픈채팅을 통해 홍보 효과를 거둔 동시에 핵심 고객인 테크 업계 관계자들과 느슨하지만 단단한 연결을 구축한 셈이다.

오픈채팅은 현장 기반 소통을 지원하고 좀더 쉽게 연결한다. 영화 GV 현장에서 라이브 오픈채팅으로 오지 못한 팬들과도 소통하는 이벤트를 열기도 하고, 증권회사가 오픈채팅방을 열어 해외 선물 강연회를 개최하기도 한다. 오픈채팅의 현장성은 이렇듯 상대적으로 규모가 작고, 관심 이슈가 좁은 경우에 효과적이다. 오픈채팅의 익명성 때문에 성매매 등 불법적인 이용 문제가 종종 불거지지만 도구가 악용된다고 해서 그 도구의 생산적 활용까지 막을 일은 아니다. 불법 커뮤니티는 원칙에 따라 강하게 제재하면서 각자 관심에 맞는 커뮤니티 활용 방안을 고민할 수밖에 없다.

이 같은 느슨한 커뮤니티의 등장은 소통의 새로운 기회가 될까?

아니면 더욱 어려워진 걸까? 적절한 타깃층을 대상으로 그들을 설득할 만한 브랜드 파워가 있다면, 실시간으로 소통하면서 고객 접점을 관리할 의지와 역량이 있다면, 느슨한 커뮤니티는 분명 매력적인 소통 채널이 될 수 있다. 이게 가능한 사람이 그리 많지는 않다는 것이 문제지만.

한국의 온라인 공론장

아고라에서 유튜브까지

미디어 환경의 변화를 살펴보는 과정에서 공론장에 대한 고민이
빠질 수 없다. 한국사회에서 '온라인 공론장'이라고 할 만한 첫 공
간은 2004년 출범한 다음 아고라가 아닐까 싶다. 1995년 PC통신 하
이텔에 플라자 게시판이 만들어지면서 '논객'이 처음 등장했다. 그
때까지만 해도 PC통신은 전화를 걸어 접속하는 방식이었기 때문
에 이용자가 많지 않았다. PC는 물론 통신비도 비용으로 인식되던
시절이었다. 글을 추천하거나 댓글을 다는 기능도 미비해 좋은 글
을 찾기가 쉽지 않았다. 하이텔, 천리안과 함께 나우누리에도 진보
성향의 이용자들이 모여들기 시작했으나 대중적 공간은 아니었다.

인터넷이 활성화되고 포털이 등장하면서 각종 서비스를 선보

이기 시작한 것은 2000년 전후의 일이다. 다음이 1997년 국내 최초의 웹메일인 한메일 서비스를 내놓았고 100만명의 이용자를 얻었다고 난리가 난 게 1998년이다. 다음이 카페라는 커뮤니티 서비스를 선보인 것은 1999년이다. 그해 첫 서비스를 시작한 네이버가 큰 주목을 받지 못하다가 인터넷 판을 뒤엎을 지식인을 개설한 건 2002년의 일이다. 네이버는 2003년에 검색을 장악했고, 포털이 뉴스 서비스를 시작한 것도 그 무렵이다. 당초 로그인 창 아래 단 몇 줄의 뉴스를 내보내기 시작했다가 새로운 시장을 열게 됐다. 그리고 2004년 아고라가 등장했다.

아고라는 그 시절 인터넷 토론 공간이던 '한겨레 토론마당'(한토마)의 부상을 지켜보던 한겨레 출신 임선영 씨가 다음으로 이직한 뒤 만들었다. 다음의 미디어를 이끌었던 그는 카카오와 합병 뒤 포털 부문 총괄 부사장을 역임했다. 고대 그리스의 시민들이 모이던 광장 '아고라'에서 이름을 빌려왔듯 그는 본격적인 공론장을 만들겠다는 방향을 분명히 했다. PC통신 시절의 '고수'들이 아고라 경제방에서 활약하기 시작했고, 이용자들은 아고라 청원을 통해 의견을 모으는 법을 배웠다. 아고라 청원에 서명을 한다고 해서 강제성 있는 후속 조치가 보장되는 것은 아니었지만 여론이 어떻게 작동하는지 함께 학습하는 과정이었다. 기자나 파워블로거가 아니라 평범한 내 친구, 이웃이 하는 이야기가 더 유용한 정보가 될 수 있는 세상이라는 게 아고라 운영팀의 철학이었고, 실제로도 그랬다.

활발한 토론 게시판 정도였던 아고라는 이명박 정부가 들어서면서 진보 논객과 이용자들이 모여드는 마당이 됐다. 2008년 미국산 쇠고기 수입을 반대하는 광우병 파동 때 촛불시민들이 모이던 온라인 공간도 아고라였다. 시민들이 이런 식으로 모여 어젠다를 만들고 이끌어가는 온라인 현장을 목격하는 자체가 기자 출신인 나에게는 큰 충격으로 다가왔다. 사람들이 왜 그렇게 광장으로 나가는지 언론 보도를 통해서는 이해하기 어려웠는데, 아고라는 달랐다. 온갖 전문가들이 갖가지 사안에 대해 조목조목 분석하는 글을 올리고, 청소년과 대학생, 평범한 시민이 자신의 목소리를 냈다.

그 무렵 아고라 경제방에서는 그 어느 매체보다 흥미진진하고 수준 높은 논의가 적지 않았다. 그중에서도 논객 '미네르바'의 활약이 두드러졌다. 거의 신드롬이라 할 정도로 그를 지지하는 사람들이 늘어났다. 그가 정부의 경제 정책을 비판했기 때문일까? 검찰은 2009년 1월 미네르바, 박대성 씨를 허위사실 유포 혐의로 구속했다. 이후 전기통신기본법상 허위사실 유포죄 자체에 대해 헌법재판소의 위헌 결정이 내려지면서 2010년 12월 박대성 씨는 무죄가 확정되었고, 그렇게 시대적 사건으로 마무리됐지만 아고라가 입은 타격은 컸다.

아고라는 이름있는 전문가 대신 시민의 힘으로 공론장이 됐으나 미네르바 사건 이후 반동 역시 커졌다. 시민의 목소리는 전문성이 떨어진다며 아고라가 괴담의 온상지라는 비판이 거세게 일었다. 사실 '괴담'이 살아남기에는 아고라 같은 재야가 그렇게 간단한 동네가 아니다. 온갖 선수들이 다 모여든 공론장에서는 조금만 이상한 논리에도 반격이 거셌다. 살아남는 글들에는 다 이유가 있었다. 그럼에도 불구하고 여론의 공격이 이어졌고, 이런 공격은 정부의 조치에 대한 빌미를 준다. 정부는 다양한 명목으로 다음을 압박하기 시작했다. 검찰 수사, 경찰 수사, 국세청 세무조사, 공정거래위원회 조사 등 직원들 사이에서는 조사와 수사에서 '그랜드슬램'을 달성했다는 우스갯소리가 나왔다. 국세청 조사는 보통 회사 사무실 하나를 배정해서 몇주 동안 이어지다보니 국세청 담당자가 출근해서는 다음 직원에게 '오늘 아침 아고라 메인에 올라온 글은 문제가 있지 않냐?'는 식의 아침 인사를 던질 정도였다. 사내에서는 대표이사와 창업자 집 앞 슈퍼마켓까지 탈탈 털었다는 루머까지 돌았지만 결국 별다른 혐의를 찾지 못했다.

이런 겉으로 보이는 수사가 다가 아니었다. 보이지 않는 곳에서 아고라를 흔들기 위한 무서운 '작전'이 실행되고 있었다는 사실은 뒤늦게 밝혀졌다. 원세훈 전 국가정보원장의 2009년 여론 조작 사건 재판 과정에서 국정원이 아고라에서 활동하기 위한 외곽팀을 9개나 신설했고 2011년에는 아고라 담당 팀만 14개가 있었다는 사실이 드러났다.[22] 정부가 국민 세금으로 특정 진영의 논리를 담은 글을 올리고 추천을 누르면서 공론장을 망가뜨렸다. 그후 각종 온라인 커뮤니티의 성장, SNS의 등장으로 온라인 공론장이 분산되면서 다음 아고라는 자연스레 이용자가 감소했다. 다음은 2014년 카카오와 합병한 뒤, 2019년 1월 아고라 서비스를 중지한다고 발표했다.

다음 아고라가 저물고 2010년대 온라인 공론장의 거점은 팟캐스트로 넘어갔다. 텍스트 기반에서 음성 콘텐츠로 넘어가는 기점이기도 하다. 2011년 등장해 이듬해까지 이어진 '나는 꼼수다'(나꼼수)가 대표적이다. 나꼼수의 영향력은 굳이 설명을 덧붙이지 않아도 될 만큼 폭발적이었다. 나꼼수 시절 너무 많은 이들이 다운로드를 받아 팟캐스트 플랫폼인 팟빵의 서버 비용만 억대에 달한다고 해서 화제가 되기도 했다. 현재까지도 팟빵 순위 상위권은 김어준, 김용민 씨의 안마당이다.

국민 누구나 의견을 올릴 수 있던 아고라 시절과 다르게 팟캐스트는 진행자인 특정 인플루언서influencer의 영향력이 극대화된다. 공채 시스템을 통해 선발된 언론인이 아니라 실전에서 경험과 유명세를 쌓은 이들이 그동안 언론이 장악했던 정보 유통 주도권을 나눠가지게 된 것도 간과할 수 없다. 돌이켜보면 그 무렵 언론인들은 팟캐스트의 파급력을 과소평가하는 경향이 있었다. 검증이나 확인 절차를 거치지 않은 날것의 내용을 대중에게 공개한다는 우려가 언론계 내부에는 분명 존재했다. 중립성이나 객관성을 앞세우지 않고 자유롭게 '카더라' 수준의 주장까지 던지는 팟캐스트는 신뢰도가 떨어진다고 비판했다. 하지만 권위를 벗어던지는 대신 청취자가 듣고 싶은 이야기를 하기 시작한 팟캐스트는 파죽지세로 성장했다. 취재원, 즉 공급자 중심의 내용이 아니라 수용자의 관심에 촉을 세운 내용을 전달하고 댓글을 통해 피드백을 받으면서 쌍방향 소통의 효능감까지 제공했다.

이제는 명실상부 유튜브의 시대라고 하지만 팟캐스트로 대표되는 오디오 콘텐츠의 성장세는 여전하다. 팟빵의 2019년 누적 청취 시간은 약 1억 7,400만 시간으로 전년 대비 200퍼센트 이상 증가했다.[23] 정치와 시사 중심의 팟캐스트를 넘어 오디오북이나 강연 등 콘텐츠가 다양화되고 있는 데다, AI 스피커, 커넥티드 카 등의 개발과 함께 오디오 콘텐츠의 수요도 증가하고 있다.

이제 사람들은 뉴스를 보기 위해 매일 아침 신문을 펼치거나 매일 저녁 TV 앞에 앉지 않는다. 그렇다면 그 사람들은 다 어디로 간 걸까? 답은 모두가 알고 있다. 2020년 우리는 유튜브를 빼놓고 이야기할 수 있는 것이 없다.

2019년 6세 어린아이가 유튜브 광고 수익으로 강남에 95억원짜리 빌딩을 샀다는 뉴스는 많은 어른들의 관심을 모으기에 충분했다. 유튜브를 보는지 여부와 상관없이 관심이 쏟아졌던 보람튜브는 이 뉴스 덕에 구독자가 500만명이나 추가로 늘었다고 한다. 그밖에도 유명 댄서 리아킴의 '원밀리언 댄스 스튜디오', 히트곡을 재해석해 부르는 제이플라, 기타리스트 정성하 등도 기존 미디어의 힘을 빌리지 않고 억대 수입을 올리고 있다. 2019년 6월 유튜브에 등장한 '백종원의 요리비책' 채널은 개설 3일 만에 구독자 100만명을 돌파했다. 경제 관련 지식 채널인 '슈카월드'는 기업과 투자 이야기로 매번 수십만 조회 수를 거뜬히 넘기고 있다. 기존 미디어들이 상상하지 못한 세상이 열린 셈이다.

유튜브의 엔터테인먼트나 교육 채널 외에 시사 채널은 또다른 세상이다. 누구나 채널을 개설할 수 있는, 그야말로 1인 미디어 전성시대다. 하지만 이런 정치·시사 분야 1인 미디어의 부상이 민주주의 사회의 지속가능한 발전에 도움이 되는 것일까?

1인 미디어와 플랫폼의 공공성

2018년 말 보수 논객이 운영하는 한 유튜브 채널의 라이브에 동시접속한 이들이 'JTBC 뉴스룸' 라이브 동시접속자보다 많은 것을 목격했을 때 깜짝 놀랐다. 당시 JTBC 뉴스룸은 방송 뉴스 신뢰도 조사에서 압도적인 1위를 기록했으며, 뉴스를 진행하는 손석희 앵커는 신뢰하는 언론인 1위였기 때문이다. 더 놀라운 것은 그 유튜브 채널의 실시간 채팅창이 폭발하는 현장이었다. 라이브 방송 내내 대통령을 맹비난하고 정부를 조롱하는 욕설 댓글이 쉴 새 없이 쏟아졌다. 해당 유튜버를 응원하기 위해 그의 계좌에 직접 입금하는 방식의 후원도 이어지고 있었다. 내게는 그 광경이 일종의 신앙처럼 보였다. 막대한 수의 구독자를 확보한 극우 성향 유튜버들은 '영상'이라는 강력한 매체를 확보하고 정치적 지지자들을 몰고 다닌다. 문재인 대통령이 금괴 200톤을 가지고 있다는 가짜뉴스가 100만이 넘는 조회 수를 기록했다고 한다. 1인 미디어라는 이름 아래 이 '유사 언론'들은 기존 언론과 비교할 수 없는 자유를 누리고 있음에도 불구하고 개인이라는 이유로 미디어의 공적 책무는 외면한다.

기존 미디어의 권력 대신 새로운 권력이 된 '가로세로연구소'(가세연) 유튜브 사례도 문제로 지적된다. 강용석 변호사가 운영하는 가세연은 가수 김건모 스캔들을 비롯해 연예계 관련 폭로전을 이어가며 여론을 흔들었다. 무슨 무슨 최초 공개, 의혹 등의 제목을 단 영상들은 100만~200만 조회 수를 기록했다. 어지간한 언론사가 절대 따라가지 못할 수준이다. 사실 무차별 폭로로 언론들을 뒤따라오게 만든 것도 나름의 저력이다. 하지만 윤리적인 문제와 더불어 법적 문제까지 거론되고 있는 그들의 행보는 알 권리의 영역을 넘어선다.[24] 2020년 3월 최태원 SK 회장에 대해 가세연이 제기한 의혹은 사실이 아닌 허위이며 명예를 침해한 것이라는 법원 판결이 나오기도 했다.

더이상 언론사만 미디어가 아닌 시대의 공공성을 어떻게 담보할 수 있을까? 국내 포털은 그나마 신문법 등을 통해 규제를 받는데도 늘 논란에 시달린다. 유튜브, 페이스북 같은 해외 플랫폼 사업자들에게 공공성과 책무를 강제할 방법이 현재로서는 없어 보인다. 그렇다고 이대로 두어도 괜찮은 걸까?

유튜브 콘텐츠는 추천 알고리즘에 따라 노출의 규모가 달라진다. 유튜브의 추천 알고리즘이 전체 조회 수의 70퍼센트를 만들어낸다는 주장도 있다.[25] 그럼에도 불구하고 알고리즘의 추천 방식은 베일에 싸여 있다. 사실 알고리즘은 단순한 목표에 따라 움직인다. 우선 기본적으로 생각할 수 있는 목표는 이용자의 만족도를 높이는 것이다. 하지만 때로는 이용자의 체류 시간을 늘리는 게 목표가 되기도 한다. 이용자의 체류 시간 증가는 동영상에 만족한 결과가 아니냐고 반문할 수도 있지만, 만족도는 이용자가 더 마음에 들어할 만한 것을 찾아주는 일이고, 체류 시간은 내용이야 어찌됐든 이용자의 관심을 붙들 수 있기만 하면 된다는 차이가 있다. 그럴 때 더 자극적이고 선동적인 가짜뉴스가 잘 통하게 되는 함정이 생긴다.

이런 알고리즘에 대한 내부의 고민과 갈등이 바깥세상으로 터져 나온 사건이 있었다. 유튜브에서 추천 프로그램 개발을 담당했던 구글 전 엔지니어 기욤 샤스로는 유튜브 추천 알고리즘이 이용자의 체류 시간을 늘리는 것을 목표로 하기 때문에 진실하거나 균형을 잡거나 건강한 정보를 추천하는 쪽으로 최적화되어 있지 않다고 폭로했다.[26] 그는 2018년 2월 가디언과의 인터뷰에서 유튜브는 가짜뉴스를 억제하고 이용자에게 추천하는 동영상의 질과 다양성을 높이도록 알고리즘을 바꿀 수 있는데도 그렇게 하지 않았다고 털어놓았다. 특히 2016년 미국 대선을 앞둔 시점에는 도널드 트럼프를 검색하든 힐러리 클린턴을 검색하든 유튜브 추천 알고리즘은 친親트럼프 콘텐츠를 추천할 가능성이 높았다고 밝혔다. 가디언은 자체 조사를 통해 유튜브 추천 동영상 중 트럼프 선호 영상이 클린턴의 6배로 나타났다고 보도했다.[27]

기욤 샤스로는 또 자신의 트위터에 "구글의 알고리즘은 미국에서 가장 취약한 사람들에게 알렉스 존스의 동영상을 150억번 이상 추천했다"라고 밝히기도 했다.[28] 알렉스 존스는 이민자와 무슬림, 트랜스젠더를 공격하며 폭력을 찬양하던 미국의 극우 유튜버다. 유튜브는 샤스로의 폭로 이후 그해 8월 애플, 페이스북과 함께 알렉스 존스의 콘텐츠를 차단하는 결정을 내렸다.

예상치 못한 일이지만 알고리즘이 민주주의를 위협한다는 의견도 있다. 유튜브 알고리즘은 앞서 언급했듯 이용자의 체류 시간을 늘리기 위해 선정적이고 자극적인 내용의 콘텐츠를 더 많이 보여주면서 유권자에게 정보가 제대로 전달되기 어렵게 만든다. 브라질에서도 체류 시간을 극대화하는 유튜브의 알고리즘이 공포와 의심, 분노를 자극하는 음모론을 자동추천하면서 정치와 선거에 영향을 미쳤다는 주장이 제기됐다. 2018년 브라질 대통령으로 당선된 자이르 보우소나루는 인종차별과 여성 혐오, 동성애 혐오 발언 등으로 유튜브에서 유명세를 얻었다. 그의 선동 영상을 한번 보면,

추천 목록에 자주 뜨게 되고, 계속 그 주장에 노출되다보니 어느새 그가 젊은이들의 스타가 됐다는 것이다. 뉴욕타임스는 관련 보도에서 하버드대 버크먼클라인센터의 연구를 인용해 유튜브가 종종 우파의 음모론 영상을 추천하고 있다고 지적했다. 유튜브는 반박했지만, 관련된 내부 데이터를 공개하지는 않았다.[29]

소셜미디어와 여론 조작

유튜브를 포함한 소셜미디어는 민주주의 사회에서 누구나 자유롭게 자신의 생각을 말할 수 있는 좋은 터전이 될 것이라는 기대를 받았다. 트위터가 2010년 이후 이집트, 요르단, 리비아 등에서 민주주의를 요구하는 반정부 시위대의 소통에 활용되면서 '아랍의 봄'에 기여했다는 분석도 많았다. 하지만 소셜미디어 자체가 민주주의의 도구가 될 것이라는 바람과 달리 거짓 정보를 증폭시키고, 정치적 양극화를 심화시키며 증오와 폭력을 조장해 민주주의 제도에 대한 신뢰를 낮춘다는 분석도 나온다.

소셜미디어 플랫폼이 여론 조작에 취약하다는 지적도 이어지고 있다. 영국 옥스퍼드대 연구팀은 무려 70개 국가에서 조직적인 여론 조작이 일어났다고 발표했다.[30] 이 보고서에 따르면 소셜미디어별로 조작 캠페인이 일어난 국가가 2017년 28개국에서 2018년에는

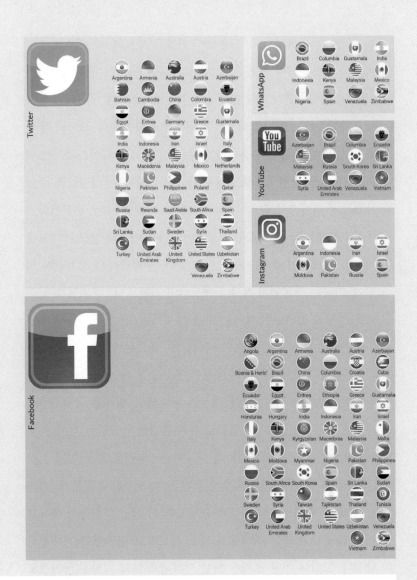

소셜미디어별 여론 조작이 일어난 국가
(출처: Samantha Bradshaw, Philip N. Howard 「The Global Disinformation Order: 2019 Global Inventory of Organised Social Media Manipulation」, Oxford Internet Institute University of Oxford 2019, 6면)

70개국으로 늘어났다. 권위주의 국가들은 정보 통제 도구로 소셜 미디어를 이용하며 중국과 인도, 이란, 파키스탄, 러시아, 사우디아라비아, 베네수엘라 등 7개 나라에서는 페이스북과 트위터가 해외 이용자들에게도 영향을 미치는 플랫폼으로 활용됐다. 중국의 경우, 웨이보, 위챗, QQ만 사용하다가 홍콩 시위 이후 페이스북과 트위터, 유튜브를 공격적으로 이용한다고 지적했다. 우리나라는 주로 유튜브와 페이스북에서 이 같은 시도가 있었던 국가로 분류됐다.

보고서에는 국가별로 누가 소셜미디어를 이용해 잘못된 정보로 여론을 움직이려고 했는지도 나와 있다. 우리나라는 정치인과 정당이, 미국은 정치인과 정당 외에도 정부기관, 민간 청부업자가, 중국은 정당과 정치인이 빠지는 대신, 정부기관, 민간 청부업자, 시민사회단체까지 동원된 것으로 나타났다. 보고서에 첨부된 사례 분석을 살펴보면 한국의 경우, 국정원 댓글 조작 사건이 언급된다. 국정원이 2012년 대선에 가짜 계정을 동원했고, 원세훈 국정원장이 대선에 영향을 미치려 한 혐의로 유죄 판결을 받았다는 것이다. 또 2008~2009년 각종 커뮤니티에 월 450~540달러를 받고 친정부 댓글을 달았다는 사람의 고백도 인용됐다. 2018년 한국 정부가 '가짜 뉴스'에 대해 엄중 단속하겠다고 발표한 뒤 야당 의원들이 유튜브에 올라오는 비판을 잠재우기 위한 시도라고 반발했다는 내용도 담겼다. 그밖에 여론 조작을 위한 사이버 부대의 역량을 국가별로 비교분석한 내용도 있는데 한국은 '최소 역량'minimal capacity 국가로 분류됐다. 이전에 조직이 활동했지만, 현재 활동이 불확실한 경우다. 북한은 200명 규모의 조직을 보유한 것으로 추정되며 '낮은 수준의 역량'low capacity 국가로 분류됐다. '높은 수준의 역량'high capacity 국가인 중국의 조직 규모는 30만~200만명. 그런데 높은 수준의 역량을 가진 미국, 러시아에 대한 설명은 빠져 있다.[31] 역시 이 문제가 글로벌한 난제란 건 인정하지 않을 수 없다.

과거 권위주의 독재 시대를 거친 우리 사회는 온라인 공론장에서도 표현의 자유를 지키는 방안을 주로 논의했다. "나는 그대의 의견에 동의하지 않는다. 그러나 그대가 말할 권리는 목숨을 걸고 지켜주겠다"라는 볼테르의 말을 가슴에 새긴 시절이었다. "그대가 그대의 의견을 익명으로, 사전 검열 없이 말하고, 합리적 이유 없이 차단 혹은 삭제당하지 않을 권리"가 중요했고, 개개인에게 이러한 권리가 인정될 때 비로소 자유민주주의가 달성된다고 여겼다.

2002년 헌법재판소는 전기통신사업법 제53조 불온통신의 단속에 대해 위헌이라는 결정을 내렸다. 나는 이 결정문에서 "'공공의 안녕질서'나 '미풍양속'과 같은 상대적이고 가변적인 개념을 잣대로 표현의 허용 여부를 국가가 재단하게 되면 언론과 사상의 자유시장이 왜곡되고 정치적, 이데올로기적으로 악용될 우려가 있다. (…) 민주주의에서 어떤 표현이나 정보의 가치 유무, 해악성 유무는 국가가 1차적으로 재단하여서는 아니 되고 시민사회의 자기교정기능, 사상과 의견의 경쟁 메커니즘에 맡겨야 한다"[32]라는 부분을 무척 좋아했다.

그런데 20년 가까이 지난 지금, 이 대목 때문에 좀 난감한 시절이 되었다. 유튜브는 바로 그 사상과 의견에 따라 철저하게 맞춤형 메시지만 계속 추천한다. 서로 다른 사상과 의견이 자유롭게 경쟁할 기회조차 없다. 페이스북 등 소셜미디어도 그렇다. 그나마 포털 시절에는 조선일보와 한겨레를 함께 봤지만 소셜미디어는 나와 다른 생각을 가진 쪽의 얘기가 눈에 잘 띄지 않는다. 이대로 괜찮을까? 공론장이 없어지거나 위협받는 상황에서 표현의 자유는 그대로 보호될 수 있을까? 허위 정보 외에 차별과 혐오의 언어를 규제해야 한다는 목소리도 높아지는 가운데 소셜미디어는 어떻게 진화할 것인가.

2장

고전하는
올드미디어

기자는 어쩌다 기레기가 되었나

'기렉시트'는 어떻게 하느냐고?

2017년 청와대 인근 파스타 식당에서 점심을 함께하기로 한 그들은 반짝반짝 빛났다. 청와대 출입기자 중에 어린 친구들만 모인 자리였다. 기자들이 취재를 위해 한 기관에 출입하면 연차에 따라 1진, 2진, 3진으로 구분하는데 때로는 '말진'이라 불리는 막내 기자들이 있다. 청와대라는 출입처가 아무나 쉽게 갈 수 있는 곳이 아닌 만큼 청와대 말진은 또래 기자들 중에서도 가장 일 잘하고 취재 욕심 많고 똘똘한 친구들이라 할 수 있다. 열심히 사는 어린 친구들은 그냥 보고만 있어도 흐뭇하다. 식사 자리에서 한명이 해맑게 웃으며 말했다.

"선배는 기렉시트 성공 사례잖아요. 저희는 궁금한 게 많아요.

어떻게 하면 기렉시트를 잘할 수 있는 건가요?"

기렉시트? 난생 처음 듣는 단어였지만 그 뜻은 직관적으로 알 수 있었다. 영국의 유럽연합 탈퇴를 의미하는 '브렉시트'에서 브리튼 대신 '기자'를 넣어 '기렉시트'라 하는 것이겠지. 그들의 눈에 나는 기자 경력을 쌓고 굴지의 민간 기업으로 옮겼다가, 청와대 비서관으로 변신한 '성공한' 선배였다. 나를 성공 사례라고 하다니… 충격이 컸다. 기자의 꿈은 출입처의 흥망성쇠를 함께하며 현장을 기록하는 대기자 아닌가? 사회를 보다 나은 방향으로 바꿀 수 있는 힘과 책임이 따르는 직종, 그래서 박봉과 격무에도 기자라는 일을 택한 것 아니었나?

"언제 입사했어요?" 수직적 위계질서가 강한 기자 세계에서는 흔한 질문이다. 인터넷 기업의 수평적 질서에 익숙해진 이후 하지 않는 질문이었는데, 이날은 어쩔 수 없었다. 그는 3년차라고 했다. 3년차라면 정신없이 기자 생활에 몰입해서 일을 배우고 있는 단계다. 자신의 기사가 가진 힘을 이해하게 되면서 비판적 감시자로서의 역할이 신나고, 아름다운 사연을 발굴하는 기록자로서 흐뭇할 때다. 예전 '언론고시'라는 말을 하던 시절과 비교하면 기자란 직업의 인기가 떨어지기는 했다. 그렇다고 3년차 기자가 '기렉시트'의 성공 사례를 듣고 싶어 눈을 반짝일 일인가. 나는 기업으로 이직한 후, 후배 기자들을 만날 때 흔히 해주는 이야기로 답을 대신했다.

"나도 기자를 그만두기 전에는, 배운 게 '기자질'뿐인데 다른 무슨 일을 할 수 있을지 고민했어요. 하지만 기업으로 옮겨보니 알겠더라고요. 기자에게는 세가지 경쟁력이 있어요."

기자의 첫번째 경쟁력은 이른바 '야마', 핵심 주제를 잘 잡는다는 것이다. 기자는 어떤 상황에서도 신속하게 문제의 핵심을 잡아내는 훈련을 한다. 브리핑을 들어도 핵심이 무엇인지 간파하고, 사건이 터져 현장을 취재해도 그 안에 숨겨진 본질을 찾는다. 두번째 경쟁력은 마감을 잘 지킨다는 점이다. 학자들이 연구 용역으로 진행하면 몇달 걸릴 일도 기자들은 기획팀을 구축해 며칠이면 해낸다. 정해진 시한 내에 결과물을 만들어내도록 훈련되는 것이다. 세번째는 '하라면 한다'는 기질인데, 이건 좀 서글픈 얘기다. 기자들은 어떤 지시에도 '노'No라고 하지 않는다. 1차 취재라도 해보고 도저히 안 되면 해당 사안을 '킬'kill하더라도, 일단 시작은 해야 한다. '무조건 한다' 정신은 때로 굉장히 다른 결과를 가져온다.

나는 기자의 경쟁력이 언론계 바깥세상에서도 무슨 일을 하든 도움이 되는 덕목이라고 생각했다. 기자 시절 험하게 훈련받고 전투적으로 일하던 방식이 좋아서 직원을 뽑을 때도 기자 출신을 선호했다. 이런 방식이 함께 일하는 동료들을 힘들게 했다는 것은 나중에 알았다.

아무튼 다양한 취재원을 만나면서 세상을 보는 눈을 키우고 풍부한 네트워크를 쌓은 기자들이 스스로 희망을 만들지 않는다는 것이 안타까웠다. 기렉시트 성공 사례에 관심을 갖고, 기자 이후의 삶을 구상하는 초년병이라니. 어느 직종이든 잘 배워서 성장한 인재들이 또다른 영역에 도전하는 것은 나쁘지 않다. 오히려 권장하고 싶다. 하지만 하던 일에 대한 불만과 자괴감으로 탈출을 모색하는 것은 다른 문제다. 정말 괜찮은 인재들이 힘들어하는 현상황에 화가 난다. 어느 업종이든 인재 영입이 힘들어지고, 들어온 인재도 나가려고 한다면 업계 자체가 내리막이라고 봐야 한다. 그리고 그 책임은 100퍼센트 리더들이 지는 게 맞다.

신문사 탈출기

1994년 봄 내가 처음 사회생활을 시작한 문화일보는 20세기만 해도 시민의 가치를 최우선으로 하던 언론사였다. 신생 매체인 만큼 남다른 경력으로 스카우트된 훌륭한 선배들도 많았고, 여성이나 문화 이슈가 1면 톱으로 과감히 올라가던 신문이었다. 1995년 일찌감치 편집권 독립을 위해 파업까지 벌였던, 언론에 대한 소명의식과 패기가 넘치던 조직이었다. 솔직히 모기업인 현대그룹을 제외하면 기업이든, 정부든 날카롭게 비판하는 데 거의 문제가 없었다. 성역이 없다고 할 수는 없으나 협소했다고 할까.

그러나 1997년 말 국제통화기금[IMF] 구제금융 신청이라는 국가

적 위기를 맞아 1998년 모기업인 현대와 분리되면서 문화일보는 재정적으로 굉장히 어려워졌다. 구조조정을 통해 몸집을 줄인 뒤 신문이 지키고자 하는 가치가 시민에서 시장으로 옮겨갔다. 그때는 온 사회가 구조조정을 거쳐 기업을 살려내는 데 집중하는 분위기였고, 당장 생존이 급한 처지에 광고주들과 관계를 개선하겠다는데 그 누가 토를 달 수 있을까. 이후 신문 지면은 급속도로 바뀌었다. 재계를 취재하는 기사의 톤이 일부 바뀔 것이라는 건 예상했지만, 정치면과 사회면도 함께 바뀌기 시작했다.

신자유주의를 옹호하는 급격한 변화에 마음 맞았던 선후배들이 하나둘 떠나기 시작했다. 어떻게든 내 일만 하면 됐던 시절을 거쳐, 회사 생존을 위해 지하철 무가지를 만들었고, 2005년 1년 휴직 이후 2006년 여름에 다시 취재 현장에 돌아온 나는 어느새 중견 기자가 되어 있었다. 10년이 넘는 기자 생활 동안 법조를 취재한 적이 한번도 없었는데, 그곳에서 경력을 쌓은 동료들이 회사를 떠난 바람에 내가 법조 반장을 맡아야 했다. 언제나 그렇듯 인복이 많아 좋은 동료들 덕분에 버텼지만 고민은 계속되었다.

2007년 신정아 씨의 누드사진이 문화일보 지면에 게재된 사건이 발생했고, 당시 편집국 공정보도위원장이던 나는 기자 중심의 비상대책위원회 위원장까지 맡았다. 우리는 편집국장을 비롯해 회사 간부들과 격론을 벌였고 결국 누드사진 보도에 대한 편집국 명의의 사과문을 신문 1면에 실었다. 가뜩이나 공정보도위원회 활동을 하면서 사사건건 윗분들과 부딪치는 일이 잦았던 터였기 때문에 사과문까지 내도록 한 주동자들에게 회사의 시선이 고울 리 없었다. 마음 불편한 시간이 흐르던 무렵, 신문사가 신정아 사태로 내홍을 겪고 있다는 기자협회보 보도를 본 포털 다음의 임원이 '그만두고 싶어하는 이'를 물색했고 내가 낚였다. 올드미디어에 이어 뉴미디어를 경험한다는 자체가 매력적인 제안이기도 했지만, 당시 한국사회에서 기자로 살아가는 것에 회의가 없었다면 결정하기 어려웠을 거라 생각한다. 기자라면 누구나 그렇듯 나 역시 천생 기자인 줄 알았다. 기자 일이 좋았고, 기자의 삶 외에 다른 인생은 상상해본 적도 없었다. 마지막까지 눈에 밟힌 것은 후배들이었다. 신문을 잘 만들기 위해 회사와 싸우는 법을 배운 DNA가 그들의 기자 생활에도 이어지길 바랄 뿐이었다.

내가 포털로 이직을 결심한 것은 같은 문화일보 출신으로 당시 네이버에서 정책실을 이끌던 한종호 선배(현 강원 창조경제혁신센터장)의 영향이 크다. 올드미디어는 어느 정도 경험했으니, 뉴미디어의 새로운 룰을 만드는 일을 해보는 것도 의미 있지 않겠느냐고 조언해주었다. 미디어 시장의 생태계 자체가 격변기를 맞고 있었다. 다음은 2003년 뉴스를 유통하기 시작했는데, 순식간에 포털 뉴스를 통한 미디어 소비가 기존 미디어 시장을 흔들었다. 포털의 영향력이 점차 커지면서 포털은 미디어다, 미디어가 아니다로 진통이 격화되던 무렵이었다. 세상이 바뀌고 있었고 새로운 룰이 필요했다.

새로운 직장에서 뉴미디어의 규범을 고민하면서, 온라인에서 세상이 바뀌는 현장을 지켜보면서, 내 관심은 '언론'보다는 '저널리즘' 쪽으로 기울었다. 필연적인 방향이었다.

기레기와 조국 대전

20세기에 기자 생활을 시작한 나는 운 좋은 사람이었다. 그때는 기자가 현장에서 어느 정도 존경 혹은 신뢰를 받을 수 있었다. 어려운 사람들이 목소리를 대신 전해달라고 찾아왔다. 약자의 보루가 될 수 있었고, 강자의 무심한 관행에 제동을 걸 수 있었다. 하지만 21세기 들어서면서 기자는 존경이 아닌 손가락질을 받기 시작했다. 기자에 대한 신뢰가 점차 떨어졌다.

시민들은 기자를 찾는 대신, 스스로 목소리를 내면서 미디어가 되었다. 시민들이 만들어낸 미디어는 자유롭고 도전적이었다. 올드미디어 기자 출신에게 아고라는 혁신 그 자체였다. 다음은 '블로거뉴스'라는 시사 블로거들의 마당도 열었는데, 기존 언론에서 볼수 없었던 훌륭한 블로그 글들이 현안마다 쏟아졌다. 기존 미디어는 기득권을 내어줄 준비가 되어 있지 않았는데 유명한 블로거들이 등장해버렸다. 정말 운 좋게도, 다음에서 아고라, 블로거뉴스 등의 진화와 흥망성쇠를 지켜보면서 저널리즘에 대해 생각해볼 기회가 많았다. 종편을 탄생시킨 2009년 미디어법 논란도 문제의 소지가 없는 것은 아니지만 뉴미디어의 시각으로 보면 답답한 언쟁이었다.

2019년 8월 조국 법무부장관 후보자 임명을 앞두고 벌어진 언론 양상이야말로 다시 한번 미디어의 변화를 실감하게 했다. 매일 관련 기사가 우르르 쏟아졌지만, 대부분의 기사가 직접 취재 없이 다른 회사의 단독 기사를 베꼈거나, 다른 회사의 단독에 추가 취재 한줄을 더해 뭉뚱그려 쓴 것들이었다. 기자보다 페이스북 몇몇 고수들의 의견과 논리가 훨씬 독창적이고 깊이가 있었다. 차분하고 점잖은 글이든 격동적인 어조의 글이든, 글솜씨로 보나 쟁점 정리 기술로 보나, 그들이 훨씬 나았다고 하고 싶지만, 최소한 기자 못지 않았다고 해두련다. 페이스북의 글이 캡처되어 각종 소셜미디어와 온라인 커뮤니티로 퍼날라지면서 국민들은 기사보다 더 잘 정리된 글을 돌려봤다. 이것이 미디어가 아니고 무엇인가. '조국 대전'은 1인 미디어의 강력한 힘을 보여준 사건으로도 기억될 가치가 충분하다. 그걸로 충분하다면 좋았겠으나 언론계를 강타한 결정타는 따로 있었다.

우리 사회의 기레기 담론은 짧지 않은 역사를 가지고 있지만 조국 법무부장관 후보자의 기자간담회가 열렸던 2019년 9월 6일은 기념비적인 날로 기록될 것이다. 조국 후보자는 국회 인사청문회가 불발된 뒤 국회 본청 회의실에서 무제한 기자간담회를 열어 각종 의혹들을 직접 해명하겠다고 나섰다. 11시간 동안이나 이어진 간담회에서 기자들은 제대로 된 질문을 던지지 못했다. 똑같은 질문만 반복하는가 하면, 야당 정치인의 페이스북에 무엇을 질문하면 좋을지 댓글로 물어보는 기자도 있었다. 기자간담회는 TV 생방송과 유튜브 라이브로 진행되어 온 국민이 이 광경을 실시간으로 지켜봤다. 하루 종일 '기레기'가 트위터 실시간 키워드로 올라왔고, '한국언론사망' 같은 키워드가 포털 실시간 검색어였다.

그동안 조국 관련 취재를 해온 법조나 특별취재팀 기자들이 아니라 평소 정치인 동향을 우선하는 정치부 기자들이 간담회에 들어가게 되었는데, 제대로 준비할 시간을 주지 않았다는 언론계 지인들의 해명에는 솔직히 마음이 아팠다. 준비가 부족한 기자가 들어갔다면 꾸준히 취재해온 기자든 해당 데스크든 TV 생중계를 보면서 현장 기자와 소통하면 되는 것 아닌가. 국민들이 기자들의 고충을 이해하기 위해서는 기본적으로 언론에 대한 신뢰가 깔려 있어야 했다. 그게 없었다.

세월호 참사 당시 기자들은 탐사 취재와 추적 보도 대신 변죽만 울렸다. 정치권의 답답한 공방만 중계하고, 광장의 시민들과 세월호 가족들에게 무례했다. 저널리즘이 함께 재난을 맞이한 가운데 기자들의 반성과 성찰이 이어질 줄 알았으나 우리가 순진했다. 뜨거운 사건이 벌어질 때마다 기레기의 민낯을 확인하는 악순환이 반복된다. '조국 대전'에 이어 두 명의 여성 연예인을 떠나보내는 과정의 언론 보도도 불편했다. 그동안 유명인사에 대한 괜한 시비와 논란, 악성 댓글을 기사화하면서 클릭을 끌어모았던 기자들은 변하지 않았다.

2020년 초 코로나19 바이러스에 대한 보도는 '기레기 바이러스'가 더 무섭다는 반응을 낳았다. 한국기자협회는 유튜브 등을 통해 급속히 퍼지고 있는 허위 조작 정보의 재인용, 인권 침해 및 사회적 혐오와 불안을 유발할 수 있는 자극적 보도를 자제해달라는 내용의 '코로나19 보도 준칙'을 2월 21일 발표했다. 세계보건기구 WHO의 권고에 따라 지역명을 넣은 '○○ 폐렴' 등의 표기 대신 공식 병명을 사용해달라고 요청했다. 그러나 문제 기사들은 계속 이어졌다. 한국기자협회는 3월 3일 다시 '긴급 호소문'을 냈다. 국론 분열을 선동하는 보도, 인권 침해 및 사회적 혐오와 불안 조성과 과도한 공포를 유발할 수 있는 자극적 보도 등을 자제해달라는 내용이다. 그사이 아무것도 달라지지 않았다는 반증이다.

'n번방 사건'을 최초 보도한 대학생 취재팀 '추적단 불꽃'은 유튜브 채널을 개설해 "최초 신고자, 최초 보도자가 중요하냐"며 언론의 취재 관행을 비판했다. 그들은 한 인터뷰에서 "언론에서 피해 사실을 집중적으로 부각하고 자극적으로 보이게 해 조회 수를 높이려는 의도가 보일 때가 있다"며 "'음란물' '변태' '일탈' 같은 단어들이 대표적인데 보도할 때 단어 선정에 더 고심했으면 좋겠다"고 밝히기도 했다. '음란물' 대신 '성 착취물'이라고 쓰는 게 맞다는 얘기다.[1] 기성 언론과 달리 이들은 단어 하나에도 신중하게 접근한다. 오히려 언론이 따라가야 할 처지다. 이 무렵, 'n번방 사건' 대신 '집단 성 착취 영상 거래 사건'이라고 명명을 다시 한 언론사에 고마웠던 기억이 남는다.

최근 드라마 속 기자들은 안타까운 캐릭터뿐이다. 「동백꽃 필 무렵」(2019) 속 기자는 기사 하나 쓰겠답시고 피해자를 쫓아다니고, 생존자를 목격자로 둔갑시킨다. 그저 한건 하겠다는 자기만족을 위해 피해자를 위험에 노출시키는 일을 마다하지 않는다. 「스토브리그」(2020)에 등장하는 기자는 화제성을 위해 인터뷰 내용을 조작하다시피 방향을 바꿔버린다. 한때 드라마 속 기자들은 정의의 사도까지는 아니더라도, 진실의 퍼즐을 맞추기 위해 권력과 싸우는 멋진 투사 이미지였다. 요즘 미디어에 등장하는 기자는 대체로 비굴하거나, 대체로 욕심에 눈이 멀었고, 대체로 별생각 없이 오늘만 산다. 기렉시트를 말하는 후배들에게 충격을 받기는 했으나, 언론계가 이 지경이 되도록 만든 언론사 윗분들에게 화가 나기는 했으나, 사실 나 역시 그 세계에서 도망친 전직 기자다. 누구를 원망할 입장은 아니다. 다만 마음이 몹시 무거울 따름이다.

신뢰의 위기, 시장의 위기

한국인들의 언론에 대한 신뢰도는 몇년째 바닥을 벗어나지 못하고 있다. 영국 옥스퍼드대 부설 로이터저널리즘연구소는 매년 「디지털 뉴스 리포트」를 발행한다. 2019년 한국인들의 뉴스 신뢰도는 22퍼센트로 38개국 가운데 꼴찌다.[2] 우리나라는 2016년 해당 조사에 처음 포함된 이후, 4년 연속 신뢰도 최하위를 기록하고 있다.

이 와중에 2019년 우리나라의 언론자유지수가 12년 만에 가장 높은 순위를 기록했다는 소식은 오히려 아이러니다. 국제 언론자유 감시단체인 '국경 없는 기자회'가 해마다 발표하는 언론자유지수 순위에서 우리나라는 2006년 31위였다가 이후 내리막길을 걸으며 2016년 70위까지 떨어졌다. 이후 3년 연속 순위가 올라 2019년 41위를 기록했다. 국경 없는 기자회는 "인권운동가 출신 문재인 대통령이 취임하면서 한국에 새 바람이 불었다. 한국은 과거 10년간 언론자유지수에서 30계단 이상 하락한 바 있으나 문재인 정부는 방송사 사장 지명과 관련해 오랜 기간 지속되었던 MBC, KBS, YTN의 갈등 해결을 위해 노력했다"라고 평가했다.[3] 언론에게 날개를 달아주는 언론 자유 지표는 좋아지고 있는 반면, 정작 언론의 신뢰는 바닥을 치고 있다. 언론의 이용자인 시청자, 구독자들이 제품을 신뢰하지 않고, 시장에서 외면하고 있다.

어떻게 보면 언론이 신뢰를 얻는다는 자체가 '무한도전'에 가까울지도 모른다. 미국의 경우 공화당 지지자의 65퍼센트가 폭스뉴스를 신뢰하고, 민주당 지지자의 67퍼센트가 CNN을 신뢰한다는 조사 결과가 나왔다. 미국의 조사기관 퓨리서치센터는 이 같은 내용을 전하며 미국 대선을 앞두고 미디어의 양극화 등 나라가 쪼개졌다고 보도했다.[4] 매체에 대한 신뢰를 분석한 이 조사에서 민주당 진영은 30개 매체 중 22개를 믿는 편인데, 공화당 진영은 20개 이상의 매체를 불신하는 것으로 나타났다. 불신 비용이 높아진 사회에서는 점점 더 극단적인 유튜브를 찾을 수밖에 없다. 특히 극우 성향의 폭스뉴스에 대한 신뢰와 불신은 43대 40으로 팽팽했다.

이 조사는 여러가지로 흥미로운데 '신뢰'에서 '불신'을 빼는 방식으로 신뢰도를 계산했을 때 PBS, ABC, NBC, CBS, BBC, NPR 순으로 신뢰하는 것으로 나타났다. 신문보다 방송에 대한 신뢰가 높았는데, 공영방송 PBS의 경우 신뢰 42퍼센트, 불신 11퍼센트였다. 30개 매체 리스트에 들어간 신문 1위는 전체 7위를 차지한 월스트리트저널이었고 30위권 안에 뉴욕타임스와 USA투데이, 워싱턴포스트, 가디언이 이름을 올렸다. 우리에게는 마치 정론의 대명사처럼 알려진 뉴욕타임스는 신뢰 35퍼센트, 불신 22퍼센트 수준이다. 정파적 미디어가 각각의 독자에게 호소하는 양상이다. 언론 자유 혹은 저널리즘에서 때로 교본처럼 여겨졌던 미국의 상황이 이렇다.

2000년대 들어 국내 언론은 신뢰의 위기와 동시에 시장의 위기에 직면했다. 언론을 매개로 광고비를 지출하던 기업들에게 도달률이 떨어지는 언론은 더이상 매력적이지 않았다. 국내 신문 구독률은 2019년 6.4퍼센트를 기록했다. 2017년 9.9퍼센트로 두 자릿수가 무너진 뒤 2018년 9.5퍼센트였으니 변화의 속도가 무서울 지경이다. 1996년만 해도 신문 구독률이 69.3퍼센트에 달했다.[5] 신문은 이제 가정 구독자가 사라지고 있고, 사실상 정부와 기업의 고위 관계자들만 보는 사치재가 되고 말았다.

반면, 국내 디지털 광고비는 2019년 사상 처음으로 5조원을 돌파했다. 전체 광고비 11조 9,747억원 중 디지털 광고는 전년 대비 15퍼센트 성장한 5조 532억원을 기록했다. TV와 라디오 등 방송 광고는 같은 기간 7퍼센트 하락한 3조 6,905억원으로 집계됐고, 신문과 잡지는 1조 6,829억원으로 전년 대비 3.1퍼센트 감소했다.[6]

마케팅 업체 이마케터eMarketer에 따르면 2019년 미국의 디지털 광고 시장은 구글(37.2퍼센트)과 페이스북(22.1퍼센트)이 절반 이상 가져가고 있다. 여기에 아마존(8.8퍼센트)이 가세했다. 미국의 디지털 거인들이 승자독식 구조를 구축한 셈이다. 신문이나 방송도 자사의 홈페이지를 통해 디지털 광고 수익을 챙기고 있지만 IT 기업과는 경쟁이 안 된다. 미국인들이 어디에서 시간을 오래 보내는지는 광고주들이 더 잘 알고 있다. 구글 검색이나 페이스북, 인스타그램 이용에 쓰는 시간이 개별 언론사 사이트를 방문하는 시간보다 훨씬 길다.

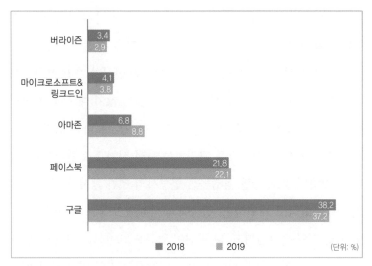

미국의 디지털 광고 시장 점유율
(출처: https://www.emarketer.com/chart/226372/top-5-companies-ranked-by-us-net-digital-ad-revenue-share-2018-2019-of-total-digital-ad-spending)

시장의 변화는 대체로 자연스러운 구조개혁으로 이어진다. 프랭클린 포어는 『생각을 빼앗긴 세계』에서 "디지털 미래에 느리고 관료주의적인 인쇄 미디어가 설 자리는 없었다. 위기의식과 함께 찾아오는 기회를 감지한 매체들은 오래된 뉴스룸을 빠르게 재편했다. 10년 동안 언론 업계가 해고한 기자와 편집자의 연봉 총합은 16억 달러(한화 약 1조 8,000억원)에 달한다"라고 지적했다.[7] 미국 언론사의 일자리가 줄어든 것은 분명해 보인다. 그에 비해 우리나라는 주요 언론사 중에 문을 닫은 곳도 없거니와, 구조조정에 착수했다는 소식도 드물다. 그 비결은 광고주들의 '협찬'이다.

광고주들 사이에서는 어느 특정 매체에만 티 나게 광고하는 것보다 조용히 수백만원, 수천만원 혹은 수억원을 언론사에 협찬 방식으로 제공하는 것이 오히려 나은 방법이란 인식이 자리잡았다. A신문에 광고하면 B신문, C신문에서 가만있지 않기 때문에 한곳에만 광고를 게재하면 오히려 부담만 커진다. 광고보다는 협찬을 통해 악의적 기사 등 리스크를 관리하는 보험 성격으로 언론사를 챙긴다. 기업의 홍보 담당 임원들은 언론사의 조찬 행사나 콘퍼런스 행사에 협찬금도 지원하고, 행사에 참석해 눈도장도 찍어야 한다. 이미 알고 있던 사실이고, 나 자신이 협찬을 요청하는 기자였던 시절도 있었다. 입장이 바뀌어 협찬을 집행하는 기업 임원 경험까지 해보니 더 생생하게 다가왔다. 시내 호텔에서 열린 A사의 조찬 행사에서 만난 기업의 홍보 담당 임원들을 곧이어 여의도에서 열린 B사의 오전 행사에서 다시 만나 서로 웃으며 인사를 나누곤 했다. 행사를 빛내주기 위해 자리를 함께하는 것은 기업 홍보뿐 아니라 정부 관계자에게도 주요 업무가 되고 있다. 자본 권력에 취약한 언론이 신뢰를 확보하는 것은 더욱 어려운 일이 되어버렸다. 기업의 불공정을 제대로 비판하지 않고, 오히려 필요 이상으로 기업 편들기에 나서는 기사도 종종 눈에 띈다. 이게 보통 독자들 눈에 보이지 않을 리 없다. 시장의 위기가 신뢰의 위기로 이어지는 것이 당연한 일은 아닌데, 우리 언론은 이 문제에 제대로 대응을 하지 못하고 있다.

한국 언론 시장의 환경은 나빠지는데 등록 언론사 수는 계속 늘어나고 있다. 2019년 3월 현재 약 8,100여개의 인터넷신문이 등록되어 있다고 한다. 큰 언론사가 큰 협찬으로 먹고산다면, 작은 언론사는 작은 협찬으로 버틴다. 이 작은 협찬이 문제인데, '나 네이버에 들어가는 매체야'라고 장사할 수 있느냐가 관건이다. 네이버와 다음은 어느 매체 기사가 검색되도록 할 것인지 결정할 권한을 2015년부터 외부 독립기구인 뉴스제휴평가위원회에 넘겼으나 협찬 문제는 누가 결정해도 해결하기 쉽지 않아 보인다.

대기업 광고 담당 임원 K씨는 "A라는 매체가 좋지 않은 기사를 씁니다. 네이버에서 검색되죠. B, C 매체는 그 기사가 내려가는지, 즉 끝내 삭제되어 검색되지 않는 순간이 오는지 조용히 기다립니다. 만약 A사 기사가 삭제되면, B, C는 같은 내용의 기사를 베껴서 올립니다. 기사를 내리도록 기업이 돈을 지불할 의사가 있는 내용이라고 판단하기 때문입니다. 액수가 크지도 않아요. 몇백만원 정도예요. 정말 놀라운 건 A사의 편집장이 B사의 대표고, C사의 에디터인 경우도 있어요. 이렇게 여러 매체의 이름으로 장사를 하기도 합니다"라며 하소연했다.

조폭의 영업 방식이 연상되는가? 맞다. 우리 미디어 시장은 이런 지경에 와 있다. 큰 언론사라고 더 나쁘고, 작은 언론사라고 덜 나쁜 게 아니다. 저널리즘을 지키고 사회의 파수꾼 역할을 하기 위해 애쓰는 기자들로 하여금 힘 빠지게 하는 일은 한둘이 아니다.

플랫폼 시대의 저널리즘

뉴스의 다양성과 공정성

네이버는 2019년 11월 '2019 미디어 커넥트 데이' 행사를 열고, 언론사와의 새로운 협력 모델을 제시했다. 1장에서도 언급했지만, 이날 발표된 내용 중 흥미로운 것은 뉴스 편집을 AI가 맡는 방식으로 개편한 이후, 네이버 메인에 노출되는 기사가 200개에서 1만 2,000개로 급증했다는 것이다. 기사 페이지뷰도 10만 이상 보는 기사는 줄었고, 언론사 채널 구독 모델이 정착되고 있다. 포털의 공론장 기능은 더 약화된 셈이다. 이정환 미디어오늘 대표의 페이스북 정리에 따르면 현장에서 이런 질문이 나왔던 모양이다.

"뉴스의 다양성과 플랫폼의 공공성에 대한 고민이 있는가?"

이날 네이버와 공동연구 결과를 발표한 김성철 고려대 교수의 답변은 이랬다. "인공지능 편집으로 가면서 이용자의 판단에 맡기겠다는 것이다. 이용자들이 세분화되어 있고 재방문과 충성도 등의 팩터(요소)가 뉴스의 가치를 판단하게 될 것이다. 추가로 보정해야 할 팩터가 있다면 내부적으로 고민할 거라고 본다."

김성철 교수의 답변처럼 AI 편집으로 이용자 판단에 맡기면 뉴스의 다양성이 확보될 수 있을까? 솔직히 더 어렵지 않을까 우려된다. 맞춤형 서비스를 큰 틀에서 보면, 각자에게 다른 판을 보여주니 다양성을 증가시킬지 모르지만, 각 이용자에게는 오히려 보고 싶은 것만 보여주게 된다. 우리가 뉴스 다양성을 얘기할 때는 수용자가 자신과 다른 관점의 뉴스도 보도록 제공하는 것을 의미한다. 플랫폼의 공공성을 이용자에게 맡긴다고 하는데, 각자 보고 싶은 대로 보는 것이 과연 공공성일까.

유봉석 네이버 서비스운영 총괄 전무는 "네이버가 편집하던 시절에는 네이버가 답을 해야 할 문제였지만 이제는 언론사와 네이버가 같이 답을 해야 할 것 같다"라며 "구독 중심으로 전환했기 때문에 언론사들은 자체 편집판에 고민과 가치를 충분히 담을 수 있을 것이고 독자들이 선택하고 판단할 거라고 본다"라고 말했다. 네이버 측의 답변은 오히려 솔직하다. 네이버가 가진 뉴스 플랫폼으로서의 책무를 일부 내려놓고, 이제는 그 고민을 언론사가 같이 해야 한다는 제언이다.

미디어 플랫폼에 대한 기존 미디어의 시각은 매우 냉정하다. 플랫폼은 미디어가 아니며, 책임을 지지 않는다는 불만이다. 공정하지 않다는 지적도 많다. 그런데 언론 자체가 이렇게까지 불신의 대상으로 전락하지 않았다면, 믿고 보는 언론사가 있었다면, 플랫폼인 포털도 다른 방식을 시도해볼 수 있지 않았을까. 유튜브나 팟캐스트, 소셜미디어를 기반으로 막강한 1인 미디어들이 등장하는 과정에서 신뢰할 수 있는 '정론'이란 게 있었다면 상황이 달라졌을까.

그런데 여기서 짚고 넘어가야 할 것이 하나 있다. 과연 '정론'이란 무엇인가. 언론의 중립성, 공정성은 매우 중요하다. 조선일보는 자신들이 정론지라고 말한다. 한겨레도 마찬가지다. 조선일보 독자에게는 조선일보가 가장 공정하고, 한겨레 독자에게는 한겨레가 가장 공정하다. 더구나 언론은 중립적이라고들 하는데, 대체 그들의 중립은 어디에 있는가.

이준웅 서울대 교수는 언론의 중립에 대해 다음과 같이 지적했다. 좀 길지만 인용해본다. "예를 들어, 조선일보의 독자가 거의 대부분의 한겨레 기사에 대해 편파적이라고 비난하며 한겨레 독자는 거의 대부분의 조선일보 기사가 편파적이라고 외면할 때, 두 독자 집단은 사실 편파를 결정하는 기준에 대해 합의하지 못한다. 그리고 이러한 조건에서 수행되는 중립성 및 편파성 논쟁은 흔히 악순환을 초래한다. 특정 사안에 대해 편파를 문제 삼는 비판 자체가 다시 편파성 시비의 대상이 되는 것이다. (…) 특정 언론이 논쟁적인 사안에 대해 중립적이라는 것은 무엇을 의미하는가? 하나의 기사가 어떤 주관적 평가나 견해도 없이 무색무취하게 사실만 나열해야 하는 것을 의미하는가, 아니면 양시양비적 평가를 제시하는 것을 준칙으로 채택해야 한다는 것을 의미하는가? 혹은 한 지면에서 한 기사는 이 편을 들고 다른 기사는 다른 편을 드는 균형을 취해야 한다는 것을 의미하는가, 아니면 이번 사안에 대해서는 이 정파의 이해를 따르고 다른 사안에 대해서는 반대 정파의 이해를 따라야 한다는 것인가? 그리고 균형이 정량적 균형이 아니라 가치적인 것이라면, 가치의 가중치를 결정하는 기준은 또한 무엇인가? 결국 이러한 조절 및 재구성을 위한 준칙의 선택은 어떤 것을 채택하더라도 일시적이며 수단적일 뿐 결정적이지 않다. 그리고 종국적인 결과는 누구에게도 만족스럽지 않고 오히려 편파 논쟁을 가속시킨다."[8]

포털의 뉴스 편집 중립성이란 주제로 석사논문을 준비하면서 중립성에 대한 기준과 원칙이 오히려 논쟁을 가져온다는 이준웅 교수의 의견에 깊이 공감했다. 기자 시절부터 오랫동안 중립성에 매달렸는데 실체가 점점 더 모호하게 다가왔다.

한때 포털 메인에 어느 매체 기사가 올라가는지를 예민하게 보는 이들이 적지 않았다. 하지만 한겨레, 조선일보 보도를 모두 볼수 있는 게 플랫폼으로서 포털의 장점이기도 했다. 진영마다 마음에 드는 언론만 보는 확증편향의 시대에 여러 기사를 제시해 나름중립적으로 볼 수 있게 유도하는 것이다. 최소한 조선일보 독자가 한겨레 기사를 볼 기회가 되고, 한겨레 독자가 조선일보 기사까지 볼 수 있는 마당이 된다는 점에서 포털의 역할이 적지 않다고 생각한다. 이제는 그조차 한겨레든 조선일보든 맘에 드는 것을 구독하면 그것만 보여준다는 네이버의 선언은 일견 이용자의 선택을 존중하는 것처럼 보이지만, 한편 이용자가 '다른 관점'을 접할 기회를 줄인다. 네이버는 편집 권한을 언론사 몫으로 돌려줌으로써 다양한 관점을 제공할 포털의 편집 책무를 회피했다.

포털은 어떤 고민들을 해왔나

중립적인 편집이 가장 공정하다는 식의 접근도 오랫동안 고민의 화두가 됐다. 네이버가 이렇게 뉴스 서비스의 힘을 계속 포기하기 이전의 포털은 어떤 고민을 해왔을까. 포털은 2009년 개정된 신문법에 따라 인터넷 뉴스 서비스 사업자로서 편집 원칙을 밝히고, 편집 책임자를 공개했다. 그런데 언론사나 포털에서 제시하는 편집원칙은 그저 '공자님 말씀'일 뿐이다. 네이버와 다음의 경우, '다양한 정보를 신속하고 정확하게 전달'하고, '이롭고 바른 정보를 제공'하고, '정치적 중립'을 지키고, '사회적 공익 가치를 존중'하고, '쌍방향 소통'을 구현하고, '개인의 인격권'을 보호한다 등을 서비스 원칙으로 내걸고 있다.' 조선일보는 '정의옹호' '문화건설' '산

업발전' '불편부당'을 기업 이념으로 공개하고 있다.[10]

편집 원칙을 마련하고 공개하는 것은 미디어 서비스의 철학을 반영할 뿐, 실질적인 공정성을 담보하는 유의미한 장치는 아닐 수 있다. 한동안 포털은 뉴스 편집 이력을 실시간 공개하는 것으로 뉴스의 신뢰를 확보하고자 했다. 과거의 편집 이력까지 모조리 투명하게 공개함으로써 논란을 줄이려고 노력했다. 대신 서비스 퀄리티를 높여서 이용자들이 찾도록 하는 것이 플랫폼 기업으로서 해야 할 일이란 정서가 강했다. 투명성은 자체 검열 기능도 한다. 메인에 걸린 뉴스 중에 정치, 사회, 연예 뉴스 비중까지 모두 공개한 것은 클릭 유도형 연성 뉴스에만 매달리지 않겠다는 각오가 담긴 조치다. 트래픽을 높이는 것이 최우선 목표라면 온갖 선정적이고 자극적인 뉴스만 골라서 걸면 된다. 그 쉬운 길을 멀리하고 뉴스의 가치를 따져가며 편집하고 그 모든 과정과 결과물을 투명하게 검증받겠다고 했다. 누구도 그렇게 세심하게 검증하지 않았을 뿐이다.

불편부당한 중립성에 대해서도 신중했다. 진보 매체 기사가 한 건 올라오면 보수 매체 기사도 올려야 할까? 진보든 보수든 매체 특성을 따지지 않고 친정부 기사와 반정부 기사를 하나씩 골고루 배치하면 중립적인 것일까? 포털 뉴스 담당자들이 중립성을 어떻게 인식하고 있는지 심층 인터뷰를 통해 물어본 적이 있다.

그들은 중립성으로 공정성이 보장된다고 생각하지 않았다. 그들이 말하는 중립이 기계적 중립이라고 생각하는 이도 없었다. 세상 어느 언론사도 기계적 중립을 가치로 설정하고 있지 않다. 기계적 중립은 가능하지도 않고 바람직하지도 않다. 애매모호한 공정성과 중립성 대신 포털 뉴스 편집자들은 기사 퀄리티, 서비스의 완성도를 통해 이 같은 개념을 보완했다. 충실한 팩트를 기반으로 속보 혹은 분석을 담고 있는지에 대해 편집자의 판단이 개입될 수밖에 없는데 기준은 늘 퀄리티였다. 보다 나은 서비스로 이용자를 유인해야 한다. 포털 뉴스 시장에 경쟁이 존재하는 상황에서 특정 정파의 이해를 담는 것은 훨씬 불리할 수 있다. 전국민 대상 서비스인데 어느 한쪽 편만 드는 것은 좋은 판단이 아니다. 고유의 색깔을 가질 수는 있어도 편파적일 수는 없었다.

대외에서 오는 이해 관계자의 목소리를 차단하는, 이른바 방화벽도 명확하게 설정했다. 일단 편집자나 뉴스를 다루는 사람들은 대외와 직접 커뮤니케이션하지 않는다. 대신 나 같은 대외협력 담당자가 외부와 커뮤니케이션했다. 문제를 제기하면 충분히 듣고 설명했다. 원칙에 어긋나게 해줄 수 있는 건 없었다. 웬만하면 뉴스 편집팀에 전달하지 않고 대외협력팀 선에서 끊었다.

일부 사람들은 포털이 뉴스 편집이나 실시간 검색어 서비스를 조작한다는 의혹을 지속적으로 제기하는데, 사실 회사의 내부 분위기를 알면 절대 나올 수 없는 얘기다. 포털의 직원들은 대체로 젊다. 평균 연령이 30대이긴 하지만 밀레니얼 세대가 다수 포진하고 있다. 그들은 조직에서 시키면 시키는 대로 하고 입을 다무는 사람들이 아니다. 문제가 있다면 언제든 내부고발자로 돌변할 수 있다. 그렇기에 무엇을 하든 이용자의 가치를 우선순위에 두고 서비스만 논한다. 다른 것이 끼어들면 문제가 된다는 것을 잘 알기 때문이다.

실시간 검색어 논란

뉴스가 알고리즘 편집으로 바뀌고, 사람의 개입이 없어진 후에도 플랫폼의 중립성은 논란을 몰고 다닌다. 플랫폼이기에 어쩔 수 없다. 사람들이 몰려드는 '광장'이기 때문이다. 그 시절 다음의 아고라는 아니지만, 여전히 광장으로서 '아고라'의 기능을 피하기 어렵다. 수많은 인파가 광장에 모여 무언가를 떠드는 것은 언제나 위험하게 받아들여진다. 2019년에는 포털의 실시간 검색어(실검)가 다시 한번 도마 위에 올랐다.

2019년 8월 27일 '조국힘내세요'가 네이버와 다음의 실검 1위에 올랐고, 이날 오후 늦게 네이버 실검에는 '조국사퇴하세요'가 등장했다. 이른바 조국 실검 전쟁은 10월까지 이어졌다. 강용석 변호사는 자신의 유튜브를 통해 '조국 구속' 검색을 독려해 네이버 실검 1위에 올리기도 했다. 같은 시간 다음에서는 '조국수호검찰개혁'

이 실검 1위였다.

실시간 검색어는 최다 검색어와 다르다. 네이버의 최다 검색어는 대체로 다음이었고, 다음의 최다 검색어는 늘 네이버. 실검은 '네이버'나 '다음'처럼 일상적으로 많이 검색되는 단어가 아니라 일정 시간 내에 급속도로 유입되는 키워드다. 아이돌 팬덤이 두터운 경우, 자신이 좋아하는 연예인에게 생일 축하 메시지를 전하기 위해 전국에서 특정 키워드가 검색되기도 한다. 같은 IP에서 유입되는 키워드에 제한을 둔다 하더라도, 이렇게 전국 단위에서 사람들이 실제 행동에 나서면 거르기가 쉽지 않다. 조국 법무부장관 임명을 둘러싸고 응원과 지지 실검, 반대 실검은 조직적으로 이뤄졌다. 각기 다른 성향의 커뮤니티와 소셜미디어에서 몇시에 실검 운동에 나설 예정이니 힘을 보태달라는 식으로 누군가 제안하면 움직이는 방식이다.

2019년 10월 국회 과학기술정보방송통신위원회 국정감사에서는 증인으로 출석한 한성숙 네이버 대표와 여민수 카카오 공동대표를 상대로 실검 관련 질의가 집중됐다. '조국힘내세요' '가짜뉴스OUT' '한국언론사망' 같은 실검이 올라오면서 언론들은 포털 실검이 여론 조작이다, 폐지해야 한다는 정치권 반응을 적극 보도했다.

포털 다음을 운영하는 카카오는 국정감사 이후 연예뉴스 댓글 폐지를 발표한 데 이어 2020년 2월 실검을 아예 폐지했다. '재난 등 중요한 사건을 빠르게 공유하고, 다른 이용자들의 관심사가 무엇인지 알 수 있게 하려는' 본래 실검 취지와 순기능을 살리는 새로운 서비스를 준비하겠다고 밝혔다. 네이버는 뉴스 서비스처럼 실검도 연령별, 주제별로 나누는 등 집중도를 낮추는 방안을 고민하고 있다고 밝혔다.[11] 네이버는 또 2020년 4월 총선을 앞두고 2주간 '급상승 검색어' 서비스를 일시 중단했다. 선거 공정성에 영향을 줄 수 있는, 예측할 수 없는 사안이 발생할 가능성에 대비하기 위한 조치라고 설명했다.

전세계에서 구글이 검색 시장을 장악하지 못한 4개 국가가 러시아, 중국, 대만, 한국이다. 실검을 메인 페이지에 내세운다든지, 카테고리별로 검색 결과를 제시하는 방식이 한국 이용자들의 국내 포털 만족도 향상에 크게 기여했다. 영어권에 비해 검색 대상이 압도적으로 부족한 한글 콘텐츠는 포털이 카페, 블로그 등 검색될 만한 서비스를 만들어가며 쌓아왔다. 검색 서비스 구조가 다를 수밖에 없고 이용자의 검색 패턴도 다르다. 궁금한 내용을 바로 구글링하는 것에 더해, 다른 사람들은 지금 이 순간 무엇을 궁금해 하는지를 알고 싶어하는 한국 이용자 특징이 실검으로 나타났다고 할만큼 실검은 한국에서 특히 각광받았다.

특정 키워드를 실검에 올리자는 제안은 사실 해시태그(#) 운동과 크게 다르지 않다. 해시태그는 재치 있는 말을 엮어내는 놀이 혹은 검색이 잘되도록 하기 위한 수단으로 출발했으나 민주주의 사회에서는 시민들의 의견을 모으는 데 있어서도 단연 위력을 발휘했다. 2010년 '아랍의 봄'을 거쳐 2019년 홍콩 시위까지 참여자들은 트위터와 인스타그램 등의 해시태그를 통해 민주주의 저항의 정당성을 호소했다. 전세계에서 이를 응원하는 방식도 온라인에서는 단연 해시태그였다. 이렇듯 포털의 실검과 해시태그는 본질적으로 이런 의견에 동의하는 사람이 이만큼 있다는 세력 과시, 여론을 보여주기 위한 시민 행동이다.

실검 이슈에 대한 정치권의 반발, 언론의 비판과 달리 이용자들은 실검에 호의적이다. 한국미디어경영학회장인 이상우 연세대 정보대학원 교수는 '실시간 검색어에 대한 소비자 인식 조사' 결과, 소비자, 즉 포털 이용자들은 실검 폐지에 부정적인 것으로 나타났다고 밝혔다. 오히려 차별화된 실검 서비스에 대해 이용자들은 긍정적으로 평가했다. 이상우 교수는 실검이 여론 조작이라는 접근에 대해서도 반박하고 있다.

"어떻게 보면 자유로운 공론의 장에서 일어날 수 있는 것이죠. 지금 실검총공, 실트총공 이런 용어들이 많이 나오고 있는데요. 이게 특정 단어를 집중적으로 검색해서 실검 순위를 올리는 행위인데, 사실 이것은 아이돌 팬들에서부터 나왔던 이야기죠. 그래서 우리가 좋아하는 예컨대 트와이스라든지 BTS라든지, 우리가 주는 선물이다. 이런 식으로 하면서 이제 실검을 올리고. 굉장히 어떻게 보면 우리 젊은 세대에서는, 혹은 젊은 세대뿐만 아니라 많은 분들이 그런 자유로운 공간을 통해서 자신의 의견들을 표출하고. 저는 그런 것들을 부정적으로, 물론 어떤 부정적인 측면도 있겠지만, 저는 오히려 그런 것들이 좀 긍정적인 공론의 장으로 이용될 수 있다고 봅니다."[12]

실검은 여론을 반영하는 통로일 뿐이다. 좋아하는 연예인에게 메시지를 전하듯, 지지하는 정치인에게 응원을 전하는 게 이상하지 않다. 여론 조작은 사람들을 기만하기 위해 정보를 고의적으로 왜곡하는 것을 의미한다. 실검에 올라오는 정치적 구호는 지지자들 혹은 반대자들이 검색이라는 행동을 통해 자신의 의견을 보여준 것으로 조작과는 다르다. 실검이 그런 방식으로 움직일 수 있다는 것을 이용자들은 대체로 이해한다.

네이버는 마케팅이나 광고성 실검이 종종 올라오는 반면, 다음은 상업적 키워드를 제한하고 있는데, 포털의 전략이 서로 다를 뿐이다. 차별화된 서비스 전략은 이용자의 선택권을 넓혀준다. 포털 실검이든, 트위터의 실시간 트윗이든 정치적 메시지를 결집시킬 온라인 마당이 존재하는 것이 이상한가? 온라인 세상에서 보다 손쉽게 의견을 나누고, 지지든 반대든 여론을 표시하는 데 가담하는 것이 나쁜 일인가? 나는 분명 이 부분에 관대한 편이다. 실검이 서비스 본령의 취지와 달리 정치적으로 상업적으로 이용되는 게 불편할 수는 있다. 그런데 연예인 이름, 새로운 제품이나 서비스가 실검에 올라가는 것은 괜찮고 정치적인 것만 배제할 이유가 있을까?

정치적인 목소리를 배제하는 것이야말로 가장 정치적인 행위다.

2012년 12월 네이버는 책 추천 페이지인 '오늘의 책'을 운영하면서 정치성을 배제하는 기준을 책 선정단에 전달했다가 논란이 일자 "담당자 실수"라며 철회한 일이 있었다.[13] '오늘의 책'은 특정 분야의 전문가로부터 추천을 받아 하루 한권씩 책을 소개하는 서비스다. 네이버는 "정치적인 내용이 포함되거나 작가의 정치적 성향이 강한 책은 임의로 배제한다"는 기준을 하필 대선 다음 날 선정단에 전달했다. 네이버로부터 이를 전해 받은 선정단 중 한명이 "이 기준 자체가 정치적"이라고 항의 트윗을 올리면서 논란이 불거졌다. 네이버는 담당자 업무 인수인계 과정의 실수라고 해명했다. 이 사건은 정치적 논란을 피하기 위해 정치를 배제하는 것이 오히려 정치적 행위라는 것을 알려준 계기가 됐다.

플랫폼 기업 입장에서는 가급적 정치적으로 리스크가 있는 이슈를 피하고 싶을 수 있지만, 정치적 내용을 피해 책을 선정하자는 기준이나, 정치적 키워드는 문제가 될 수 있으니 실검을 폐지하자는 아이디어나 최선의 전략은 아니다. 플랫폼은 서비스 퀄리티를 유지하는 방향, 경쟁사와 차별화된 서비스를 제공하는 방향에서 균형점을 고민하는 게 좋지 않을까 생각한다. 그럼에도 불구하고, 카카오가 실검 폐지를 끝내 결정했다면, 리스크로 인해 균형점이 이동한 것이라 봐야겠다. 실검을 대체할 새로운 서비스를 내놓겠다고 했으니 기대할 뿐이다.

온라인 금권 선거

플랫폼이 정치적 이슈로 공격받는 것은 하루 이틀 일도 아니고, 우리나라만의 특별한 사연도 아니다. 트위터는 2020년 미국 대선을 앞두고 2019년 10월 정치 광고를 전면 중단하겠다고 발표했다. 잭 도시 트위터 CEO는 자신의 트위터에 "정치적 메시지가 국민들에게 전해지는 건, '얻어내야 하는 것이지 사들일 게 아니다'"라는 트윗을 올려 결정 배경을 설명했다. 트위터 스레드로 이어진 잭 도시의 메시지에는 세계적인 플랫폼을 이끄는 리더의 고민이 절절하게 담겨 있다. 옮겨보면 이렇다.

"정치인의 메시지는 사람들이 팔로우하거나 리트윗하는 결정에 따라 국민들에게 전해지는데, 광고를 하면 이런 (지지) 결정보다 최적화되고 타기팅된 메시지만 전해진다. 이건 돈으로 타협될 문제가 아니다. 인터넷 정치 광고는 시민의 담론에 대한 완전히 새로운 도전인데, 머신러닝 기반 메시지, 마이크로 타기팅, 확인되지 않은 잘못된 정보, 딥페이크까지 속도나 정교함, 스케일이 증가하고 있는 상황이라 고민이 더 깊을 수밖에 없다. 이런 도전들이 정치 광고뿐 아니라 모든 인터넷 소통에 영향을 미치는데, 이것은 표현의 자유 문제가 아니라, 도달을 돈 주고 사는 문제에 관한 것이다. 현재 민주주의 인프라로는 감당할 준비가 안 된 중대한 파급 효과가 있고 이를 해결하기 위해서는 한발 물러설 가치가 있다."

트위터의 이런 정책에 트럼프 재선 캠프에서 반발했다는 보도도 나오지만, 이것은 정치적 메시지를 금지하는 게 아니라, 정치 광고만 금지하는 것이니만큼 트럼프 대통령의 막강한 트윗 영향력을 훼손하지는 않을 거라고 본다. 물론 정치 광고 전략에는 당연히 영향이 있을 수밖에 없을 테지만 말이다.

미국의 선거는 금권 선거, 즉 돈으로 얼마나 많은 광고를 살 수 있는지 여부가 영향을 미친다는 비판을 받아왔다. 최근에는 TV에 이어 온라인 광고가 대세로 자리잡았다. 트위터의 발표에 마크 저커버그 페이스북 CEO는 더욱 곤란해졌는데 그는 트위터 발표 직전 미국 하원 청문회에 증인으로 출석해 "정치인의 표현의 자유"라며 허위 내용을 담은 정치 광고를 규제하지 않겠다고 밝혔다. 트럼프 대통령 당선 당시 워낙 많은 가짜뉴스가 논란이 됐던 페이스북의 이 같은 입장에 민주당은 발끈했다. 일부 페이스북 직원들도 저커버그와 임원들에게 공개서한을 보내 "정치인 광고에 대한 현 정책은 페이스북이 상징하는 가치를 위협한다"라고 우려를 표시하기도 했다.

저커버그는 트위터의 정치 광고 중단 발표가 공개된 날 마침 2019년 3분기 실적 발표 콘퍼런스콜에서 "정치인 광고는 내년 매출의 0.5퍼센트도 안 된다"라고 반박했다. 페이스북이 2019년 3분기 기준 1년간 660억 달러의 매출을 기록한 것을 감안하면 2020년 페이스북의 정치 광고는 3.3억~4억 달러 규모로 추산된다.[14] 0.5퍼센트가 정확한 건지 테크크런치도 의문을 표시하긴 했지만, 우리 돈으로는 수천억원에 달한다.

　2020년 미국의 정치 광고 규모는 60억 달러로 추산된다.[15] 한화로는 약 7조원이 훌쩍 넘는 규모다. 이렇듯 조 단위의 정치 광고 시장을 가진 미국에서는 유권자에게 봉투를 뿌리던 금권 선거는 아니지만, 정치 광고가 또다른 금권 선거라는 비판이 적지 않다. 워낙 규모가 큰 탓이다. 표현의 자유가 전가의 보도가 될 수는 없다. 잭 도시의 말대로, 민주주의가 감당할 준비가 안 된 일들에 대해 경계하는 게 맞지 않을까.

올드미디어의 혁신

뉴욕타임스는 어떻게 반전을 만들었을까

2014년 뉴욕타임스 내부에서 만든 '혁신 보고서'가 유출됐다.[16] 디지털 시대의 신문 혁신을 주제로 위기와 기회를 진단한 약 100면의 보고서에는 뉴욕타임스의 깊은 반성과 성찰이 담겨 있었다. 보고서의 내용은 전세계 언론에 충격을 줬다. 심지어 뉴욕타임스도 저런 고민을 하고 있다는 사실 자체가 다른 언론사들에게 역시 뭐라도 해야 하지 않을까 하는 불안과 압박을 가져왔다.

뉴욕타임스는 "저널리즘에서는 승리하고 있다"라고 자평하면서도 자사 홈페이지를 통해 들어오는 트래픽이 감소하고, 소셜미디어 활용은 제대로 되지 않고, 주옥같은 과거 기사를 잘 보여주지 못하고 있다고 진단했다. 비슷한 주류 매체인 워싱턴포스트뿐 아니라 버즈피드, 링크드인까지 경쟁자로 보고, 디지털 전략에서 패배하고 있다는 점을 인정했다.

기사 쓰는 방식도 냉정하게 돌아봤다. 뉴스를 단독으로 취재한 뒤 기사 하나와 칼럼 하나를 쓰는 것은 전형적인 아날로그식 접근법이라고 평가했다. 대화방을 열어 독자의 참여를 유도하거나, 과거 시리즈 기사와 묶어서 재구성하거나, 트위터 반응 취재, 취재 뒷얘기 소개 등을 종합적으로 진행하면 호응이 더 컸을 것이라는 얘기다. 뉴스룸을 강화하는 과정에서 기사 생산부터 종이신문이 아니라 인터넷의 기사 소비 패턴에 맞춰야 한다, 그리고 이를 위해 기존 인력이나 자원의 배분 방식을 바꿔야 한다는 의견을 강하게 피력했다. 보고서는 구체적이었다. '디지털 퍼스트'를 분명히 하고, 조직을 바꾸겠다는 의지를 담았다.

뉴욕타임스 후속 보고서도 화제였다. 뉴욕타임스는 2017년 1월 '독보적 저널리즘'Journalism that stands apart[17]이라는 공개 보고서를 통해 '독보적'으로 훌륭한 저널리즘으로 독자를 확보하고, 다시 저널리즘을 성장시키는 선순환 구상을 선보였다. 디지털 시장에서 구독 비즈니스를 제대로 갖추겠다며 모바일 서비스를 우선 고려하는 입장도 분명히 했다.

뉴욕타임스에게도 '고난의 행군' 시절이 있었다. 2009년 '광고 없는 1면'이라는 고급 매체 이미지를 버리고 광고를 싣기 시작했다. 뉴욕타임스는 "인력 감축, 신문 면수 조정, 자회사 매각, 판매

가격 인상 등 비용 저감 조치를 취했으나 갈수록 경영이 악화돼 1면 광고를 하기로 결정했다"라고 밝혔다. 2011년에 온라인 유료 구독 모델을 도입할 당시에도 실적 부진에 시달리면서 휘청거리고 있었다. 그 무렵 뉴욕타임스는 뼈를 깎는 구조조정을 이어갔다. 직원 감축을 세차례에 걸쳐 진행했다. 현금을 마련하기 위해 TV 방송국과 라디오 방송국을 매각했고, 보스턴글로브, 보스턴 레드삭스의 지분도 팔았다.

2019년 10월 미국 시사주간지 타임은 뉴욕타임스의 반전을 대대적인 특집기사로 소개했다. 뉴욕타임스의 디지털 유료 구독자 수는 470만명으로 종이신문 시절 최고 발행 부수 기록의 3배 규모다. 2025년 1,000만 유료 독자라는 뉴욕타임스의 목표도 불가능해 보이지 않는다고 타임은 평했다. 돈 내도 아깝지 않은 저널리즘을 내놓지 못하는 언론사는 망할 것이라는 마크 톰슨 뉴욕타임스 CEO의 말도 소개됐다. 뉴욕타임스 발행인 A. G. 설즈버거는 자신은 콘텐츠라는 말을 싫어한다면서 "우리가 하는 일은 저널리즘"What we do is journalism이라고 단언했다.

뉴욕타임스는 '독보적 저널리즘' 실행에는 성공했지만 디지털화를 위한 방법론에 있어서는 실패를 용인하는 스타트업처럼 움직였다. 첫번째 스마트폰 앱인 'NYT Now'는 실패작이었고 2014년 내놓은 요리 앱은 성공이었다. 인력을 줄이면서도 경쟁력 있는 기자들을 챙기는 동시에 개발자, 멀티미디어 프로듀서들을 영입해 디지털 실험을 이어갔다. 독자들은 남다른 저널리즘의 결과물을 보기 위해 유료 디지털 구독을 받아들였다.[18]

미국의 신문들이라고 다 잘된 건 아니었다. 일찌감치 혁신을 위한 성찰을 거듭해온 뉴욕타임스, 아마존 CEO 제프 베이조스가 디지털 정신과 기술을 수혈한 워싱턴포스트만 디지털 구독자가 과거 신문 구독자를 앞지르는 성과를 달성했다. 다른 신문들은 그렇게 운이 좋지 않았다. 미디어 기술 분석가 리치 그린필드는 타임 기사에서 '인터넷은 전통적으로 승자독식 구조'라는 점을 지적했다. 뉴욕타임스 모델이 다른 매체에는 통하지 않는다는 얘기다.

미디어 연구소인 하버드대 니먼랩은 'LA타임스의 실망스러운 디지털 숫자는 구독자를 끌어들이는 것뿐 아니라 유지하는 게 문제란 걸 보여준다'라는 분석을 내놓았다. LA타임스 구독자는 2002년 종이신문 시절 96만명에 달했지만, 2019년 17만명으로 줄었다. 같은 기간 시카고트리뷴 구독자는 61만명에서 10만명으로, 뉴욕데일리뉴스는 71만명에서 2만 7,000명으로 감소했다.[19] 이 같은 실패 사례에도 불구하고 구독 모델을 연구하지 않을 수 없다. 뉴욕타임스와 워싱턴포스트 덕분이기도 하지만, 광고 시장이 제대로 작동하지 않는 현실에서 답이 구독밖에 없기 때문이기도 하다.

구독 모델은 미디어 팬덤

성공 사례는 기대하지 않았던 스타트업에서 나오기도 한다.

 2013년 12월 미국에서 창간한 IT 전문 매체 '**인포메이션**'(www.theinformation.com)은 100퍼센트 유료 구독 매체다. 월스트리저널 기자 출신인 제시카 레신이 창업했는데 광고도 없고, 조회 수에 연연하지 않는다. 내가 직접 테스트 이메일을 신청했더니, 날마다 레신이 메일을 보내준다. 내게는 인포메이션이 유료 구독 모델이란 무엇인가에 대한 교과서적인 매체로 다가왔다. 연회비가 399달러(약 48만원)나 한다고 해서 놀라웠는데, 매일경제 실리콘밸리 특파원 출신으로 2019년 '더밀크'라는 미디어를 창간한 손재권 대표는 "그래도 꼭 봐야 하는 매체"라고 했다.

기자들이 인정하는 매체라면 기사가 좋다, 분석의 깊이가 남다르다, 새로운 시각을 제시해준다, 현장의 생생하고 따끈한 사례가 풍부하다 등을 생각했던 나에게 인포메이션은 아예 완전히 다른 경험을 제공해주는 매체였다. 연 399달러 구독 모델 외에 연 749달러(약 90만원)짜리와 연 199달러(약 24만원)짜리 모델에서 제공하는 것이 세밀하게 다르다. 월 구독자에게는 차트라든지, 암호화된 뉴스레터가 제공되지 않는다. 가장 인기 있는, 그러니까 가장 보통의 평범한 모델도 나름 꽤 비싼 비용을 지불함에도 불구하고 서비스가 아쉬워 보이게 만들어 더 비싼 모델을 구독하도록 유도한다. 특별한 이벤트에 참석하거나, 비공개 분기 콘퍼런스콜을 듣거나, 사적인 비공개 페이스북 그룹에 들어갈 기회를 제공하는 등 국내 매체들은 거의 제공하지 않는 서비스도 있다. '특별한 고객'을 위한 서비스의 차별성으로는 충분해 보인다.

정말 대단한 콘퍼런스들은 돈을 낸다고 무조건 끼워주지 않는다. 고급 정보의 가치는 우리가 생각하는 것보다 훨씬 높다. 지식과 정보를 생산하는 주체들이 국내에서 아직 그런 시장을 만들어내지 못했을 뿐이다. 30세 이하 고객에게 구독료를 대폭 깎아줌으로써 미래 고객으로 이어가겠다는 투명한 속셈, 이런 시도도 해볼 만하지 않을까. 이런 게 좋은 기자들이 만드는 콘텐츠 경쟁력이다.

구독 모델로 결제, 정산 등 솔루션 소프트웨어를 제공하는 기업 주오라^{Zuora}의 창립자 티엔 추오는 자신의 책『구독과 좋아요의 경제학』에서 제시카 레신의 "나는 여전히 살아남기 위해서는 광고가 필요 없는 사업을 하는 것이 훨씬 더 안전하다고 믿습니다. 그러면 독자에게 100퍼센트의 가치를 전달하려고 집중할 수밖에 없거든요. 이건 장차 뉴스 퍼블리싱 업체들이 독자들에게 제공하는 정보가 과거보다 더 똑똑하고, 더 많은 지식을 담고 있고, 더 타당한 정보가 될 수 있는 유일한 방법입니다"라는 발언을 인용했다.[20]

이 대목은 '옛날에 신문사라 불리던 회사들이 있었다'라는 제목의 장에 소개되어 있는데, 저자는 독자들이 지원하는 새로운 매체의 시대가 도래했다며 콘텐츠의 힘으로 구독 모델에 성공할 수 있다고 강하게 주장한다. 그러나 디지털에서의 도전은 기존과는 달라야 한다. '옛날에 신문사라 불리던'이라고 표현했듯, 기존 구독 모델을 완전히 업그레이드해야 성공할 수 있다는 의미다. 광고주들은 광고 효과를 따져서 사람들이 모여 있는 새로운 플랫폼으로 달려가게 마련이다. 광고주를 계속 붙잡을 역량이 안 된다면, 다시 독자라는 고객에게 눈을 돌리지 않을 수 없다. 다만 성공과 실패 사례가 엇갈리는 현실에서 알 수 있듯, 구독 모델이 모든 매체에 통하는 만능열쇠일 리 없다. 고객이 기꺼이 지갑을 열게 하려면 엄청 매력적인 상품을 내놓든지, 팬심으로 응원이라도 할 수 있도록 브랜드 가치를 키워야 한다. 구독 모델은 강력한 브랜드와 팬덤을 전제로 한다. 정보는 넘쳐난다. 종이든, 디지털이든 그 매체를 구독하게 하려면 그 매체의 기사를 특별히 좋아하든, 그 매체의 기자들을 각별히 아끼든, 후원하는 팬의 마음이 필요하다.

국내 매체는 브랜드의 가치를 어떻게 만들어갔는가. 네이버는 뉴스 서비스를 개편하면서, 언론사 구독 형태로 이용자들에게 매체 선택을 권했고, 언론사들은 구독을 늘리기 위해 필사적으로 애썼다. 바로 이런 방법으로 말이다.

'네이버에서 ○○○○ 채널 구독&인증하고, 호텔숙박권, 아이패드 당첨 행운과 비타500 힐링 선물 받으세요.'

'네이버 모바일 첫 화면에서 ○○○을 설정하면, 에어팟과 스타벅스 커피를 드립니다.'

'네이버에서 ○○○○ 채널 구독하고 조승우가 나오는 뮤지컬 '지킬앤하이드' 보러가자.'

'네이버 ○○○○ 채널 구독하고 #갤럭시워치 받자.'

'네이버 구독 화면을 캡처해서 홈페이지 응모하면 당첨자 10명에게 신세계백화점 모바일 상품권 10만원권을, 100명에게 스타벅스 상품권을 증정합니다.'

뉴욕타임스와 워싱턴포스트가 기사 경쟁력을 통해 자체 플랫폼에서 유료 구독자를 확보할 동안, 국내 매체는 네이버 플랫폼의 언론사 구독자를 늘리는 경품 이벤트에 집중했다. 네이버 입장에서는 2019년 10월 기준 전체 구독자가 1,500만명에 달하고, 구독자 300만명이 넘는 언론사 채널이 2곳, 200만명 넘는 채널이 11곳, 그리고 상당수가 100만 구독자를 확보했다고 홍보할 수 있다. 네이버는 언론사 채널 구독 모델을 통해 언론사에 주도권을 돌려줬다고 주장하고 싶겠지만, 사실 네이버 플랫폼 내에서 구독자를 늘려야 하는 언론사들 입장에서는 네이버의 의존도가 더 높아진 셈이다. 물론 네이버에서 벗어난 독자적인 이벤트도 있었다. 2020년 2월 조선일보와 중앙일보는 구독료 자동이체 시 마스크를 제공하는 이벤트를 진행했다. 그러나 마스크 사재기나 대량 구매를 막지 못했다는 이유로 정부를 비판하던 언론사가 마스크로 마케팅을 한다는 비판이 돌아오자 두 회사 모두 이벤트를 중단했다.

이처럼 여러가지 면에서 국내 사정은 사뭇 달랐다. 거의 모든 매체들이 뉴욕타임스 혁신보고서를 교과서처럼 살펴봤지만, 실행은 다른 문제였다. 모두가 디지털 혁신을 말하지만 그 열기는 오래가지 않았다. 대신 앞서 언급한 대로 '협찬'이 늘어나기 시작했다. 디지털 혁신을 위해 어렵게 꾸려진 조직에 있던 기자들은 좌절했다. 디지털 환경에 맞는 비즈니스 모델을 만들기는 너무 어려운데, '협찬'이라는 수익원은 오로지 '말'만 하면 돈이 들어오는 구조였다. 디지털 관련 팀을 운영해봐야 몇억원 매출 내기가 어려운데, 콘퍼런스 한번에 수억원을 벌 수 있었다. 몇년 전 어느 그룹 회장님 눈에 들어서 10억원을 받은 한 경제신문 기획 기사 시리즈 자랑이 언론계에 파다했다. 역시 뉴욕타임스의 영향이기는 한데, 디지털에서만 구현되는 끝내주는 스토리텔링 기사였던 뉴욕타임스 「**스노****우 폴**」Snow Fall이 가져온 여파도 있었다. 당시 혁신 기사의 대표작이었는데, 그토록 공들여 훌륭한 작품 기사를 제작한다 한들 광고가 얼마나 붙을 것인가.

사실 신문사의 혁신은 비용 절감을 위한 구조조정이 먼저다. 윤전기를 포함한 인쇄 인프라와 전국 신문 배급망을 계속 유지하고자 한다면 그 전략부터 따져봐야 하는데 그러지 못했다. 디지털 팀에서 「스노우 폴」 스타일의 인터랙티브 기사를 만드는 것이 전부라면 수익 구조 구축은 요원한 일이다.

기자 브랜드를 키운다면

뉴욕타임스 보고서 이전에도, 이후에도 국내 언론사들의 시행
착오는 이어졌다. 어려운 시절이 지속되면서 기자들은 점점 더 위
축됐다. 사회의 비판적 감시자, 역사의 기록자라는 소명보다 매출
에만 신경 쓰는 직장인이 되어갔다. 지난 10여 년간 나는 후배 기자
들을 만날 때마다 같은 이야기만 늘어놓았다. 나는 그들에게 '기
렉시트' 대신 각자 브랜드를 키우라고 조언했다. 그 매체에서 계속
활약하든, 다른 매체를 만나든, 1인 미디어가 되든, 브랜드가 관
건이다. 네이버는 2019년 10월 현재 기자 페이지에 34개 매체 소
속 5,700명의 기자가 등록했으며, 192만 명이 기자 페이지를 구독하
고 있다고 밝혔다.[21] 어쨌든 매체 구독과 함께 기자 구독의 시대가
열린 셈이다.

매체들은 '스타 기자'를 키우는 것을 주저하는 경우가 종종 있
다. 팀에서 함께 만든 일인데 특정 기자가 스포트라이트를 독식한
다는 식의 시샘도 있다. 기본적으로 잘난 사람들의 조직인 언론사
는 누가 튀는 걸 좋게만 보지 않는 것 같다. 기껏 키운 스타 기자가
다른 매체로 옮겨갈 것이라는 두려움도 있다. 그럼에도 불구하고

매체는 기자가 자신의 브랜드를 키울 수 있도록 독려해야 한다. 특정 매체가 키운 스타 기자를 다른 매체에 빼앗기더라도 계속 또다른 기자를 키운다면 스타 기자 산실이라는 브랜드가 만들어질 수도 있다. 일단 키우는 게 먼저다. 소셜미디어에서 활동하든, 커뮤니티에서 활약하든 자기 브랜드를 가진 소속 기자가 많아질수록 해당 매체의 영향력도 함께 커질 것이다. 개인에게 기회를 열어주는 문화가 분명해야 더 많은 인재들이 그 회사에 호감을 가질 수 있다. 평생직장이 아니라 자신의 업으로 평생 일할 수 있도록 키워주는 것이 맞다.

앞서 인포메이션을 내게 추천한 손재권 대표는 매일경제 특파원으로 근무한 약 3년 동안 1,155건의 매일경제 기사와 MBN 리포트 225건을 내보내는 동시에 페이스북 포스팅 1,200여건을 올렸다. 거기서 얻은 '좋아요'가 총 22만번, 댓글이 1만 1,000개를 넘었다고 한다. 그가 '저널리즘의 미래' 콘퍼런스 등에서 밝힌 내용이다. 그는 문화일보 사회부에서 잠시 함께 근무하던 시절인 2007년에도 이전 직장이던 전자신문 취재 경험을 토대로 『네이버 공화국』(커뮤니케이션북스 2007)이라는 책을 냈고, 2013년에는 스탠퍼드대 해외연수 경험을 토대로 『파괴자들』(한스미디어 2013)이란 책을 썼다. 부지런한 열정으로 자기 브랜드를 키웠고, 끝내 자기 자신을 믿고 미디어 창업까지 도전했다. 어느 매체 소속인지보다 중요한 게 기자 개인이 쌓은 경험, 그동안의 기록들이라는 사실을 그를 보며 재확인했다. 손재권 대표는 결국 매일경제를 그만두었으니 회사 입장에서는 손해라고 생각할 수도 있으나, 그런 기자를 품고 키워낸 것도 매일경제의 능력이다. 어느 매체 출신들이 곳곳에서 활약한다면, 그 역시 브랜드 아닌가.

페이스북 페이지를 기반으로 '미디어고토사' 편집장으로 활동 중인 이성규 구글 뉴스랩 티칭 펠로우 역시 꾸준히 자신의 브랜드를 키워낸 사례다. 2005년부터 '몽양부활'이라는 닉네임으로 '미디어를 고민하고 토론하고 사랑하고'라는 블로그를 운영하다가 아예 '미디어고토사'라는 브랜드로 확장하게 됐다. 오마이뉴스 기자로 출발해 포털 다음의 블로거뉴스 담당자로 활약했던 그는 이후 소속과 상관없이 본인 브랜드의 내실을 다져나가고 있다. 그가 트위터에서 활동하다가 페이스북 페이지로 넘어와 2010년에 시작한 미디어고토사는 2020년 3월 기준 약 3,500명이 팔로우하고 있다. 2020년 1월 미디어 관련 한 토론회에서 '미디어고토사 편집장'으로 소개된 그를 만났다. 소속 회사나 직함이 아니라 자신의 브랜드로 외부 활동을 이어나가는 것이 불가능하지 않다는 것을 보여준다.

시사주간지 시사인의 천관율 기자의 경우 논쟁적 브랜드다. 2016년 8월 「정의의 파수꾼들?」이라는 제목의 기사를 통해 남자들이 왜 급진적 페미니스트 그룹인 '메갈리아'를 공격하는지 빅데이터 분석을 통해 설명을 시도했다.[22] 이 기사에 분노한 남성 독자

일부가 시사인을 절독하는 사태가 벌어졌다. 특정 기자의 특정 기사 문제로는 여파가 적지 않았던 사건이다. 그는 2019년에도 전례 없는 질문 규모와 구조를 갖춘 대담한 여론조사를 통해 '20대 남자'를 분석했다. 이 기획 시리즈는 책으로도 묶여 나왔고, 여성가족부를 비롯해 각계에서 천관율 기자를 초청해 현안에 대한 견해를 나눠달라고 청했던 것으로 알고 있다. 여성들은 소셜미디어에서 '믿고 보는 천관율'이라며 문제의 기사를 앞다퉈 공유했고, 남성 커뮤니티에서는 냉소와 분노가 흘러나왔다. 나무위키의 '시사인' 항목에는 그의 행적에 대한 남성들의 비판이 구체적으로 정리되어 있다.[23] 유료 독서모임 트레바리에서 '천관율'이라는 이름만으로 4년 이상 매 시즌 클럽 두개를 완판시키면서 사람들을 끌어 모은 것도 결국 그의 브랜드 파워다. 자신의 이름으로 수십명의 유료 고객을 확보할 수 있는 기자는 많지 않다. 역설적으로 그래서 귀한 브랜드이기도 하다. 앞서 손재권 씨나 이성규 씨가 소셜미디어를 기반으로 영향력을 키웠다면 천관율 기자는 소셜미디어 활동 없이 기사만으로 브랜드가 됐다는 점도 인정할 수밖에 없다.

손석희 JTBC 대표이사 사장만큼 확실한 저널리즘 브랜드가 있을까. 그는 매해 시사저널이 선정하는 '누가 한국을 움직이는가' 조사에서 2019년까지 15년 연속 언론인 부문 1위를 차지했다. 심지어 2019년 조사에서 2위인 김어준 딴지일보 총수가 6.4퍼센트의 지지를 받을 동안 1위인 그는 60퍼센트의 지지를 얻었다.[24] 단 한명의 브랜드 파워로 JTBC 뉴스의 전성기를 이끌었던 것은 분명하다.

무엇보다 기자를 키운다는 것은 결국 콘텐츠 경쟁력을 키운다는 말과 일맥상통한다. 사람들을 끌어당기는 기사를 쓰는 기자들을 확보하고, 콘텐츠가 확실하다면 구독 경제에서도 확실히 강점을 갖는다. 네이버 구독 얘기가 아니다. 그래서 좋은 콘텐츠는 결국 다시 좋은 저널리즘에 대한 고민으로 돌아간다.

좋은 저널리즘이란

가짜뉴스의 범람

팩트체크 전문 미디어 뉴스톱의 김준일 대표는 한 언론과의 인터뷰에서 다음과 같이 말했다.

"한국 언론은 '혁신병'에 걸려 있다. 뉴욕타임스의 혁신보고서(2014년)는 철저한 자기 고민의 결과물인데, 정작 (그걸 추종하는) 한국 언론은 디지털 시대에 무엇을 위한 혁신인지가 빠져 있다. 방향성 없는 혁신은 공허하고 맹목적이 된다. 옳고 그름을 따져 신뢰를 쌓아가는 혁신이 핵심이 되어야 한다."[25]

김준일 대표의 말에서 저널리즘의 답을 찾을 수 있을까. 페이스북이나 트위터, 온라인 커뮤니티에서 뉴스톱의 기사가 링크되는 것이 종종 눈에 띈다. 뉴스톱이라는 매체가 어떤 유통망도 없이 인지도를 높인 것은 오로지 '팩트체크'라는 콘텐츠 덕분이다. 어찌 보면 팩트체크가 인기인 것은 너무 당연하다. 탈진실, 가짜뉴스의 시대이기 때문이다.

가짜뉴스의 시대라고 하지만, 아이러니하게도 가짜뉴스를 정의하는 것은 쉽지 않다. 비교적 최근에 등장한 용어인 가짜뉴스는 아직까지 합의된 정의가 없다. 지라시 수준의 인터넷 루머에서 언론사의 오보까지 광범위하게 사용되고 있어 혼란이 더 크다. 초기의 가짜뉴스는 언론사가 아닌 곳에서 뉴스의 형태를 취해 만든 거짓 정보를 의미했다. 가짜뉴스의 내용도 거짓이지만 뉴스의 형식을 빌려 유통된 것을 더 큰 문제로 본 것이다. 하지만 트럼프 대통령은 진짜 언론이 보도한 기사도 가짜뉴스라고 주장한다. 트럼프 대통령이 말하는 가짜뉴스는 사실 진영 간 다툼의 여지가 있는 주장이다. 기존의 가짜뉴스와는 성격이 다르지만 용어를 혼용하면서 정의가 모호해졌다. 주무 부처인 방송통신위원회는 이런 애매함을 해결하기 위해 '허위 조작 정보'라는 용어를 쓰고 있다.

대중이 뉴스를 접하는 채널이 점차 디지털 미디어로 옮겨가면서 가짜뉴스도 점점 진화하고 있다. 트위터나 페이스북을 통해 유통되는 가짜뉴스는 비일비재하게 벌어지는 일상이 되어 뉴스의 형식을 띠고 있다고 해도 의심해봐야 할 정도다. 유튜브가 활발해지면서 이제는 언론사인 척도 하지 않는 일반인의 허위 주장이 가짜뉴스로 확산되기도 하고, 카카오톡을 통해 출처도 불분명한 가짜뉴스가 '받은 글'로 퍼날라진다.

도널드 트럼프 미국 대통령은 트윗으로 종종 '페이크 뉴스'Fake News, 즉 가짜뉴스에 대한 분노를 터뜨린다. "가짜뉴스와 싸우고, 그들이 얼마나 부정직한지 보여주는 것이 얼마나 근사한 일인지 생각해보라. 그들이야말로 가장 부패하고 역겨운 비즈니스를 하고 있다"고 그는 매번 강조한다.

트럼프 대통령의 기준에서 가짜뉴스는 주로 뉴욕타임스와 워싱턴포스트, CNN의 보도다. 망하고 있는 매체라고 막말을 하기도 하고, 아마존의 창업자 제프 베이조스가 워싱턴포스트를 인수했을 때는 '아마존 워싱턴포스트'라고 부르며 폄하했다. 트럼프는 언론이라는 이름으로 두루뭉술하게 비판하지 않는다. 각 매체의 보도를 사안별로 하나하나 반박한다. 미국 주요 매체에 대해 가짜뉴스라고 맹공을 퍼붓는 트럼프 대통령의 트윗은 수도 없이 많다. 하지만 미국사회를 가장 강하게 뒤흔든 것은 트럼프가 말하는 가짜뉴스가 아닌 2016년 미국 대선 당시 페이스북으로 유통된 가짜뉴스들이었다. 언론사로 가장한 계정들이 말도 안 되는 얘기를 마치 진짜 뉴스처럼 제공했다.

'프란치스코 교황, 트럼프 지지로 전세계를 놀라게 했다'라는 제목의 기사는 2016년 미국 대선 직전 가장 흥했던 가짜뉴스다. 페이스북에서 100만회 가까이 공유됐다. 정작 프란치스코 교황은 누구도 공개적으로 지지한 적 없다. 버즈피드는 추적 보도를 통해 이

얼토당토않은 사연에 할리우드 배우 등 유명인사 이름을 바꿔 넣으면서 클릭을 유도한 가짜뉴스가 벌어들인 트래픽 광고 수익이 엄청났을 거라고 주장했다.[26] 가디언의 보도에 따르면 마케도니아의 작은 도시에서 친트럼프 가짜뉴스 웹사이트가 100개 이상 운영됐다고 한다.[27] 근거라고는 찾아보기 힘든 가짜뉴스였으나 자극적이고 선동적인 내용으로 사람들의 클릭을 유도해 광고비를 벌어들였다. 페이스북은 이를 방치함으로써 가짜뉴스에 속아 넘어가는 사람들의 트래픽을 즐겼다는 비난에 부딪쳤다.

트럼프 대통령만 문제일까? 각국에서 나타나는 현상을 보면 정치인들의 말 중 일부는 그 자체가 가짜뉴스다. 우리나라도 예외는 아니다. 서울대 언론정보연구소에서 운영하는 **SNU팩트체크(http://factcheck.snu.ac.kr/)**는 19대 대선 당시 정치인들의 발언을 팩트체크한 내용을 제공했다. 문제는 '전혀 사실 아님'에 해당하는 내용도 정치인의 입을 통해 발화되면 곧바로 뉴스가 된다는 점이다. 발언을 인용 보도하는 '쿼트 저널리즘'quote journalism, 이른바 '따옴표 저널리즘'이 위험한 이유이기도 하다. 누군가의 말을 언론이 팩트체크 없이 받아쓰는 것은 무책임한 행위다.

SNU팩트체크와 16개 국내 주요 언론사가 지난 19대 대선 기간 공동으로 실시한 후보 검증 보도 분석 결과, 177건 중 거의 50퍼센트에 가까운 88건이 가짜뉴스로 나타났다. 비중이 결코 낮지 않다.

홍준표 대선 후보 TV 토론회 팩트체크
(출처: SNU 팩트체크 웹사이트)

중앙선거관리위원회는 대선 기간 4만 222건의 위법 게시물에 대해 삭제 요청을 했다. 네이버 밴드 1만 1,891건, 페이스북 8,384건, 트위터 7,936건 등 대부분이 소셜미디어를 통해 유통된 것이었다.[28] 선거법 위반에 해당되는 게시물의 상당수는 근거 없는 비방이다.

이처럼 가짜뉴스가 범람해도 대응은 간단하지 않다. 가짜뉴스가 선거에 출마한 후보자 관련 내용이라면, 국내법상 가장 강력하고 신속하게 처리할 수 있는 곳은 중앙선거관리위원회(선관위)다. 선관위는 공직선거법에 따라 언론사든, 1인 미디어든, 블로그나 카페든 후보자나 가족에 관한 허위사실에 대해서는 언제든 삭제 명령을 내릴 수 있다. 포털에 업로드된 가짜뉴스에 대한 규제도 그나마 간단하다. 한국은 인터넷 규제 선진국이라는 오명이 있을 정도로 게시물 삭제에 대한 강력한 법 절차가 있다. 블로그나 카페 등의 게시물은 당사자가 명예를 훼손당했다고 주장만 하면 영구 삭제되거나 30일간 임시조치로 숨김^{blind} 처리된다. 방송통신심의위원회도 시정 요구 권한을 갖고 있다. 명백한 허위라는 것이 확인되면 삭제되고, 허위 여부나 명예훼손 여부를 알 수 없는 경우라면 임시조치라도 해야 한다. 다만 공인의 경우, 한국인터넷자율정책기구^{KISO}의 기준에 따라 허위 정보라는 사실까지 소명되어야 임시조치가 가능하다.

임시조치 제도는 전세계에서 유일하게 우리나라에만 있는 법제로 표현의 자유를 제약한다는 비판을 받았으나, 가짜뉴스의 시대에 쓰임새가 늘고 있다. 하지만 요즘 가짜뉴스의 온상으로 비난받는 유튜브의 경우, 국내법의 적용을 받지 않아 대응이 쉽지 않다. 유튜브는 당사자 요청은커녕 방송통신심의위원회의 결정도 따르지 않는다.

개인 게시물이 아닌 언론사의 가짜뉴스는 역시 전세계 유일한 제도인 언론중재법에 따라 정정, 반론 보도 청구가 가능하다. 하지만 언론의 정정 보도는 늘 아쉬운 수준에 그친다. 아예 허위 뉴스인 경우 언론중재법을 통한 정정 요청이 가능하지만, 팩트의 일부만 취사선택해 만든 곡학아세형 가짜뉴스는 대응이 쉽지 않다.

10개의 팩트 중 9개에 눈감고 1개만 문제 삼는 방식은 악의적 왜곡이 될 수 있지만 팩트가 아니라고 단정할 수는 없기 때문이다.

표현의 자유를 앞세워 게시물 삭제에 신중하던 페이스북은 가짜 뉴스의 온상이라는 비난이 거세지면서 입장이 바뀌고 있다. 페이스북은 2020년 3월 자이르 보우소나루 브라질 대통령의 코로나19 바이러스 관련 게시물을 삭제했다. 잘못된 정보로 사람들에게 실질적 피해를 줄 수 있다는 이유였다. 트위터도 보우소나루 대통령이 사회적 격리 조치에 의문을 제기하는 내용의 트윗을 삭제했다. 공식적인 공공보건 정보에 위배되는 콘텐츠를 처리하는 국제 규정에 따른 조처라고 설명했다.[29] 바이러스와 전쟁을 벌이는 긴급 상황이기는 해도 국가 지도자의 소셜미디어 게시글이 삭제되는 일은 매우 이례적이다. 당장 트럼프 대통령이 잘못된 정보를 올릴 때 페이스북이 같은 기준을 적용할지 여부가 주목된다. 쉽지 않을 것으로 보인다.

점점 더 중요해지는 팩트체크 저널리즘

정은령 SNU 팩트체크센터장이 2019년 11월 '미디어·정보 리터러시 국제 콘퍼런스'에서 발표한 내용은 매우 흥미로웠다. 이날 마침 한국언론진흥재단에서 분과 세션으로 마련한 '허위 정보, 팩트

1933년 미국 시사주간지 타임의 팩트체커들

체크, 미디어 리터러시' 토크 사회자로 참석해 모처럼 공부할 기회
를 얻었다. 팩트체크는 1920년대 미국 언론들이 내부 팩트체커를
두고, 기자들의 취재 내용을 크로스체크한 데서 시작했다고 한다.
예컨대 내부 팩트체커가 기자와 만난 취재원에게 연락해 "본사 기
자가 당신이 이렇게 말했다고 인용하는데 괜찮은가?"라는 식으로
사실관계를 확인했다는 것이다. 취재원의 발언이 근거 없을 수 있
으니 그 부분을 확인하는 것도 당연한 과정이었다. 1933년 당시 시
사주간지 타임에서 팩트체커로 근무하던 직원들의 모습이 사진으
로 남아 있다.

가짜뉴스의 시대임을 증명하듯 전세계적으로 팩트체크의 중요성에 대한 인식이 높아지고 있다. 정은령 센터장은 듀크대의 자료를 인용해 2014년 44개였던 팩트체크 기관이 2019년 10월 현재 68개국 210개에 이른다고 밝혔다.[30] 최근 5년 사이에 5배 가까이 늘어난 셈이다. 국제 팩트체킹 네트워크[IFCN]를 중심으로 팩트체크 국제 규범도 만들어졌다. 팩트체크의 가장 중요한 원칙은 비당파성과 투명성이다. 그리고 오로지 증거가 결론을 이끌어내도록, 답을 정해놓고 팩트체크하지 않도록 주의한다. 어떤 근거를 갖고 어떤 과정을 거쳐 어떻게 확인했는지 보여줘야 한다는 것, 실수는 있을 수 있지만 즉각적이고 공개적으로 수정하고 그 수정의 기록을 남기도록 하는 것. 투명성이 중요한 시대인 것은 분명해 보인다.

전세계가 가짜뉴스에 몸살을 앓으며 팩트체크에 사활을 걸고 있

다. 미국의 **폴리티팩트**(www.politifact.com)는 공약 실현의 수준, 변화의 이유 등을 추적한다. 워싱턴포스트의 팩트체커는 2020년 대선 후보 검증을 체계적으로 진행하고 있다. 프랑스의 언론사들이 모여 2017년 대선 기간 중 한시적으로 진행한 '크로스체크'[Cross Check]는 참여 언론사 33곳 중 2곳 이상이 사실 확인을 한 뒤, 슬랙이라는 비즈니스 커뮤니케이션 프로그램에서 다 함께 토론을 벌여 팩트를 정리했다고 한다. 노르웨이의 4개 언론사가 공동 투자해 소셜미디어를 통해 떠도는 허위 정보를 검증하는 전담 조직을 만든 '팍티스크'[Faktisk]의 시도도 주목

된다.

이탈리아 공영방송 RAI는 정치인들이 거짓 주장을 했을 때 팩트체크를 한 뒤, 발언 당사자를 스튜디오에 불러 논쟁을 벌인다. 경제가 비약적으로 성장했다는 발언이 나왔다면, 실제 어느 정도인지 다른 나라와 비교도 해보고, 팩트체크 이후 당사자에게 곧바로 반론과 해명 기회도 준다. 스페인의 '말디토 불로'Maldito Bulo는 메신저 앱에서 유통되는 허위 정보들을 시민들이 직접 찾아 신고하면, 그에 대한 반박 정보들을 허위 정보와 유사한 형태로 만들어 유통시키는 구조라고 한다. 우리나라의 카카오톡 '받은 글' 가짜뉴스에 대한 대응도 비슷한 방식으로 가능할 법하다.

2016년 미국 대선을 기점으로 트럼프 대통령으로부터 가짜뉴스라고 맹렬히 비난받던 뉴욕타임스는 2017년 2월 사상 초유의 TV 광고를 공개했다. 아카데미상 시상식 생중계 중에 전파를 탄 이 광고는 '진실은 흔들리지 않는다'The truth is hard라는 제목으로 텍스트만 나오는 30초짜리 영상이다. '진실은 우리나라가 그 어느 때보다 양극화됐다는 것이다' '진실은 미디어가 정직하지 않다는 것이다' '진실은 대안적 사실들이 거짓말이라는 것이다' 등에 이어 '진실은 흔들리지 않는다' '진실은 발견하기 어렵다' '진실은 알기 어렵다' '진실은 그 어느 때보다 중요하다'라는 문장이 나오고, 곧이어 뉴욕타임스 로고가 나오면서 광고가 끝난다. 유튜브에 올라온 이 영상은 광고임에도 불구하고 조회 수가 1,600만회에 육박한다.[31]

'진실'을 무기로 가져가겠다는 선언으로 트럼프 대통령에게 정면 승부를 예고한 것이 큰 관심을 모은 셈이다.

　너무 많은 정보가 있지만, 전문가들조차 진영논리로 가짜뉴스에 눈감거나, 가짜뉴스를 만드는 데 가세하는 세상에 팩트체크에 대한 갈증이 더욱 깊어진다. 이러다보니 국내에서도 JTBC의 '팩트체크', KBS의 '팩트체크K'를 비롯해 머니투데이, 이데일리 등 언론사마다 팩트체크를 내세운 코너가 계속 늘어나고 있다. 2019년 상반기까지 JTBC 팩트체크 팀장을 맡았던 오대영 기자는 2016년부터 2018년까지 매해 약 160차례의 팩트체크를 진행했다고 했다. 대체 팩트체크할 허위 조작 정보가 이렇게 많나 싶어진다. 오대영 기자의 '허위 정보, 팩트체크, 미디어 리터러시' 토크 발표 내용에 따르면, 2018년 163회의 팩트체크 중 가짜뉴스가 45퍼센트, 정치인의 거짓 주장에 대한 검증이 30퍼센트를 차지했다. 정치적·경제적 이득을 위해 고의적으로 정보를 조작하는 가짜뉴스라는 의미다. 오대영 기자는 탄핵 정국에서만 팩트체크 방송을 47차례나 했다고 하니, 온갖 가짜뉴스가 다 쏟아진 셈이다.

　팩트체크의 위력은 실제 반응을 보면 명확해진다. 청와대에서 유튜브 라이브 '11시 30분 청와대입니다'라는 프로그램을 시도했는데, 단연 반응이 뜨거운 것은 팩트체크였다. 가짜뉴스가 버젓이 돌아다니는 상황을 시사에 관심 많은 지지자들은 못 견뎌했다. 특히 일부 매체가 팩트를 왜곡하는 상황에 대한 분노가 적지 않았다.

팩트체크는 이용자들이 소셜미디어와 커뮤니티로 퍼나르는 단골 소재다.

어찌 보면 정부가 꼭 해야 하고, 잘해야 하는 것이 팩트체크다. 문화체육관광부 국민소통실은 정책에 대한 오해, 불충분한 설명을 정부가 직접 바로잡아 알려주기 위해 '대한민국 정책브리핑' 사이트 내에 '사실은 이렇습니다'라는 코너를 만들어 운영하고 있다. 같은 내용을 공유하는 **'정부 정책, 사실은 이렇습니다'**라는 트위터 계정(https://twitter.com/actualpolicy_kr)도 있다. 이 계정을 보고 있으면, 대체 어떻게 이렇게 오해가 많을까, 왜 고의적으로 왜곡해서 보도한 걸까 하는 의문이 꼬리를 문다.

정부까지 팩트체크에 나선 마당이지만, 팩트체크야말로 가장 강력한 언론의 무기다. 이용자들은 팩트체크를 제대로 해주는 언론사를 응원하고, 팩트체크 뉴스를 찾아보고, 팩트체크의 결과물을 공유한다. 미디어가 독자, 시청자의 응원을 얻을 수 있는 가장 쉬운 방법이고, 현장 취재든 전문가 취재든 언론이 가장 잘할 수 있는 게 팩트체크이기도 하다. 팩트체크 저널리즘으로 잃어버린 신뢰를 되찾는 것이 올드미디어의 새로운 생존 전략이 되어야 하지 않을까.

탈진실의 시대, 미디어 리터러시

언론 보도는 비평과 검증의 대상이다. 가짜뉴스도 마찬가지다. 카카오톡 '받은 글'을 믿는 이들을 답답하게 여기기도 하고, 가짜 뉴스 유튜브 영상에 빠진 이들을 안타까워해봐야 어쩔 수 없다. 혹시 부모님이 그런 얘기를 한다고 해도 싸우지 마시라. '딥 페이크'라는 기술을 이용해 미국 대통령과 한국 연예인 얼굴을 합성한 가짜 영상이 나도는 세상이다. 가짜뉴스에 빠져들지 않기가 점점 더 어려워지고 있다. 그럼 결론은? 탈진실의 시대에는 독자, 시청자, 이용자가 똑똑해지는 수밖에 없다. 신뢰도 높은 정보를 찾아내고, 미심쩍은 정보는 직접 검증해야 한다.

가짜뉴스의 시대에 언론과 정부가 해야 할 역할이 팩트체크라면 독자, 시청자, 이용자 등 미디어 소비자들은 '미디어 리터러시'media literacy를 갖춰야 한다. 미디어 리터러시는 '미디어'라는 단어에 읽고 쓰는 능력 혹은 지식과 교양이 있다는 뜻의 '리터러시'를 합친 용어다. '리터러시'라는 단어는 요즘 만병통치약처럼 쓰인다. 악플이 문제라고 하면 인터넷을 이용하는 리터러시를 이야기하고, 프라이버시 문제의 균형점을 어찌 봐야 하느냐 혹은 알고리즘이 만든 '필터 버블'에 갇혀버리면 어떻게 하느냐고 할 때는 디지털 리터러시를 이야기한다. 결국 '리터러시'란 무언가를 제대로 사용할 줄 아는 능력이 아닐까.

한국언론진흥재단의 **미디어교육팀**(https://www.forme.
or.kr/index.cs)은 현장 교사들에게 미디어 리터러시를
교육하거나, 경험을 공유하는 노력을 지속하고 있다. 미
디어교육 전국대회를 비롯해 관련 콘퍼런스를 다녀보
면, 학교 교육부터 바뀌고 있으니 앞으로 정말 많이 달라지지 않을
까 하는 기대가 생긴다.

 '허위 정보, 팩트체크, 미디어 리터러시' 토크에서 청중의 질문
을 통해 배운 경험도 생생하다. 한분은 허위 정보는 매력적이고, 신
념에 따라 공유하는 경우가 많은데 팩트체크한 내용을 대체 어떻
게 전달하고 확산시켜야 할지, 시민의 한 사람으로서 할 수 있는
일에 대해 질문했다. 발표자였던 정준희 한양대 교수는 한국형 조
작 정보의 특징으로 정치인의 개입과 그럴듯한 출처가 생성되는
구조, 신념 공동체를 기반으로 한다는 점을 꼽았다. 특히 근거 없는
'받은 글'을 이름 없는 매체가 보도하고, 그것을 일본이나 해외 매
체가 인용 보도하면, 다시 한국의 주요 매체가 대대적으로 보도하
는 방식의 순환 참조가 문제라고 꼬집었다. 또한 그 고리를 끊어나
가는 것은 매우 어려운 일이지만, 의도적으로 허위 조작 정보를 인
용 보도하는 매체는 시장에서 퇴출되어야 한다고 지적했다. 이를
위해 필요한 것이 바로 시민의 역할이다. 정준희 교수는 진영을 떠
나 극단적 주장보다는 조금 중립적 영역에서 사실관계를 확인하는
커뮤니티의 복원을 언급했다. 시민들은 자신의 전문성을 동원하

고, 직업 기자들과 시민이 협업하는 과정이 중요하다는 얘기다.

'뉴스마다 말이 달라요. 어떤 걸 믿어야 할까요?' '누구나 1인 미디어가 되어 콘텐츠를 생산하는 시대, 다양하고 무궁무진한 콘텐츠를 쉽게 즐길 수 있죠! 그런데 말입니다. 믿을 수 있는지, 가치 있는 정보인지 분별할 수 있나요?'

이 질문에 대해서는 교육부가 2019년 5월 '대한민국 정책브리핑' 사이트에 올린 '미디어 리터러시 교육이 필요한 이유'라는 카드뉴스가 일종의 모범 답안으로 보인다. 뉴스마다 제공하는 정보가 다르기 때문에, 우리는 정보를 분별하고 해독할 능력을 필요로 한다. '다양한 미디어에 접근하고, 미디어가 제공하는 정보와 콘텐츠를 비판적으로 이해하며, 자신의 생각을 미디어로 책임 있게 표현, 소통할 수 있는 능력'을 키워야 한다. 학교 현장에서도 리터러시 교육이 강화되고 있다.

카드뉴스를 통해서도 소개되지만 국제도서관연맹에서 제시하는 가짜뉴스 판별 가이드는 참고해볼 만하다. 일단 첫째, 출처를 확인할 것. 해당 사이트의 정체를 파악하는 것은 의미 있다. 둘째, 본문 읽어보기. 제목은 '낚시성'일 가능성이 높으니 전체 내용을 꼼꼼히 확인하라는 얘기다. 셋째, 작성자 확인하기는 기본 중의 기본. 기자 이름이 '온라인팀' '디지털뉴스팀'에 숨어 있는 익명인지, 기자의 실명인지 확인한다. '○○○ 기자'의 다른 기사를 살펴보면 그가 국회 출입기자인지, 법원 출입기자인지, 기업을 취재하는지 대략 확인이 가능하다. 실체가 있는 기자인지 확인하고 난 뒤 때로는 '믿고 거르는 기자'가 되더라도 어쨌든 각자 이름에 책임을 지는 셈이다. 기자가 아닌 유튜버, 블로거, 인플루언서 역시 검색을 해보면 활발하게 소통하는 사람인지 아닌지 바로 알 수 있다.

넷째, 근거 확인하기. 좀 의심적은 소식이라면 관련 정보가 실제 뉴스를 뒷받침하는지 찾아보자. 이 과정에서 포털은 여전히 유용한 플랫폼이다. 포털을 정보를 찾아내는 도구로 활용하면 좋다. 관련 주장을 '언론 보도' 위주로 검색한 뒤, 여러건을 비교하면서 읽어보면 조금 낫다. 다섯번째가 날짜 확인이다. 오래된 뉴스를 재탕하거나 가공한 건 아닌지 검색을 통해 바로 확인해볼 수 있다. 구글은 뉴스에 실린 사진에 대해서도 최신 사진인지 확인할 수 있는 기능을 제공한다. 예컨대 아마존 산불 사진이 올라왔을 때 이미지 검색을 통해 과거 사진인지, 실제 따끈한 소식인지 확인할 수 있다.

여섯번째는 풍자 여부 확인하기다. 해외에서는 만우절마다 그야말로 거짓말 뉴스를 내는 매체들이 있다. 기술기업들은 얼토당토 않은 미래형 서비스를 한다고 진지하게 만든 영상을 올리곤 한다. 가끔 국내 매체가 유머 뉴스를 진짜 뉴스로 오해한 일들이 있었다. 풍자임을 인지하지 못하는 건 받아쓰기 기자란 반증일까. 그나마 만우절 거짓말 뉴스를 즐기던 서구 언론들이 최근 달라지는 모습이다. 가짜뉴스가 넘쳐나는 시대에 거짓말 뉴스 장난을 장난으로 받아주는 여유가 사라지고 있는 탓이다.

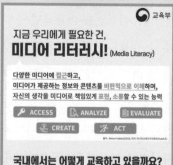

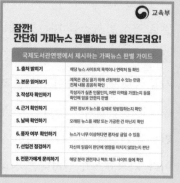

'미디어 리터러시 교육이 필요한 이유' 카드뉴스
(출처: 대한민국 정책브리핑 사이트
http://www.korea.kr/news/policyNewsView.do?newsId=148861189&call_from=rsslink)

마지막으로 뉴스를 볼 때 선입견이 있는지 스스로 생각해보고, 전문가에게 물어보는 일도 중요하다. 확인하고 또 확인해야 한다. '그냥 주는 대로 받아먹는' 것보다 생각할 여지를 남기는 것이 더 좋은 뉴스다. 요즘은 지식과 정보를 떠먹여주는 스타일을 선호한다고 하지만, 정답만 주는 것은 생각할 기회를 앗아간다. 황당하게 보이거나 누구나 믿고 있는 가치에 반하는 주장이라고 해도 그것을 검증하는 과정이 사회적 논의를 훨씬 풍부하게 한다.

3장

진화하는
뉴미디어

뉴미디어 혁신의 흥망성쇠

혁신 저널리즘 '쿼츠'의 팬이 되다

카카오에서 일할 때 거의 날마다 본 미디어는 미국의 매체 **쿼츠**^{Quartz}(**https://qz.com/**)가 유일하다. 애틀랜틱 미디어가 2012년에 출범시킨 쿼츠는 혁신 저널리즘의 대표 주자로 평가받는다. 옥스퍼드대 로이터저널리즘연구소의 전문연구원 루시 큥은 2015년 디지털 뉴스의 혁신 사례로 가디언, 뉴욕타임스와 함께 쿼츠, 버즈피드, 바이스를 꼽았다.

쿼츠는 타깃이 독특하다. '똑똑하고 젊은데, 직장에서는 조금 지루한 이들', 즉 SYBAW^{smart, young and bored at work} 사이에서 강한 반향을 이끌어내는 것을 목표로 한다. 주요 콘텐츠는 비즈니스, 기술, 금융, 디자인이다. 독자들의 소셜미디어 세계에서 존재감을 갖는다는 목표도 분명하다. '영리하지만 너무 젠체하지 않으며' 독자의 시간을 낭비하지 않는다는 철칙을 갖고 있다. 이미지, 사진, 차트, 그래프에 주력하고, 데이터에서 스토리를 찾는다. 쿼츠는 기자들이 직접 차트로 정리할 수 있도록 '차트 빌더'라는 도구를 자체제작해 제공했다. 나는 몇가지 숫자로 모바일 화면 안에서 강력한 스토리를 만들어내는 쿼츠 인덱스에 홀딱 빠졌다. 이에 영감을 받아서 청와대 재직 시절 청와대 카드뉴스 중 '숫자로 보는' 시리즈를 기획하기도 했다.

쿼츠는 독특하게도 정치, 경제, 사회 같은 기존 매체들의 분류법이 아닌 '최신'^{Latest}, '옵세션'^{Obsessions}, '특집'^{Featured}이라는 세가지 카테고리로 콘텐츠를 분류한다. 이 중 옵세션이 아주 특이한데, 번역하자면 집중적으로 관심 갖는 이슈라고 할 수 있다. 쿼츠는 옵세션을 이렇게 소개한다. "우리 뉴스룸이 매달리고 있는 핵심 주제로서, 전세계 경제를 뒤흔들 만한 주제들입니다." 쿼츠는 2015년 글로벌 경제의 큰 변화에 밀착해 알리바바 상장, 홍콩 혁명, 에볼라, TV의 미래 등의 주제를 출입처 삼아 집요하게 취재 보도했다. 기자가 개인적으로 집착하는 주제를 밀고 나갈 수 있어 동기 부여도 된다고 한다.

2019년 8월의 옵세션 카테고리에서는 인공지능을 비롯해 세계 인구 증가와 기후 변화에 따른 식량의 미래, 기계가 일자리를 대체하는 사회에서 노동의 미래, 완전히 달라지는 학습법, 그리고 스마

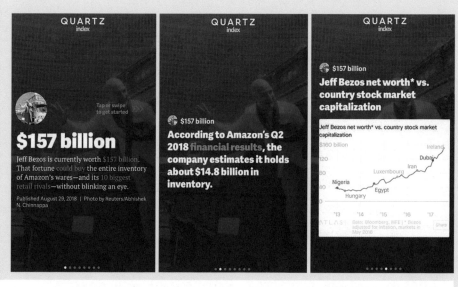

쿼츠 인덱스

청와대 카드뉴스 '숫자로 보는' 신고리 5·6호기 공론화위원회 활동

트폰·태블릿·노트북·모니터를 아우르는 유리화면 등을 다뤘다. 2020년 2월의 옵세션 카테고리에는 '왜냐하면 중국이'^{Because China} 등이 추가됐다. 중국인들이 관광, 교육, 기술 등을 재편하는 가운데 중국의 작은 변화조차 세계적으로 큰 영향을 미치기 때문에 이 같은 옵세션을 통해 추적 보도한다고 설명하고 있다.

쿼츠를 보다보면 우리 신문의 정치, 경제, 사회, 문화면이란 분류가 지금도 유효한지 고민하게 만든다. 우리나라 언론들은 정치, 경제, 사회, 문화면이라는 분류에 출입처 문화를 결합시켰다. 청와대, 국회, 외교부, 통일부, 국방부를 출입하는 정치부 기자들, 기획재정부, 금융위원회, 증권거래소를 출입하는 경제부 기자들, 기업들을 챙기는 산업부 기자들, 경찰서나 검찰, 법원을 기반으로 움직이는 사회부 기자들까지.

엄경철 KBS 보도국장은 국장 임명동의 투표를 앞두고 '출입처 폐지'를 공약으로 내세웠다. 그는 출입처를 폐지해야 하는 이유에 대해 "진실은 복잡하고 관점은 다양해지는 사회로 진화해가는 세상의 흐름 속에서, 한국 언론의 기사 생산 구조인 출입처 제도는 한계에 봉착해 있다"라고 설명했다. 예컨대 차량호출 서비스 타다 논쟁의 경우, "산업적 측면에서 혁신의 의미, 과거형 서비스라는 택시 업계의 피해와 사회적 연대, 소비자 만족 등에 대해 각각의 출입처는 종합적 사고를 가로막는 역기능으로 작동할 수 있다"는 주장이다.[1] 정부 부처 조직조차 외교부, 통일부, 국방부가 협업하고 머리를 맞댈 일이 많아 21세기에도 나뉘어 있는 게 맞나 싶을 때가 있다. 미래의 교육 문제는 교육부와 과학기술정보통신부가 함께 풀어야 하는 것이 아닌가 싶다. 정부 재구성까지는 어렵더라도 언론사라도 먼저 최소한 출입처 제도 전면 개혁 등을 통해 이 칸막이를 뛰어넘어 현안과 주제별로 가는 게 맞지 않을까?

나는 왜 날마다 쿼츠를 봤을까. 일단 기사가 달랐다. 우리 미디어의 고질병은 누군가 뭐라고 말했다는 사실만으로 기사가 복제된다는 점이다. 매체의 특성 없이 모든 기사가 비슷비슷하다. 쿼츠에는 어디에도 없는, 쿼츠에서만 볼 수 있는 기사가 있었다. 그리고 관심사가 미래 지향적이다. 월 방문자가 2,000만명에 달했다는데, 그중 1명으로서 쿼츠에 대한 내 애정은 깊었다. 맞다. 나는 쿼츠의 애독자인 동시에 열렬한 팬이었다. 미디어의 미래, 혹은 소통의 성패 역시 이런 팬덤을 만들 수 있는지 여부에 달려 있지 않을까.

쿼츠는 2018년 일본의 미디어그룹 유자베이스Uzabase에 약 7,500만~1억 1,000만 달러 수준으로 매각됐다. 유서 깊은 워싱턴포스트가 제프 베이조스에게 2억 5,000만 달러에 팔렸다는 점을 감안하면 대단한 신생 매체다. 팬으로서 쿼츠가 일본 미디어그룹에 팔린 것을 좋아해야 할지는 아직 잘 모르겠다.

바이스와 버즈피드의 도전과 시련

"완전히 뜯어고치는 것은 불가능하다. 이사회에 나이 든 영감 무리가 앉아서 '좋아, 그렇게 하자고. 동영상을 만들어보자고' 한다면 그들은 아마도 전형적인 오랜 경력자를 채용할 것이다. 그 결과 얻는 것은 TV보다 후진 동영상이다. 조직 자체를 뜯어내야 한다. 전혀 다른 방식으로 일해야 하고, TV나 광고, 영화 쪽에서 일한 경험이 전혀 없는 사람을 채용해야 하며 학교에서 갓 졸업한 사람들, 자신이 무엇을 하는지도 제대로 이해하지 못하는 사람을 채용해야 한다. (…) 내가 이 모든 걸 이야기하는 이유는, 그러니까 내 비결을 누설한 이유는 그렇게 하는 것이 거의 불가능하기 때문이다."[2]

바이스 창업자 셰인 스미스의 말이다. 얄미울 정도로 잘났고 오만하다. 바이스는 버즈피드가 받은 투자금의 4배인 5억 8,000만 달러를 투자받은 회사다. 기업 가치는 루시 큉이 인용할 당시 25억 달러, 유튜브 구독자는 1,100만명 정도로 초고속 성장하는 미디어 회사로 주목을 받았다. 셰인 스미스는 현대사회의 부조리를 까발리는 게 목표라고 밝혔다.

바이스 뉴스는 콘텐츠를 정치, 사설과 분석, 전쟁과 분쟁, 국방과 안보, 범죄와 마약 등으로 분류한다. 분류를 보면 알 수 있듯 특정 주제에 전념하거나 장기적으로 다룬다. 위험한 분쟁 지역의 불편한 현실과 직설적인 스토리를 선호한다. 이른바 '몰입 저널리즘'immersive journalism이라고 불리는데, 기자들이 상황에 직접 몰입한다. 국경 수비대에게 매질당하고 테이저건에 맞아 사망한 멕시코 이주민 사건 보도에 가상현실 기술을 활용했다니, 상상이 되는가. 360도 카메라로 촬영한 영상인데 전용 VR 앱을 이용하거나, 구글 VR 헤드셋, 페이스북의 오큘러스 리프트 등 VR 전용 장비를 활용하면 현장으로 걸어 들어가는 듯한 체험을 할 수 있다고 한다.

데니스 로드먼이 북한을 방문해 북한 국가대표팀과 농구를 하고 당시 김정은 조선노동당 제1비서를 만난 바이스의 다큐멘터리도 화제였다. 로드먼의 방북은 순수한 스포츠 외교가 아니라 단지 김정은 제1비서와 북한을 선전하는 역할만 했다는 이유로 혹평도 적지 않았는데, 바이스는 대화의 물꼬라도 트기 위해 갔다며 남들이 안 다루는 걸 다른 방식으로 시도했다고 자평했다. 바이스는 2006년 이란, 2007년 콜롬비아, 2008년 북한, 2009년 가나, 2010년 라이베리아, 2011년 이스라엘, 다시 2013년 북한까지 전세계의 충돌 현장을 숨 가쁘게 보여주는 데 주저하지 않았다. 어찌 보면 가장 딱딱한 이야기들을 다르게 보여줬다. 바이스의 주장은 명확했다. "뉴스 소비가 줄어드는 건, 관심이 없어서가 아니라 본인 세대가 본인들이 이해할 수 있는 언어로 전해주는 뉴스가 없기 때문"이라는 것이다.

바이스 저널리스트들의 평균 연령은 25세, 5년에 한번씩 회사를 인턴에게 맡겼고, 젊은 팬들과 공감했다. 50개국에 콘텐츠를 팔았다. 2013년 무렵 바이스 영상을 처음 보고 무척 놀랐던 기억이 있다. 시위 장면에서 카메라의 시선은 보통 주먹을 흔드는 시위대를 보여주는데, 그 영상에서 바이스는 시위대 대신 진압 경찰 쪽으로 카메라를 돌렸다. 시위 풍경이 확 달라졌다. 우리는 시위하는 청년들 편이라는 메시지가 직관적으로 전해졌다. "우리가 왜 성, 마약, 폭력에 빠져들까?" 전세계의 20대가 왜 힘든지, 어떤 처절한 시간을 보내는지를 다룬 다큐멘터리에는 분노가 펄떡펄떡 뛰었다. 바이스의 콘텐츠는 미디어의 존재 이유부터 다시 돌아보게 한다. 미디어는 약자의 목소리를 대변하고, 권력을 감시한다고들 한다. 바이스의 카메라는 전세계를 헤집고 다니며 불안한 시대를 살아가는 청춘들의 비슷한 현재를 날것으로 보여줬다.

그런데 바이스에 대한 호평은 여기까지 해야겠다. 루시 큉이 그렇게 성공 사례로 극찬했던 바이스는 최근 고전 중이다. 시장조사 업체 콤스코어ComScore에 따르면 바이스의 월 방문자는 2016년 3월 4,910만명에서 2018년 9월 2,700만명으로 대폭 줄었다. 바이스는 직원 수를 10~15퍼센트 감축하는 결정을 내렸다. 촉망받던 기대주의 리즈 시절도 생각보다 길지 않았던 셈이다.

루시 큉이 쿼츠, 바이스와 함께 주목했던 버즈피드도 화려한 시절을 한차례 마무리하고 있다. 한때 '죽기 전에 꼭 먹어야 할 음식 10가지' 등 리스트list와 기사article를 합친 형식의 '리스티클'listicle이 화제를 모았다. 이후 버즈피드는 리스티클과 퀴즈를 시작으로 기후 변화, 정치, 테러리즘, LGBT 이슈까지 다루는 미디어로 진화하며, 소셜미디어에서 가장 많이 공유되는 매체였다. 2014년 뉴욕타임스 혁신보고서는 강력한 경쟁 상대로 버즈피드를 꼽기도 했다.

한동안 거의 모든 미디어 혁신 전략에서 버즈피드를 주목했거늘 화려했던 시간은 금방 지나가버렸다. 2019년 1월 조나 페레티 버즈피드 CEO는 "불행히도 매출 성장만으로는 장기적인 성공을 위해 충분하지 않다"며 "우리가 감수해야 할 구조조정으로 비용을 줄이고 우리의 운명을 통제할 수 있는 운영 모델을 만들어야 한다"는 내용의 메시지를 직원들에게 전했다. 그리고 인력 15퍼센트 감축 결정이 내려졌다.

버즈피드나 바이스가 주춤하는 것을 놓고 미디어의 디지털 혁신 주자들도 저렇게 어려운데 우리가 무엇을 할 수 있겠느냐는 비관론에 빠져들지는 말기를 바란다. 일단 무엇이라도 해보지 않고는 지속가능한 저널리즘을 확신할 수 없는 시대다.

포모^{FOMO}를 겨냥하다

밀레니얼 세대의 이메일 뉴스레터, 뉴닉

그럼 국내에는 쿼츠나 바이스 같은 새로운 시도가 없을까? 눈을 돌려 살펴보자. 가장 먼저 소개하고 싶은 서비스는 2020년 3월 현재 구독자가 15만명에 달하는 뉴닉이다. 뉴닉은 "우리가 시간이 없지, 세상이 안 궁금하냐?"라는 카피로 감성을 공략하며, 밀레니얼 세대를 위한 매체를 표방하고 나선 이메일 뉴스레터 서비스다.

2019년 2월 디지털 미디어 트렌드를 공부하던 모임 IWDM^{Innovative Workshop for Digital Media}에서 뉴닉 김소연 대표를 초청해 경험을 들어볼 기회가 있었다. 그 자리에서 김소연 대표는 2018년 12월 1,000명으로 시작한 구독자가 두달 만에 1만 5,000명이 됐다고 당차게 밝혔다. 사실 카카오톡 같은 메신저가 파일 전송까지 지원하면서 이제 젊은 사람들은 메일을 거의 쓰지 않는다고 한다. 이메일은 직장인들이나 쓰는 거라고들 했지만, 뉴닉은 그 어렵다는 이메일 뉴스레터에 도전했다. 2019년 2월 발표 당시 메일 오픈율이 50퍼센트가 넘었다. 미디어 업계의 평균 이메일 오픈율이 20퍼센트 안팎이라니 대단한 반응이다. 이들은 광고도 한번 한 적 없다. 입소문만으로 구독자를 늘렸다.

미디어 스타트업 뉴닉은 '미디어'가 아니라 '스타트업'에 방점을 두고 있다. 김소연 대표는 "뉴스 가치보다 서비스 개선, 소비자 만족, 비즈니스를 추구하는 미디어"라며 "사회문제를 지속가능하게 풀 수 있는 건 비즈니스"라고 했다. 문제의식도 분명했다. 요즘 젊은 애들은 뉴스를 안 본다는 시선이 억울했다고 한다. 사회에 관심이 있어도 기존 미디어 세상은 보편적인 독자만 겨냥하기 때문에 오히려 밀레니얼 세대가 소외된다는 것이다. 이들이 저널리즘보다 관심을 둔 것은 성장이다. 김 대표는 "현재 반짝반짝한 밀레니얼 세대가 5년, 10년 뒤 의사결정자가 될 텐데 서로 믿고 함께 성장하면서 이들이 더 좋은 결정을 내리도록 돕고 싶다"고 했다. 진실도 저널리즘도 중요하지만 이용자와 뉴닉과 함께 성장하는 것이 더 중요하다는 게 핵심이다.

밀레니얼 세대 뉴스 소비자 관점에서 기존 언론의 문제는 이렇다. 신문 기사에 '핵인싸'가 무엇인지 괄호로 설명하는 모습에 이건 할머니들 보라는 기사인가 싶었다고 한다. 속보 중심의 기사 호흡을 따라가기도 어렵다. 국내 매체는 모두 1보, 2보, 종합 기사는 물론, 다음 날과 그다음 날의 후속 기사도 그전 상황에 대해서는 앞선 기사를 통해 다 알고 이해했다고 전제한다. 모든 독자가 날마다 기사를 보고 있다는 전제인 셈인데 현실은 그렇지 않다. 포털 뉴스조차 날마다 보는 이가 줄어드는 마당에 독자들이 전후 맥락을 다 알 것이라는 세심하지 못한 전제는 미디어의 오만한 태도를 그대로 드러낸다. 기존 미디어는 지루하다는 말도 나왔다. 뉴스 소비 경험이 새롭게 디자인되어야 한다. 팩트 중심으로 누가 누구와 만나서 뭐라고 말했다는 육하원칙식의 고루한 기사는 밀레니얼 독자에게는 재미도 없고, 자신과 관련 없는 뉴스다.

뉴닉은 일단 일상 대화처럼 재미있게 뉴스를 전한다. 팩트는 압축하고, 맥락과 스토리를 살려 밀레니얼 독자가 뉴닉의 아침 뉴스레터 하나로 이슈를 파악할 수 있도록 정리한다. 또한 독자 피드백을 매우 중요하게 여기고 수용한다. 예컨대 어느 장관 후보자 검증 과정에서 논란이라는 기사만 나오는데 청와대나 찬성하는 측의 입장은 무엇인지 궁금하다는 피드백, 어느 기업의 대표이사가 중대한 발표를 했는데 그 기업의 직원들과 경쟁사의 반응이 궁금하다는 피드백 등을 받으면 다음 뉴스레터에는 다양한 입장을 알 수 있도록 소개한다. 두루 넓게 파악하고 스스로 생각할 수 있도록 관점을 모두 담아달라는 주문이 많다는 얘기다. 밀레니얼 독자의 공감을 끌어내는 핵심 전략은 솔직함이다. 모르면 모른다고 하고, 부정적 선입견이 생길 수 있는 사안이면 그조차 걱정된다고 솔직하게 밝혔다고 한다. 그러면 바로 독자의 피드백이 '아, 그렇게 생각할 뻔했는데 알려줘서 고맙다'라고 온다는 것이다.

뉴닉만의 또다른 특징으로 브랜딩을 꼽지 않을 수 없다. 귀여운 고슴도치를 형상화한 '고슴이' 캐릭터가 뉴닉의 얼굴이다. 지루하고 재미없는 언론이 아니라고 온몸으로 말하는 듯한 캐릭터는 뉴닉의 지향점을 닮았다. 귀여워도 뾰족하게 할 말 하는 고슴도치다. 브랜딩을 고민할 때 미국 잡지 뉴요커의 에코백, 뉴욕타임스의 스웨트 셔츠가 힙한 굿즈로 소비되는 현상을 보면서, 캐릭터가 필요하다고 판단했다고 한다. 엄청나게 유능하고 똑똑한 비서 캐릭터가 아니라 동등한 친구 캐릭터를 상정했는데, 개인적으로는 '과외 해주는 똑똑한 언니' 느낌이 들 때도 있다.

뉴닉의 이야기를 듣는 자리에는 지인의 고등학생 딸이 함께 했다. 뉴닉의 팬이라며 시사 이슈를 따라잡기 어려운데, 뉴닉을 보면 한눈에 알 수 있어 좋다고 했다. 다음 날 그는 아빠를 통해 "뉴닉이 유료화되면 좋겠다"라는 후기를 전해왔다. 현안과 시사 이슈에 대해 아는 체할 수 있는 훌륭한 매체인 뉴닉을 모든 이가 보기보다, 돈을 낼 의향이 있는 소수가 봤으면 좋겠다는 의미다. 고등학생 독자가 유료화를 해달라고 조르는 매체라니, 이들의 미래는 어떻게 달라질까.

뉴닉이 뉴스레터 모델의 시초는 당연히 아니다. 뉴닉의 창업자들은 미국의 악시오스^{Axios}, 더스킴^{theSkimm}, 복스^{Vox} 등의 뉴스레터를 참조했다고 밝혔다. 밀레니얼 세대의 월스트리트저널이라는 미국의 경제 전문 뉴스레터 모닝브루$^{Morning Brew}$는 2018년 300만 달러이던 매출이 2019년 1,300만 달러로 급증했다. 뉴닉과 비슷하게 2030 세대의 구어체로 꼭 알아야 하는 뉴스를 골라서 감각적으로 요약해주는 방식 덕에 180만명 구독자 중 42퍼센트가 실제 메일을 열어본다. 모닝브루는 광고주들이 선호하는 매체로 구독과 매출의 선순환 성장세를 이어가고 있다.[3]

국내에도 어젠더 저널리즘을 표방한 '피렌체의 식탁', 2030 여성에게 특화된 경제 정보를 담은 '어피티' 등이 뉴스레터를 통해 독자를 늘려가고 있다. 이메일은 여전히 개인에게 직접 전달되면서, 쌍방향 피드백도 쉽다는 강점을 갖고 있다. 일부 뉴스레터는 이메일뿐 아니라 카카오톡 채널로도 구독할 수 있다. 나 역시 민간 싱크탱크인 '여시재'와 '피렌체의 식탁'의 뉴스레터를 카카오톡 메시지로 받아보고 있다. 블로그와 유사한 카카오 브런치도 카카오톡 메시지로 날마다 좋은 글을 전해주는데 카카오톡 채널 구독자가 2020년 3월 기준 약 40만명 정도라고 한다. 조용히 실속 있는 미디어다.

팟캐스트의 진화, 듣똑라

뉴미디어의 실험과 도전은 언제나 나의 주요 관심사다. 2019년 8월 '저널리즘의 미래' 콘퍼런스에서 내가 좋아하는 팟캐스트 '듣똑라'에 대한 발표가 있었다. 김효은 중앙일보 기자가 나와 '팟캐스트의 진화, 듣똑라의 실험'을 주제로 발표했다. '듣똑라', 듣다보면 똑똑해지는 라디오를 발견한 건, 운전하는 시간에 무엇이든 들을 것이 필요했기 때문이다. 뭐라도 하지 않으면, 시간을 잘 쓰지 않으면 불안해하는 성미인지라 영양가 있는 콘텐츠가 필요했다. 과거에는 음악을 듣거나, 라디오를 듣고 말았지만 그것보다 좀더 알찬 시간으로 만들고 싶었다. 팟캐스트 영역에 대한 관심도 깊었다. 나는 탐구적 마음과 아이디어 수집 차원에서 팟캐스트를 들어보기로 했다. 팟캐스트 플랫폼 팟빵의 순위권 팟캐스트를 차례로 들어봤는데 내게는 '아재'들의 마초적 농담과 대화가 불편했다. 옳고 그름의 문제가 아니라, 내 취향에 맞지 않았다. 그때 여성 기자들이 만드는 팟캐스트인 듣똑라를 듣게 됐다. 김효은 기자에 따르면 여성 스피커로 구성된 유일한 시사 팟캐스트라고 한다. CBS라디오 김현정의 뉴스쇼를 제외한다면, 다수의 여성들이 이끄는 시사 팟캐스트로는 단연 독보적이다.

듣똑라는 조곤조곤 차분하게, 아재 유머 없이 진행한다. 2019년 8월 기준 팟빵 1만명 등 총 4만명의 구독자를 확보하고 있으며

70~80퍼센트가 밀레니얼 세대라고 한다. 2030 애플 팟캐스트에서는 1위라고 했다. 그들은 속보를 택하지 않고, '뉴스와 지식 사이'라는 콘텐츠 전략을 세웠다. 크라우드 펀딩에 익숙한 세대를 위해 제작자와 연결되는 느낌을 살리려 했고, 소비자들이 요구하는 이슈로 온디맨드 콘텐츠를 만들었다. 오디오 콘텐츠의 휘발성을 보완하기 위해 콘텐츠 업체 퍼블리와 텍스트화하는 협업도 진행하고 있다. 김효은 기자는 발표에서 "올드미디어는 가르치려 들고, 젠더 감수성이 떨어지는 데다 젊은 세대의 관심사를 1면에서 다루지 않는다"라고 말했다. 밀레니얼 세대가 어떤 대목에서 기존 미디어에 시큰둥한지 제대로 짚은 얘기다.

들똑라 스토리를 듣다가 개인적으로 가장 감탄한 건, 김효은 기자가 2년여간 매주 토요일마다 취미로 팟캐스트를 해봤다는 대목이었다. 무엇인가에 꽂혀서 몰입하는 '덕후'가 세상을 바꾼다고, 취미로 팟캐스트를 해보다니… 가욋일이라 생각하지 않고 주말을 쏟은 결과, 2년 만에 회사는 디지털뉴스랩 산하에 들똑라 조직을 아예 꾸려줬다. 문화 담당 김효은, 정치 담당 이지상, 사회 담당 홍상지 3명의 기자가 콘텐츠 기획부터 취재, 섭외, 진행, 편집, 커뮤니티 매니저까지 다 맡아서 하고 있다(2020년 초 경제 담당 이현 기자가 합류했다). 좋아서 하면 즐거운 일이고, 일로 하면 과한 업무다.

일 잘하고 싶은 사람들을 위한 콘텐츠, 퍼블리

이메일 뉴스레터를 받아보고, 팟캐스트를 챙겨 듣는 밀레니얼 세대의 경우, '성장'에 대한 욕구가 적지 않다는 것이 특징이다. 뉴닉이 단번에 '함께 성장하고 싶다'고 하거나, 듣똑라는 아예 이름부터 듣다보면 똑똑해진다고 하지 않는가. 또다른 표현으로는 '포모'FOMO, Fear Of Missing Out의 시대라고 할 수 있다. 포모에 대해 월스트리트저널은 '주식에 투자하지 않아 미래 주가 상승기에 자기만 투자 수익에서 제외되는 것에 대한 두려움'으로 해석하기도 하지만, 기본적으로는 혼자 뒤처질지도 모른다는 두려움을 의미한다. 중국은 포모 시장이 2017년 기준 73억 달러(약 8조 7,000억 원)에 달했다는 소식도 전해졌다. 시대 변화에 맞춰 자신의 역량을 키우고 성장하기 위해 중국인들은 주로 유료 팟캐스트를 구독한다. 이 기사에서는 역사부터 경제, 금융, 학습법 등 여러 강의 팟캐스트를 챙겨 듣는 데 주저하지 않는 사람들을 소개하고 있다.[4] 그에게 팟캐스트 구독은 보다 나은 미래, 자신의 성장을 위한 투자다.

'일을 좋아하고, 더 잘하고 싶은 사람들을 위한 모든 콘텐츠'를 내세운 퍼블리도 이 같은 새로운 세대의 흐름에 올라탄 콘텐츠 스타트업이다. 컨설턴트 출신으로 미국 유학 시절 소셜미디어를 공부한 박소령 대표가 창업했다. 내가 박소령 대표의 존재를 알게 된 것은 트위터였다. 나와 비슷한 관심사를 가진 이른바 '트친'으로서 그를 관심 있게 보기 시작했다. 미디어 비즈니스 전문가답게 박소령 대표는 결국 창업했고, 성공을 거두고 있다.

2020년 2월 기준 퍼블리는 285명의 저자가 만든 334개의 리포트, 2,269개의 콘텐츠를 월 2만 1,900원에 이용할 수 있다. 티켓값만 500만원인 칸 국제광고제에 다녀온 글로벌 게임회사 마케터, 컨설팅과 사모펀드를 거쳐 임팩트투자의 최전선에서 일하는 투자가, 스웨덴에서 인터랙션 디자인을 배운 광고인 출신 디자이너가 그들이 앞세운 저자다.

이 역시 FOMO의 연장선이다. 퍼블리는 뒤처지지 않고, 일을 더 잘하는 사람, '일잘러'가 되고 싶은 사람들을 위한 콘텐츠다. 특정 직업군이 아닌 다양한 분야에서 일하는 이들을 어떻게 각자 성장시켜줄 수 있을까. 퍼블리는 기본적으로 해당 분야 직업인에게 도움되는 정보인 동시에, 알아두면 좋은 범용 정보로 채워져 있다. 소비/산업 트렌드, 비즈니스 전략, 브랜딩/마케팅, 사회/경제 이슈, 리더십/조직관리, 일 잘하는 법 등의 카테고리로 분류되어 있다. 동기부여 카테고리도 있는데 창업을 꿈꾸든, 현 조직에서 변화를 모색하든 성장을 바라는 이들에게 맞춤하다.

개인적으로 처음 퍼블리에 빠져들기 시작한 것은 퍼블리의 1호 공식 프로젝트 '세상에서 가장 큰 책 박람회, 책은 없다: 2015 프랑크푸르트 북페어' 보고서 덕분이다. IT 전문 매체 블로터의 정보라 기자와 박소령 대표 둘이서 현장을 뛰어다니며 정리한 기록이다.

막상 경험하고 나니 기꺼이 돈을 낼 만큼 재미있었다.

당시 우리 가족은 유료로 구독하고 있는 신문 하나, 공짜로 넣어주던 신문 하나와 함께 주간지도 두개나 보고 있었는데, 모두 지인의 요청 때문이었다. 신문은 펼쳐보지 않고 지나가는 날도 꽤 많았다. 자발적으로 돈을 내고 있는 매체는 역시 응원의 마음으로 시작한 뉴스타파 하나뿐이었다. 즉 구독하는 미디어는 자발적으로 응원하거나 지인 요청에 따라 응원하는 매체였지, 그 매체의 콘텐츠가 독창적이거나 매번 좋았던 것은 아니다. 그런데 퍼블리는 달랐다. 퍼블리가 성장하는 모습을 보는 것도 즐거웠다. 처음에는 독자적 보고서를 하나씩 냈는데, 정말 가보고 싶었던 프랑크푸르트 북페어, 미국 텍사스의 SXSW를 직접 다녀와서 시시콜콜 전해준다니 몹시 고마웠다.

"1987년 미국 텍사스주 오스틴에서, 히치콕 감독의 영화 North by Northwest 이름을 패러디한 South by Southwest^{SXSW}라는 작은 축제가 시작되었습니다. 이 동네 축제는 진화를 거듭하여 테크와 예술, 아이디어가 결합된 글로벌 행사로 발전했습니다. 출발은 음악이었지만, 1994년 영화와 테크로 확장하면서 컨버전스의 장을 열었고, 이제는 환경, 교육, 헬스케어 등을 아우르면서 시장과 산업의 경계를 허물고 있습니다. SXSW 2016에서 저자가 직접 경험한 생생한 현장이 궁금하신 분께 추천합니다."

'스타트업을 위한 SXSW 견문록' 소개글이다. 퍼블리 보고서에 대한 만족도가 유지되고, 틈틈이 보고서를 사 보면서 궁금했다. 왜 나는 퍼블리에는 돈을 낼까, 다른 신문에는 이런 콘텐츠가 없었나? 곰곰이 생각해봤는데, 퍼블리의 콘텐츠는 조금 더 깊었고, 조금 더 친절했다. 현장의 흥분이 드러나는 문장을 따라가다보면, 나와 비슷한 눈높이를 가진 친구가 내 관심사를 대신 보고 와서, 전해준다는 느낌이 강했다. 왜 기존 언론에서는 이런 일을 하지 못할까? 훈련 잘 받고, 관심사 깊고, 전문성 갖춘 기자들도 많은데 왜 안 될까? 콘텐츠를 제값 받고 팔아본 적이 없어서는 아닐까 싶다. 기존 신문사들은 광고주가 비용을 책임졌던 구조다. 그 구조가 무너지는 상황이라면 다른 비즈니스 모델을 찾아야 한다.

　퍼블리도, 뉴닉도 경험할수록 더욱더 그 진가를 발견하게 된다. 미국에서 기세등등하던 버즈피드가 한숨 고르고 있고, 바이스가 주춤하는 걸 보면 미디어 시장이 그리 만만하지 않음을 알 수 있다. 그래도 버즈피드나 바이스의 경험이 또다른 도전에 나설 수 있는 사람들을 키우고 있다고 믿는다. 고급 콘텐츠 큐레이션이든, 밀레니얼 세대를 위해 꼭꼭 씹어 먹기 좋게 정리한 뉴스든, 이런 도전들이 여전히 지속가능할지, 새롭게 변신할지, 또다른 도전으로 이어질지 알 수 없다. 그러나 성장과 도전을 지켜보는 자체가 즐거운 일이라 생각한다.

21세기 살롱 문화

돈 내고 책 읽는 독서클럽, 트레바리

트위터와 페이스북에서만 아는 분이 한둘은 아니지만, 그중에서도 글이 올라올 때마다 '좋아요'를 누르면서 매번 챙겨 보던 분이 있다. 글에서 느껴지는 따뜻하고 차분한 성품이 좋아 혼자서 내적인 친밀감을 쌓아가고 있었다. 그러던 중 우연히 그분의 아들이 나와 같은 회사에 근무하고 있다는 사실을 알게 되었다. 괜히 반가운 마음에 좀 뜬금없지만, 사내 메신저로 그 친구에게 말을 걸어 밥을 한번 사겠다고 했다. 2014년 가을 어느 날, 그와 점심을 먹으며 이런저런 이야기를 나누었다.

나는 데이터에 답이 있다고 믿는 사람이었지만 그 데이터를 보는 법을 잘 몰랐다. 모바일 콘텐츠를 담당하고 있던 그는 기획자로서 회사의 서비스 데이터를 들여다보면서 느낀 점들을 얘기했다. 그에게 반해버린 나는 점심시간이 끝나갈 무렵, 참지 못하고 물었다. 되든 안 되든 부딪쳐보자는 심산이었다. "수영 님, 혹시 저와 함께 일하지 않을래요?"

당시 회사는 합병을 진행하면서 조직이 새롭게 구성되고 있었다. 그에 맞춰 정책 조직도 새로 정비하려던 참인데, 데이터를 잘 보는 사람이 반드시 필요했다. 그런데 돌아온 대답이 허탈했다. "혜승 님! 저는 회사를 그만두기로 했어요. 다음 달까지만 일해요." 당황했다. 아까웠다. 창업을 하고 싶다는 얘기에 붙잡기도 어려웠다. 다음 해 봄 다시 만난 수영 씨는 드디어 창업을 한다고 알려왔다. 너무 궁금했다. 이 친구는 대체 무엇으로 창업을 할까.

"혜승 님, 저 독서모임으로 창업해요. 모임 만들면 함께해주세요." 대학 때부터 독서모임 할 때가 가장 즐거웠다고, 가장 좋아하는 일로 창업에 도전하려고 한다며 해맑은 얼굴에 들뜬 목소리였다. 독서모임으로 과연 창업이 될까? 내 표정은 좀 떨떠름했을 게 분명하다. 내 표정과는 상관없이 그는 용기백배, 의욕이 폭발하고 있었다.

얼마 전 어느 인터뷰에서 삶의 많은 선택 중 나를 만들어낸 선택을 하나만 꼽는다면 무엇이냐는 질문을 받았다. 나는 무엇이든 하나만 꼽는 것을 가장 못하는데, 문득 생각해보니 책이었다. '적자생존', 적는 자가 살아남는다고 나는 기록에 열을 올리는 편이었다. 소싯적 기자로서 저녁 모임이 꽤 많았는데, 첫아이를 낳고 밤에 노는 걸 포기했다. 가급적 칼퇴근해서 아이와 놀았다. 하지만 아이를 재우고 나면 뭔가 결핍된 느낌이 들어 초조해졌다. 아이가 자는 시간에 본격적으로 책을 읽기 시작했다. 그런데 지난주에 읽은 책도 잘 기억하지 못하는 나를 발견했다. 출산 탓이라고 우기면서 그때부터 기록을 시작했다. 마침 인터넷서점에서 블로그를 제공하고 있었다. 당시 나의 상황에 대한 솔직한 심정을 담아 블로그의 이름을 '남은 건 책밖에 없다'라고 지었다. 그때부터 블로그에 쌓아온 독후감만 수백편. 나도 독서모임에는 꽤 어울리는 사람이라고 자부했다.

수영 씨의 독서모임 창업 이야기를 듣고 공간은 있느냐고 물어봤더니 구하는 중이라고 했다. '이모 마음'으로 어떻게든 돕고 싶어 지인들에게 문의를 넣었다. 스타트업 지원 사업을 하는 스타트업 얼라이언스의 임정욱 센터장에게 재미난 스타트업이 등장했으니 한달에 한번, 토요일에 공간 좀 빌려달라고 청했다. 장학 사업을 하는 지인에게도 훌륭한 청년들이 있는데 여차저차하니 장학회 사무실을 토요일 오후에 쓸 수 있도록 해달라고 청했다. 그렇게 2015년 5월 첫 트레바리 독서모임에 함께했다. 장학회 사무실에서 10여명이 모였다.

수영 씨가 고른 첫 책은 조금 황당했다. 세실 앤드류스의 『유쾌한 혁명을 작당하는 공동체 가이드』(강정임 옮김, 한빛비즈 2013). 제목에 비해 내용이 몹시 순수했다. 진정한 행복이란 공동체, 커뮤니티에서 시작된다고 하는데, 다 맞는 말이지만 과연 현실에서도 그럴까. 책의 내용이 아쉽다보니 토론이 길어졌다. 책 한권으로 어떻게 3~4시간 토론을 할까 싶었는데 시간이 후딱 지나갔다. 혼자 읽었으면 남는 게 별로 없는 책이었을 텐데 함께 읽으니 엄청 재미난 포인트들을 놓고 이야기가 이어졌다. 전혀 다른 배경의 사람들, 다른 세대의 사람들과 계급장 떼고 '○○ 님'이라고 부르며 하는 토론이 얼마나 재미있는지 확실히 경험했다.

트레바리에 참여한 경험을 장황하게 늘어놓은 것은 개인적으로 지난 몇년간 가장 신기한 현상이었기 때문이다. 유료 독서모임, 한 시즌 4개월에 월 1회, 총 4번 모이는데 보통 클럽은 19만원, 클럽장이 이끌어주는 클럽은 29만원이다. 2015년 5월 10여명으로 베타 서비스를 시작한 트레바리가 2019년 말 회원 수 6,000명을 넘겼다. 새 시즌을 열 때마다 회원 수가 기하급수적으로 늘었다. 첫해 겨울에 서울 압구정동에 '아지트'라는 방 한칸을 마련했고, 2019년 8월 압구정동과 안국동, 성수동, 강남역에 아지트를 확대했다. 그리고 2020년 1월에는 강남역의 건물 하나를 통째로 임대했다. 2019년 2월 소프트뱅크 벤처스 등으로부터 50억원의 투자도 받았다.

트레바리는 오프라인 커뮤니티 서비스다. 오프라인 커뮤니티야말로 미디어가 잘할 수 있고, 했어야 하는 서비스라 생각한다. 독자가 언론사의 팬이 되려면 스타 기자의 토크 콘서트를 열든, 기자가 기획한 전문가 포럼에 초대하든 참여의 기회가 늘어나는 게 도움이 된다. 앞서 언급했던 '인포메이션'처럼 유료 구독 모델로 성공하려면 단순히 뉴스뿐 아니라 다양한 서비스를 제공해야 한다. 그런 면에서 커뮤니케이션과 커뮤니티는 조합이 괜찮다고 생각한다. 다만 트레바리는 복병에 부딪쳐 고전하고 있다. 코로나19 바이러스라는 재난 탓에 오프라인 모임 자체가 위협받았기 때문이다. 트레바리는 '랜선 트레바리', 즉 온라인 독서클럽도 시작했다. 상황에 따라 신속하고 유연하게 우회로를 찾는 것. 언론사에게는 익숙하지 않지만 스타트업은 꼭 하는 일이다.

학교 졸업 후 시작하는 진짜 공부

우리는 왜 초중고 공교육 12년 이후 대학을 선택하든, 사회에 나서든 쉽게 접할 수 있는 재교육이 없을까? 미디어의 역할 중 하나는 시민 재교육이다. 세상이 어느 때보다 빨리 변화하기 때문에 세상 돌아가는 내용과 방향을 이해할 수 있도록 도와줘야 한다. 하지만 기존 미디어들은 여기에 관심이 없는 듯하다. 사람들은 어디서 평생교육을 받을 수 있을까?

우리 사회의 교육열이 우리나라를 선진국 반열에 끌어올린 것도 맞고, 우리나라의 문맹률이 낮은 것도 맞다. 하지만 우리 국민들의 문해력文解力, literacy이 떨어지는 것도 분명한 사실이다. 글은 읽을 수 있어도, 그게 무슨 내용인지 해석하고 이해하는 능력은 낮다. 2013년 국제성인역량조사PIAAC의 결과를 보면 우리나라 성인 전체의 평균 문해력이 11위였으나 자세히 뜯어보면 사정은 다르다.

"16~24세 청년들은 PISA와 비슷한 세계 4위다. 25세를 기점으로 내리막을 타는데, 35~44세에는 평균 아래로 내려가고, 45세 이후에는 하위권으로 떨어지며, 55~65세의 경우에는 최하위에 해당한다. 질 낮은 대학 교육 탓에 학력과 직업 사이의 미스매치도 흔하다."[5]

아무래도 시민의 재교육이 제대로 잘 이뤄지는 사회라고 보기는 어렵다. 대학의 평생교육원은 역할이 매우 제한적이다. 한때 인기를 끌었던 각 대학의 무슨 무슨 최고위 과정이라는 것이 있지만, 인맥 쌓기용이거나 이력서에 한줄 붙이는 용도에 머물고 있다. 재교육이라는 본연의 목적과는 상관없는 대학의 평생교육원이 지속 가능한 시민의 재교육 플랫폼이 될 수는 없다.

시민의 재교육 측면에서 몇가지 모임들은 주목할 만하다. 영국의 작가 알랭 드 보통이 시작해 국내에도 들어온 '인생학교'는 좋은 사례다.

"한 회 수업이 8만 8,000원이에요. 그런데 매진이라니 저도 놀랐어요. 대부분 여성들이 찾아와요. 가볍게 요기하고, 2~3시간 강의를 진행하고 대화를 나누죠." 몇년 전 인생학교에서 특강을 맡았던

한 지인이 들려준 이야기다.

수업료는 이후 6만원대로 조정됐다가 2019년 3학기를 끝으로 잠시 휴식에 들어간 상태다. 2020년 상반기 새롭게 선보일 예정이라고 한다. 인생학교 초창기 수요는 대부분 여성이었다. 사랑, 자아, 일, 문화 등 그동안 수업 주제를 살펴봐도 여성을 겨냥한 것으로 보인다. 사실 가끔 북콘서트를 가봐도 여성이 많고 공연을 비롯한 각종 문화행사와 책, 교육 시장에 대한 수요는 여성이 훨씬 높다. 술을 덜 마시거나, 골프를 덜 쳐서 그런 거라는 우스갯소리가 사실에 가까울 거라 생각한다.

감이당은 '지혜와 열정을 일깨우는 배움터'를 내세운다. 한때 연구공동체 '수유+너머'에서 활동했던 인문학자 고미숙 씨가 감이당을 이끌고 있는데, 이곳을 찾는 사람들이 꽤 많고, 향학열도 뜨겁다는 소문이 자자하다.

문화일보 선배인 김종락 씨가 이끌고 있는 '대안연구공동체'도 재미난 곳이다. "대안연은 말 그대로 '대안'과 '연구'와 '공동체'가 한데 어우러지는 공간을 목표로 삼는 곳입니다. 대안은 제도권에서 안 하거나 못하는 것을 한다는 의미로 새겨도 될 듯싶습니다. 대학 등 제도권에서 가르쳐야 하는데 못 가르치는 것을 가르치거나 여건상 불가능한 것을 해보는 것이지요."

대안연은 2011년 3월 2일 문을 열었다. 철학·문화학교, 일반 인문학 강좌, 세미나(박사급 전문가가 지도), 자율공부모임(누구나 만들 수 있는 스터디) 등 네가지 모임 형태가 있는데 강좌는 회당 2만원, 세미나는 월 3~5만원, 스터디는 월 2만원 정도의 참여비를 받는다. 현재 대안연에 개설된 각종 모임이 60~70개, 참여하는 인원은 300~400명 정도라고 한다.[6]

많든 적든, 사람들이 모이고 있었다. 자발적으로 공부하기 위해 모였다. 많든 적든, 돈도 낸다. 사람들의 수요가 분명히 보이지 않는가? 트레바리가 2030 세대를 겨냥한 독서모임으로 시작해 스타트업다운 패기로 '스케일 업' 성장을 보여주고 있다면, 일찌감치 시작한 감이당, 대안연, 인생학교도 각자 자리를 잡고 있다. 세상의 변화에 대해, 혹은 변화를 해석하기 위한 틀로서 고전을 공부하기 위해, 각자 관심사에 맞게 뭔가 찾아보는 사람들이 늘고 있다.

중앙일보에서 시작한 '폴인' 역시 이 시장을 겨냥하고 있다. 폴인은 '현장의 전문가와 성장하고 싶은 독자를 연결하는 지식 콘텐츠 플랫폼', 즉 소셜 아카데미 플랫폼이다. '링커'Linker라는 이름의 전문가들이 스터디를 이끄는 모더레이터로 참여하고, 게스트(학생)들을 모아 하나의 어젠다를 놓고 3개월 동안 다섯차례 만나 공부한다. 수업당 최대 인원은 25명인데 만족도도 높고, 140명 정원에 신청 대기자가 110명이라는 게 임미진 폴인 팀장의 말이다.

왜 이렇게 모여서 공부를 할까? 지식이 정리될 겨를이 없는 시대적 특성에 더해 날것 그대로의 경험이 곧바로 지식이 되어야 하는데, 상아탑의 속도는 느렸다. 직장인을 위한 대학원은 수업 내용이라는 콘텐츠 면에서도, 인맥용 네트워크 면에서도, 학위가 가진 가치 측면에서도 쇠락하고 있다. 임미진 팀장은 "미래를 불안해하는 직장인들을 위한 뭔가가 필요하고, 그게 비즈니스가 될 것이라고 판단했다"고 말하며 폴인의 시장성을 예측했다.

트레바리와 마찬가지로 폴인도 공간이 멋지다. 공간의 경험이 이런 교육 현장에서 중요한 기여를 하고 있다. 지적 성장, 재교육, 새로운 네트워크 측면에서 2030의 수요가 만들어낸 사례는 계속 이어진다.

서울 마포구 합정동의 '취향관'을 구경할 기회가 있었다. 고층 아파트와 빌딩들이 이어지는 중간에 갑자기 거짓말처럼 주택 한채가 나온다. 1층에는 모여 앉을 수 있는 거실과 커피나 술이 제공 가능한 바 스타일의 부엌이 있다. 2층에는 라운지와 테라스, 미디어룸 등이 있어 회원들이 이용할 수 있다. 취향관의 전체 공간 자체가 매우 고풍스럽고 우아한 멋을 풍긴다. 과거 안주인의 초대로 사람들이 모였던 응접실을 모티브로 한, 살롱을 지향하는 공간이다.

2018년 4월에 시작한 취향관은 유료 회원제 모임이다. 기본 멤버십은 3개월에 35만원, 클럽 멤버십은 3개월에 45만원이다. 100명 넘는 회원을 확보하고 있다고 한다. 고지현 취향관 공동대표는 "기호나 선호를 넘어 삶을 마주하는 태도와 방향, 나만의 삶의 방식, 나만의 취향을 필연적으로 찾아야 하는 세대"라고, 취향관 회원들을 설명했다. 회원 가입할 때 직업이나 나이를 묻지 않기 때문에 확실하지 않지만 대략 40퍼센트 정도가 20대로 추정된다고 했다.

기자에서 스타트업 창업 지원을 거쳐 대기업 임원을 지낸 이나리 씨가 창업한 '헤이조이스'도 공간이 멋진 커뮤니티다. 여성들의 연대를 통해 여성이 원하는 일을 할 수 있도록 도와주는 것을 목표로 한다. 각 분야 여성 리더들이 경험을 나누고, 다양한 주제의 콘퍼런스를 통해 회원들의 성장을 도모한다. 멤버십은 3가지로 나뉘어 있는데 라이트는 연회비 9만 9,000원, 스탠더드는 49만 9,000원, 프리미엄은 179만 9,000원이다. 2019년 7월 말 기준 회원이 350명에 달한다.

왜 이런 게 가능할까? 왜 직장인들이 모여서 지식이든, 취향이든, 생각이든, 느낌이든 나누고 연대하는 것일까? 이것은 '성장'에 대한 의지다. 그냥 재미와 즐거움, 회식 대신 다른 것을 모색하는 세대의 현상이기도 하지만 그것만으로 온전히 해석되지 않는다. 직장 생활만으로는 빠른 시대 변화 속에 도태될 수 있다는 두려움, 함께 성장하겠다는 본능이다. 필요한 정보를 신속하게 얻고 활용하기 위해 현실 세계에서 낯선 이들이 스스로 연결을 찾는 셈이다.

'살롱의 부활'에 대한 한 보도는 트레바리를 살롱의 시작으로 보면서 현대판 살롱의 특성을 이렇게 뽑았다. 취향 공동체로서 "서로를 속박하는 깊숙한 관계 대신, 맘에 맞지 않으면 언제든 쿨하게 돌아설 수 있는 느슨한 연대" 구조. 또 물질보다 가치 소비를 추구하며, 공간이 있어야 하고 콘텐츠 중심이다. 취향을 발견하며 나를

알아가는 과정이 중요하고, 집단 문화 대신 개인 문화를, 수직 문화 대신 열린 문화를 지향한다.[7]

　살롱 문화의 주축이 밀레니얼 세대라는 것은 그들의 특성과도 맞물리는 지점이 있다. 다양한 학원 수강에 익숙한 세대가 대학을 졸업한 뒤에도 성장을 위한 투자에 망설이지 않는 것으로도 보인다. 소셜미디어 시대에 기왕이면 더 근사한 경험을 공유하기 위해서도 멋진 공간을 기반으로 한 커뮤니티는 좋은 소재다. 날마다 여행이나 맛집, 물건 산 얘기만 올릴 수는 없지 않은가. 나를 키우는 일도 소셜미디어에 충분히 내세울 만한 경험이다. 다른 이들과 생각을 나누면서 나를 채우는 시간, 성장을 위한 콘텐츠와 커뮤니티는 누구에게나 필요하다. 그런 시대는 이미 도래했는데, 지식 브랜드로 자리매김할 수 있는 대다수 미디어는 왜 이 시장을 놓치고 있는가.

4장

새로운 소통이
새로운 정부를 만든다

청와대 뉴미디어비서관실입니다

청와대에 입성하다

올드미디어 경험에 이어 포털에 입사하면서 나의 관심도 자연스럽게 뉴미디어 세계로 이동했다. 일신상의 변화도 있었지만 앞서 살펴본 바와 같이 미디어 환경이 급격하게 변하고 있었다. 그 변화를 온몸으로 실감하며 이에 대응하기 위해 바깥 전문가들과도 머리를 맞댔다. 몇년간 지인들과 디지털 미디어를 공부하는 모임 IWDM을 꾸준히 진행했고, 2016년에는 독서모임 트레바리에서 '뉴미디어' 클럽을 8개월간 이끌며 뉴미디어를 탐색했다. 올드미디어와 뉴미디어를 꽤 들여다보면서 얻었던 인사이트와 새로운 고민들이 이어지던 내게 청와대의 제안은 뉴미디어를 직접 실험해볼 의외의 기회가 생긴 셈이었다.

내가 제안받은 청와대 국민소통수석 산하 뉴미디어비서관이라는 자리는 2008년 이명박 정부 당시 광우병 사태가 촛불시위로 이어진 것이 그 시작이다. 시민들이 전하는 현장의 목소리가 다음의 토론 게시판인 아고라를 통해 널리 퍼졌다. 시민이 모두 미디어인 시대, 아고라의 목소리가 커질수록, 힘이 세질수록 당시 정부는 고심이 많았던 모양이다. 국민 소통을 위한 홍보 강화를 명분으로 수석급 홍보기획관을 신설하고, 산하에 인터넷과 뉴미디어를 담당하는 국민소통비서관을 두었다. 국민소통비서관으로는 다음 출신의 인사가 임명됐는데, 내가 다음에 입사하자마자 한달가량 모셨던 분이었다.

국민과의 소통이 부재하다는 지적이 많았던 이명박 정부에서 기존 언론뿐 아니라 포털과의 소통을 강화하려는 시도는 당연했다. 당시 국민소통비서관의 주 업무가 무엇이었는지는 알 수 없지만 이명박 정부에서 어떤 일이 벌어지고 있었는지 우리는 나중에 알게 됐다. 조현오 전 경찰청장은 그 시절 경찰관 1,500명을 동원해 댓글 조작을 한 혐의로 2020년 2월 징역 2년을 선고받고 법정구속됐다. 수사 결과 경찰 댓글은 아고라를 포함한 포털 사이트 다음에 집중되어 있었다.

2008년부터 2014년까지 나는 다음에서 정책 수립과 함께 정부를 상대로 하는 대관 업무를 맡았기 때문에 그간의 아고라 수사를 근거리에서 지켜봤다. 그 경험으로 인한 각인 효과인지 몰라도 내 생각에 뉴미디어비서관이라는 위치는 재미없는 정도를 넘어 위험할 수도 있는 자리였다. 윤영찬 수석은 내 오해를 불식시키려는 듯 "문재인 정부는 양날개 소통을 할 것"이라며 기존 언론과의 소통이 한쪽 날개라면, 그만큼의 비중을 두고 뉴미디어 플랫폼을 기반으로 한 국민과의 직접 소통을 할 것이라는 구상을 들려줬다. 완전히 새로운 직접 소통을 해보자고 했다. 그런데 대체 '완전히 새로운 직접 소통'이란 무엇일까.

문재인 정부는 이전 정부의 홍보수석이라는 명칭을 국민소통수석으로 바꿨다. 문재인 정부는 촛불혁명에서 표출된 열망이 만들어낸, '모든 권력은 국민으로부터 나온다'는 헌법 정신이 탄생시킨 정부다. 이 정부의 기원인 국민들은 주체로서 참여 욕구가 분명했다. 직접 콘텐츠를 만드는 생산자이자 적극적으로 소비하는 프로슈머였고, 콘텐츠를 사방으로 퍼나르는 유통의 한 축이었다. 청와대 역시 국민을 일방적 홍보의 대상이 아닌 소통의 파트너로 재정의하고 국민과 어떻게 소통할 것인지를 고민했다.

청와대에서 국민들과 어떻게 직접 소통을 할 수 있을까? 정부기관도 누구나 블로그를 하던 시절이 있었지만 블로그의 시대는 저물고 있었다. 페이스북이나 트위터 등 SNS 기반 소통은 기본인데 그건 정말 기본이었다. 유튜브는 필수과목이긴 한데 무엇을 어떻게? 벌써부터 나의 고민은 '흥행'에 있었다. 홍보야 보도자료를 잘 내면 되지만, 소통은 자료를 잘 내는 것만으로는 어렵다. 일단 누구나 저녁 시간에 TV 뉴스를 보거나, 출근 시간대에 신문을 들춰보거나, 포털 뉴스를 살펴보던 시대 자체가 끝나고 있었다. 어디에 가서 국민들을 만나야 할까? 무언가를 만든다고 국민들이 봐줄까? 사실 가장 흥미 없고, 지루한 것이 정부 콘텐츠가 아닐까? 청와대 홈페이지를 만들어놓으면 사람들이 찾아올까? 국민청원 얘기도 나왔다. 그게 가능할까? 뉴미디어비서관 제안을 수락하기도 전에 뉴미디어 실험에 대한 온갖 상상이 꼬리를 물고 이어졌다.

디지털의 섬

국민소통수석실 산하에는 5개의 비서관실이 있었다. 국정홍보의 브레인 역할을 맡아 미디어 정책을 총괄하는 홍보기획비서관실, 기자들에게 직접 현안을 브리핑하는 대변인실, 출입기자들이 상주하는 청와대 춘추관을 기반으로 각종 브리핑, 기자회견 등을 총괄하는 춘추관실, 해외 언론을 상대로 대한민국을 홍보하는 해외언론비서관실, 마지막으로 디지털 직접 소통을 담당하는 뉴미디어비서관실이다(2018년 7월 뉴미디어비서관실은 디지털소통센터로 이름을 변경했고, 홍보기획비서관실은 국정홍보비서관실과 홍보기획비서관실로 분리됐다). 구조에서 드러나듯 직접 소통을 챙기는 곳은 뉴미디어비서관실이 유일하다.

어떤 내용이든 국민의 눈높이에서 국민의 언어로 잘 전달하는 것도 중요하고, 새로운 미디어 환경에서 접점을 모색하는 일도 필수 과제였다. 모든 일에는 정무적 판단이 필요했고, 리스크를 따져 볼 수 있어야 했다. 일개 기업에 불과해도 회사의 위기관리 과정 대부분에 참여해온 경험이 도움이 되리라 판단했다. 서비스 경험은 없었지만, 서비스만 해온 사람들과 다르게 살아온 내 경험과 이력이 오히려 잘 맞을 것이라고 스스로를 다잡았다. 기업에서 닦아온 정무적 감각과 정부 공무원의 정무적 감각은 조금 다르다는 것을 알게 되었지만, 지금껏 해보지 않은 일만 골라서 하는 입장에서 이 정도 리스크는 늘상 겪던 일이다. 그러나 청와대 자체가 큰 문제라는 것은 미처 생각하지 못했다.

2017년 6월 첫 출근 날, 앞으로 일하게 될 사무실을 보고 당황했다. 첫인상은 황량했다. 창문도 없는 창고 같은 휑뎅그렁한 방에 놓여 있는 고전적 스타일의 거대한 책상과 회의 테이블에 압도됐다. 언제 적 물건인지 알 수 없는 사무실 집기들은 어찌나 전통적인지… 다음이나 카카오는 실리콘밸리의 구글, 페이스북이 그렇듯 색깔 있는 업무 환경을 자랑한다. 직원들의 평균 연령이 30대인 일터답게 아기자기하거나 깜찍 발랄하다. 그러나 청와대 사무실은 내가 기자 생활을 시작할 무렵인 20세기의 사무실보다 못한 것 같았다. 이것이 '취업 사기'가 아니고 무엇이란 말인가.

첫날 오전 컴퓨터를 설치해주는 담당자에게 물었다.

"여기 와이파이는 어떻게 이용하면 되나요? 비밀번호가 뭐예요?"

한번도 들어본 적 없는 질문이라서 당황한 표정인지, 혹은 이렇게 아무것도 모르는 사람이 무슨 일을 하겠다는 건지 한심하다는 표정인지, 하여간에 그분은 겸연쩍게 말했다.

"여기 와이파이 없어요."

청와대는 디지털 강국 대한민국에서 스마트폰을 스마트하게 쓸 수 없는 유일한 곳이었다. 철통보안이 요구되는 청와대 특성상 디지털 인프라의 불편함을 감수해야 했다. '디지털의 섬' 같다고 할까. 나름 첨단 인터넷 기업에서 일하다가 막 건너온 내 눈에는 모든 게 신기하고 당혹스러웠다.

설치해주는 컴퓨터는 모두 데스크톱이었다. 노트북을 쓰는 사람이 아무도 없었다. 무려 지난 세기에 기자 생활을 할 때도 어깨가 빠질지언정 노트북을 짊어지고 다녔는데 말이다. 노트북이 없으면 회의를 어떻게 하지? 다음과 카카오에서는 종이를 구경할 수 없었다. 거의 완벽한 종이 없는 사무실이었다. 회의 발제자가 PPT 또는 키노트 화면을 회의실 전면 스크린에 띄웠고, 회의 참석자들은 각자의 노트북으로 미리 공유한 해당 파일을 보거나, 스크린을 보면서 회의했다. 나의 궁금증은 첫 회의 때 풀렸다. 노트북이 없는 대신 온갖 종류의 회의 자료를 전부 출력해 사람 수만큼 준비했다. 그리고 회의가 끝난 뒤 거의 대부분의 문서를 파쇄했다. 더 놀라운 것은 종이를 아낀답시고 한면에 2페이지씩 인쇄를 해서 썼는데, 윗

사람 보고용 문서는 한면 1페이지 인쇄였다. 어떤 회의의 경우 상급자는 한면 1페이지 인쇄본을 보고, 아랫사람은 한면 2페이지 인쇄본을 보고 있었다. 이런 차별이라니!

하지만 종이 문제는 아무것도 아니다. 가장 큰 문제는 인터넷 망이었다. 당시 청와대 내에서는 유튜브 영상 업로드라든지 소셜미디어 접속 자체가 고난의 과정이었다. 청와대의 최강 보안망 덕분에 바깥세계에서 아무렇지도 않게 했던 일들이 큰일이 되어버렸다. 해킹을 막기 위한 조치다보니 예외를 만드는 게 몹시 힘들었다. 지난 정부들에서는 어찌했을까.

이대로는 도저히 일을 할 수 없었다. 우회로를 찾았다. 대통령이 주재하는 수석·보좌관 회의에서 '모바일 시대의 청와대 디지털 소통 전략'을 보고하면서 청와대의 디지털 혁신이 왜 필요한지, 현재 어떤 상황인지를 한꼭지로 넣었다. 마침 절묘하게도 보고 직전이던 2017년 6월 19일 도널드 트럼프 미국 대통령이 정부의 IT 시스템 업그레이드 등 효율화를 위한 자문회의를 열었다. 애플의 팀 쿡, 아마존의 제프 베이조스, MS의 사티아 나델라 등 기술기업 CEO 18명을 초청해 마련한 자리였다. 트럼프 대통령은 "낙후된 공공 전산 서비스를 민간 수준으로 개선하면 10년간 1조 달러의 비용을 절감할 것으로 기대한다"고 밝혔다. 공공의 디지털 인프라와 서비스를 민간 수준으로 개선하면 예산이 엄청나게 절감된다고요! 마음에 쏙 드는 트럼프 대통령의 발언이었다.

결국 최소한 뉴미디어비서관실은 업무에 큰 지장이 없도록 하나 하나 문제를 돌파했다. 초반에는 짧은 영상 하나 올리는 데 2시간 씩 걸렸지만 속도도 점차 나아졌다. 어떻게 해결했냐고? 궁금하겠 지만 안타깝게도 대외비다. 우리의 업무가 청와대의 디지털 보안 을 해치지 않도록 여러가지 묘수를 짜냈다. 깐깐했던 이정도 총무 비서관이 원칙을 지키면서도 많이 도와줬다.

테리우스, 써니, 두나, 또치

사는 게 재미있는 이유는 저 인생의 골목 모퉁이를 돌아 어떤 인 연을 만날지, 어떤 일에 부딪칠지, 아무것도 모르기 때문이 아닐까. 공무원이라니, 청와대라니, 내가 앞으로 만날 사람들도 하게 될 일 도 전혀 감을 잡을 수 없었다. 설렘과 두려움으로 심경이 복잡했다.
윤영찬 국민소통수석의 청와대 입성 제안에 나는 내가 적임자가 아닌 여러가지 이유를 대면서 몸을 사렸다. 그중 하나가 실무 경험 이 없다는 것이었다.
나는 올드미디어는 현장 전문가라 해도 무방하지만, 뉴미디어에 서는 현장 경험이 없었다. 서비스 경험이 없다는 건 솔직히 개인적 으로 매우 아쉬운 지점이다. 인터넷 기업에서 9년을 일했는데, 내 가 아는 건 다 이론이다. 각종 현안과 이슈를 정책적으로 어떻게 대응할지에 관한 지식과 정보들만 갖고 있었다. 예컨대 아고라가 어떤 목표를 가지고, 어떻게 설계됐고, 어떻게 리스크를 관리하고, 어떻게 운영되는지는 알고 있지만, 실제 아고라 서비스를 운영한 것은 아니다. 미디어다음의 뉴스 서비스가 어떤 구조로 작동하는지, 어떤 사람들이 어떻게 일하는지는 알아도, 날마다 실시간 뉴스를 다뤄본 경험은 없었다. 올드미디어는 어떻게 바뀌어야 하나, 어떤 미디어가 어떤 시도를 해서 어떻게 성공하고 있나에 관한 현황과 트렌드는 알고 있지만 직접 올드미디어를 바꿔본 적은 없다.

나의 설명을 들은 윤 수석은 쿨하게 본인 경험을 들려줬다.

"내가 대선 캠프 때 SNS 총 책임자였는데, SNS에 대해 다 알고 했겠어? 젊은 친구들 잘 따라가면 되는 거야. 그들이 일을 잘할 수 있도록만 해주면 저절로 잘될 거야."

역시 사람이 먼저다. 사람 꾸리는 문제가 최우선이다. 보통 홍보나 공보 조직에서 필요로 하는 인재는 보도자료를 잘 쓰는 사람이다. 그래서 기자 출신을 선호했다. 과거에는 술 잘 마시고, 사람 잘 챙기는 덕목도 중요했다. 20세기에는 기자들과 함께 고스톱을 치면서 돈을 잃어주는 공보관도 있었다지만, 그런 문화는 사라진 지 오래다. 좋은 기사를 홍보하는 것도 중요하지만, 잘못된 기사에 대해 정정, 반론을 요구하려면 언론의 생리를 잘 알고 언론인과 친한 관계를 유지하는 것이 유리하다. 하지만 뉴미디어비서관실에는 과거 정부 어디에도 없었던 전문가들이 필요했다.

갓 출범한 정부의 뉴미디어를 책임지는 입장에서 가장 절실한 사람은 영상 전문가와 디자이너였다. 윤 수석이 자리를 제안했을 때 나는 내가 원하는 사람을 데려갈 수 있는지 물었다. 포털에서 일하면서 역량 있는 개발자와 기획자, 디자이너가 서비스를 통해 어떤 변화를 만들어내는지 지켜볼 기회가 많았다. 아마도 연봉을 깎아가면서 청와대로 옮겨 일할 사람을 찾기가 쉽지는 않겠지만, '가슴 뛰는 경험'을 원하는 사람이 있을 법도 했다. 그러나 윤 수석은 딱 잘라 안 된다고 했다. 원래 사람을 스카우트하려면 손발을 데리고 가게 해줘야 하는 것 아니냐며 툴툴댔지만 오래 다툴 일은 아니었다. 윤 수석은 대통령 선거 당시 활약했던 최고의 능력자들로 팀을 꾸려놓았으니 혈혈단신으로 와도 괜찮다며 나를 안심시켰다.

그렇게 뉴미디어비서관실의 원년 멤버 4명을 만났다. "앞으로 저를 비서관님 대신 마냐라고 불러주세요." 나는 카카오 시절의 닉네임 문화를 뉴미디어비서관실에 도입했다. 기존에 안 하던 일에 창의적으로 도전하는 게 우리 업무라면, 사사건건 '비서관님'에게 묻는 위계질서보다 누구나 수평적으로 커뮤니케이션하는 문화가 좋다는 것을 다음과 카카오에서 배웠기 때문이다. 써니, 두나, 또치는 각자 알아서 닉네임을 정했는데, 선임행정관이 몹시 난감해했다. 이 방의 '큰오빠'이자 굳이 나이로 따지면 '아재'인 그에게 이런 문화는 낯설었으리라. 그를 보고 카카오 시절 테리우스라는 닉네임을 쓰던 유능한 동료가 떠올랐던 나는 "걱정 마세요. 제가 좋은 이름 하나 지어드릴게요. 테리우스 어때요?"라고 물었다. 당사자는 황당함을 이기지 못하고 웃으며 쓰러졌지만 다들 만장일치로 환영했다. 나중에는 테리우스보다 테리라는 약칭으로 더 많이 불렸다.

뉴미디어비서관실의 크리에이티브 디렉터인 테리우스는 독특한 경력을 가진 분이다. 대학에서 미술을 전공한 뒤, 일찌감치 컴퓨터 디자인 전문가로 일했다. 그밖에도 포토그래퍼, 자신의 저서가 있는 작가이자, 영화의 각본 작업과 출연 경험도 있는 영화인이기도 하다. 얼마 지나지 않아 대선 당시 테리와 함께 일했던 영상 편집자 개미와 디자이너 쭈니가 차례로 합류했다. 테리와 금손 디자이너 쭈니, 작가 써니는 대선 당시 '파란을 일으키다'라는 홍보물을 만든 멋진 팀이었다. 비서관실의 정확한 인원은 대외비지만 국민소통수석실의 전폭적 지원 덕분에 영상과 작가 인력을 추가로 확보할 수 있었다. 윤 수석이 스카우트 제안을 할 당시의 약속에는 턱없이 부족한 규모였으나 조직이 커질수록 나의 어깨는 점점 더 무거워졌다.

청와대의 가장 젊은 조직, 최강뉴미

뉴미디어비서관실은 청와대 내에서 가장 젊은 조직이었다. 패기와 열정으로 똘똘 뭉친 우리는 전과 다르게 할 수 있다는 자신감으로 가득 차 있었다. 하지만 실제로는 온라인 보안이 철저한 공간에서 외부 망을 이용하는 일이 그리 간단하지 않았다. 초창기에는 모든 일이 '산 넘어 산' '세상에 이런 일이' 수준이었다. 말 그대로 하나하나 풀어갔다. 쉬운 일은 하나도 없었다. 그래도 대통령이 새로운 디지털 소통을 적극 지지해준 덕분에 끝내 안 되는 일은 매우 드물었다. 우리의 단체 대화방 이름은 '최강뉴미'라고 지었다. 최강의 뉴미디어비서관실이라는 뜻인데, 일찌감치 최강의 팀을 이뤄 일해왔던 이들의 자부심이 배어났다. '최강뉴미' 실에서 마냐, 테리, 써니, 두나, 또치라고 부르며 지냈으니 청와대 내부에서 튀지 않을 수 없었다. 아무렴 어떠랴, 일만 잘하면 되지.

우리는 새로운 시대에 맞는 인력이 절실했다. 간단해 보이는 카드뉴스도 디자이너가 만들면 퀄리티가 다르다. 유튜브 시대에 영상 촬영 및 편집자도 필요하다. 카드뉴스에 넣을 문구, 영상의 시나리오를 작업할 작가도 필요하다. 외주로 해결하는 건 이런 일이 어쩌다 한번 필요한 곳에서나 가능하다. 뉴미디어비서관실은 청와대 내에서 파견 공무원이 없는 유일한 조직이었다. 작가, 디자이너, 영상 전문가가 급했던 나로서는 조직의 원활한 운영을 위한 행정 전문가를 우선순위에 두지 않았다. 그런 탓에 예산 처리를 비롯해 온갖 업무에서 나사가 빠진 듯 삐걱대는 댓가를 치러야 했다. 그래도 못하는 일은 없다. 담당자들이 옆방의 행정 전문가들에게 귀동냥하면서 어렵게 일했다. 끝내 개발자와 데이터 전문가를 뽑지 못한 것은 아쉽다. 내 후임이 할 몫으로 남겨두었다고 말하련다. 개발자 한명이 할 수 있는 일이 엄청 많다는 걸 알고 있었지만 그렇게 일 잘하는 개발자는 몸값이 비쌌다. 주니어 개발자 한명으로는 쉽지 않을 거라 했지만, 주니어 개발자도 월급을 대폭 깎지 않고서는 청와대로 데리고 올 수 없었다.

새로운 인력의 일 처리가 기존 인력과 다른 것은 당연했다. 우리 팀에는 공무원 출신도 없고, 정부 스타일의 보도자료나 기사를 써본 사람도 없었다. 딱딱한 문체보다 패션 잡지에서 경험을 쌓은 작가의 글이 소셜미디어에 더 잘 어울렸다. 어차피 공식 발표문은 대변인실에서 내기 때문에 우리는 소셜미디어에 어울리는 소통에 집중했다.

정부 스타일의 홍보자료를 보면서 다 함께 고개를 절래절래 흔든 적이 정말 여러번이었다. 정부 부처의 자료는 대체로 국장이든 실장이든 장관이든 상사 보고용 정리다. 대개 성과를 정리하기 때문에 나열형이고, '3대 프로젝트, 5대 개선방안' 이런 식으로 거대하다. 이런 내용이 기사가 되든, 카드뉴스가 되든, 국민들의 눈에 잘 들어올까? 우리는 국민이, 소비자가, 이용자가 솔깃할 내용이어야 한다는 데 의기투합했다. 어떤 메시지를 전달하고 싶은지 분명히 해야 한다. 3대 프로젝트가 잘되고 있다는 게 중요한 게 아니라, 그래서 내 삶이 어떻게 바뀌는지 간단히 설명할 수 있어야 한다. 기사로 보도된다고 가정했을 때 제목이 뭐가 되면 좋겠다는 마음으로 텍스트를 새롭게 풀었다. 카드뉴스에 브로슈어식으로 온갖 정보를 다 넣을 게 아니라, 팔고 싶은 내용 딱 하나만 넣자고 했다.

우리가 하는 일은 종종 카피라이터의 업무였다. 국민이 기억할 만한, 머리에 쏙 들어갈, 한눈에 들어오는 '제목'을 찾는 데 골몰했다. 부처와 회의를 할 때마다 한 단어든 몇 단어든, 이른바 '네이밍'이 중요하다는 점에 의견을 모았다. 정책이나 제도에도 이름이 필요하다. 거의 모든 부처가 거의 모든 사안에 대해 '○○○○ 대책' '××××성과'라고 적는데 그게 제목일 수는 없지 않을까. 무엇이 바뀌는지 확실히 알려주는 게 가장 중요한 데 말이다. 긴 연설문에서 각자 가장 중요하다고 생각하는 한 문장을 고른 뒤, 서로 같은 문장을 찾아낸 것을 확인하는 재미도 쏠쏠했다.

사람 좋은 리더보다 성과를 내는 리더가 되겠노라 작심한 터라 다들 업무 강도가 만만치 않았다. 그래도 청와대 내에서 가장 요란법석을 떨면서 일하는 젊은 조직이었다. 하는 일마다 전례 없는 첫 시도라는 업무 특성이 어려운 난관인 동시에 끈끈한 동지의식과 팀워크의 토대가 되지 않았을까.

소통하는 청와대

청와대 홈페이지는 국민소통플랫폼

뉴미디어비서관실의 첫 프로젝트는 청와대 홈페이지를 '국민소통플랫폼'으로 새단장하는 것이었다. 처음부터 포털을 신경 쓰거나 포털에 의존하지 않는, 청와대 자체 플랫폼을 구상했다. 어차피 포털에 대통령 홍보 글을 올려달라고 부탁해봐야 소용없다는 것을 잘 알고 있었다. 청와대 소통은 어떤 방향에서 준비하고 실행할 것인가. 단순히 홍보 게시글과 영상을 올려두는 곳이 아니라, 국민들이 직접 와서 보고 참여할 수 있는 마당이 되어야만 했다. 참여정부 청와대 홍보수석실에서는 매주 화요일과 금요일에 '메일 매거진'이라는 이름의 대국민 이메일 서비스를 했다. '청와대 브리핑'이라는 소식지도 주 5회 정부 부처와 주요 언론사 필진 등 1,500명에게 이메일과 팩스로 보냈다. 소셜미디어도 활발하지 않았고, 동영상 플랫폼도 활성화되지 않았던 당시를 떠올려보면 청와대의 '진짜 목소리'를 직접, 관심 있는 국민들에게 이메일로 보내는 것은 의미 있는 방식이었던 것으로 보인다. 2017년의 상황은 완전히 달랐다. 기술 변화뿐 아니라 국민들도 달랐다. 참여하는 주체인 국민들에게 수동적으로 정보를 받아만 보라고 할 수 없었다.

2017년 6월 15일 한 매체에 문재인 정부의 청와대 홈페이지를 비판한 기사가 나왔다. 기사에서 "가장 큰 문제는 생생한 여론 창구 역할을 해야 할 자유게시판 기능이 없다는 점"이라고 지적했다.[1] 출근한 지 얼마 되지도 않았고, 홈페이지를 국민소통플랫폼으로 재단장하는 작업의 디데이를 출범 100일인 8월 17일로 잡은 터였다. 자유게시판은 이전 정부에서 이미 닫은 상태였고, 홈페이지의 새집 단장에는 시간이 걸릴 수밖에 없는데 야속하기도 하고 속이 탔다. 대통령직 인수위원회 기간 없이 출범하면서 이곳저곳에서 고충이 많았는데 온라인이라고 문제가 없을 수 없었다. 간신히 홈페이지 기본 정보만 바꾼 상태였고, 새 홈페이지는 토대부터 새로 만들어야 했다. 네이버나 카카오였다면 새 서비스 기획과 디자인에 반년은 잡는데 100일이라니… 시간이 너무 부족했다. '소통, 경청, 공감, 귀 기울여 듣는 청와대, 소통하는 청와대, 함께하는 청와대'라는 목표를 되뇌며 다시 한번 각오를 다졌다.

어떻게 만들어야 국민들이 청와대 홈페이지를 찾을까? 단순히 보도자료를 게시하는 전통적인 방법이 아닌 영상, 웹자보, 카드뉴스 등 다양한 형식으로 콘텐츠를 만드는 방식을 고민했다. 형식만 정한다고 끝난 게 아니다. 어떤 내용을 어떤 형식에 담는 것이 전달에 효율적일지도 중요했다. 이제 검색이 아니라 공유가 관건인 시대다. 포털에서 검색이 되느냐 여부보다 각종 SNS에서 공유가 되어야 더 널리 퍼진다. 재미있거나 감동이 있거나 알짜 정보여야만 그나마 공유 가능성이 있다. 거기에 더해 청와대의 콘텐츠는 만들어서 공유하는 것이 끝이 아니다. 국가 기록이기 때문에 최소한 아카이브처럼 정보를 쌓을 수 있어야 한다.

청와대 홈페이지를 리뉴얼하는 과정에서 청원과 토론방에 대한 구상이 본격화되기 시작했다. 국민들이 직접 플랫폼에 와서 떠들 수 있어야 한다. 놀이터처럼 놀 수 있는 플랫폼이면 더 좋겠다 싶었다. 어떻게 만들면 국민들이 놀러 올 것인가. 사람들을 모으기 위해 수많은 미디어, 인터넷 기업들이 마당을 열고 다양한 시도를 해왔지만, 실제 성공 사례는 많지 않다. 하물며 정부 홈페이지, 청와대 마당이 인기를 모으려면 대체 무슨 일을 벌여야 할까. 그 장치를 고안하기 위해 모든 동료들이 격렬한 토론을 벌였다. 이 논의 속에서 국민청원이 모양을 갖춰갔다.

업계 용어로 이용자 경험^{UX}도 고심했다. 모든 인터넷과 디지털 서비스에서 UX는 핵심 요소다. 정부 플랫폼도 마땅히 그래야 한다. 전혀 다른 경험을 선사한다는 것을 포인트로 잡았다. 청와대 홈

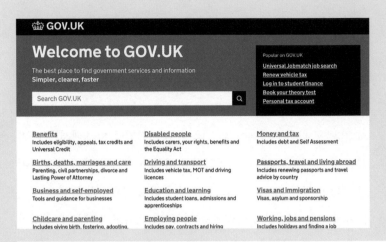

영국 정부 사이트 첫 페이지

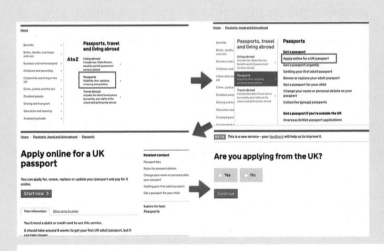

영국 정부 사이트의 여권 신청 관련 UX

페이지에 들어와 소통하고, 직접 참여해보고, 뭔가 바뀐다는 효능감을 얻는 과정 자체가 이전과는 완전히 달라야 했다.

이 무렵 다른 나라들의 정부 사이트를 둘러보다가 영국 정부 사이트의 UX 디자인에 홀딱 반했다.

영국 정부 사이트는 이용자인 국민의 눈높이에서 국민만 보고 만들었다는 것을 한눈에 알 수 있다. 어떤 그림도, 어떤 영상도 없다. 국민이 필요한 업무를 해결할 수 있도록 도울 뿐이다. 정부에서 제공하는 혜택Benefits이라든지, 출생·사망·결혼·돌봄Births, deaths, marriages and care, 사업·자영업Business and self-employed 등 국민이 필요에 의해 정부 사이트를 방문했을 때 정보를 쉽게 찾아들어갈 수 있도록 되어 있다. 생각해보면, 우리는 일단 어떤 문제에 대한 해결책을 찾고자 할 때 보건복지부 사이트에 가야 할지, 보건복지부 산하 공공기관으로 가야 할지, 지방자치단체 홈페이지에 가야 할지 잘 모른다. 어딘가에는 유용한 정보가 있을 텐데 그게 어디 있는지 찾는 것부터 시작되지 않던가.

실제 여권과 해외 체류 관련 궁금증이 있을 경우, 클릭해서 들어가보면 영국 정부 사이트의 서비스가 얼마나 직관적인지 알 수 있다. 출생신고, 여권 신청 등 사람들이 주로 찾는 서비스가 메인 화면에 목록화되어 있고 클릭하면 곧바로 신청이 시작된다. 예, 아니요로 따라가면 해결되는 방식이다.

이 사이트를 본 뒤에 나는 우리나라의 부처 사이트를 살펴봤다.

예컨대 우리나라에서는 여권 신청을 온라인에서 할 수 없다. 외교부 사이트에 들어가서 할 수 있는 것은 PDF나 한글파일 신청서 서식 다운로드뿐이다. '온라인 원스톱' 서비스가 불가능하지 않을 것 같은데 규정이 남다른 게 분명하다. 여권 신청서 서식을 다운로드 받을 경우, '반드시 수기로 작성해야 한다'는 안내가 함께 뜬다.

어느 공공기관의 '온라인 신청' 사이트에 들어갔더니 '접속하신 장치에서 이용하실 수 없습니다. 모바일을 이용하여 신청해주시기 바랍니다'라는 안내문이 떴다. 그래서 모바일로 다시 들어갔지만 역시 신청할 수가 없었다. 이런 사이트 화면을 모조리 캡처해서 영국 정부 사이트와 비교하며 부처를 상대로 한 디지털 소통 강연 자료로 활용했다.

영국 정부 사이트가 2013년 영국 디자인 뮤지엄이 주관하는 '올해의 디자인 상' 수상작이라는 것은 나중에 알았다.[2] 영국 국무조정실은 '정부 디지털 서비스'라는 조직을 꾸렸고, 젊은 프로그래머와 해커들이 관심을 가질 수 있도록 애썼다. 각 정부기관 웹사이트의 10년간 접속 기록을 분석해 사람들이 가장 자주 검색하는 데이터가 무엇인지 살폈다고 한다. 그 결과 24개 정부 부처와 공공기관 300개 등 총 2,000개의 공공 홈페이지를 하나로 통합한 정부 사이트를 만들었다. 이후 전세계 정부가 디지털 소통 전략을 고민할 때 롤모델이 됐다고 한다. 다만 영국 정부 사이트는 2013년 디자인상 수상작이니, 2017년에는 또 완전히 달라야 하지 않을까. 한편으로는 영국 정부 사이트 같은 정책 플랫폼 역할도 탐났지만, 이는 청와대가 아니라 정부 부처 차원에서 고민할 일이다. 결과적으로 청와대 국민소통플랫폼은 이후 가끔 서버가 다운될 정도로 흥행에는 성공했다. 국민청원 덕분이다.

PPT도 청와대가 하면 새롭다니

정부가 출범하자마자, 대통령의 국회 시정연설을 준비하느라 청와대의 연설비서관실을 비롯해 정책 내용을 채워야 하는 정책실 전체, 국회와 소통하는 정무수석실, 대국민 메시지가 중요한 국민소통수석실이 모두 분주했다. 시정연설은 국회법에 따라 진행되는 것으로 정부의 예산안을 국회에 제출할 때 예산안에 대해 설명하는 자리다. 보통 이듬해 예산안을 제출하는 10~11월, 그리고 추가경정예산안(추경)을 제출하는 6월에 하게 된다. 취임 첫해에만 대통령이 직접하고, 이후 국무총리가 대독하는 경우도 많다.

2017년 6월 시정연설은 추경에 대한 설명이었다. 추경은 전년도에 올해의 1년 예산을 짰으나 막상 예산을 집행하다보니, 여러가지 사정상 부득이 추가로 더 필요한 예산을 말하며 이 역시 국회의 승인이 필요하다. 추경은 통상 국무총리의 몫일 수 있으나, 정부가 바뀐 직후였고 달라진 예산 정책에 대해 국민들에게 소상히 전해야 했다. 대통령의 국정철학, 국정운영 구상이 다 담긴 중요한 연설이었다.

뉴미디어비서관실에서 시정연설 준비 과정에서 힘을 보탤 일은 없다. 하지만 우리는 정말 해보고 싶은 작업이 있었다. 연설 메시지의 전달 효과를 극대화하기 위해서 스티브 잡스의 신제품 발표 프레젠테이션처럼 PPT를 함께 보여주기로 했다. 버락 오바마 미국 대통령도 종종 선보이던 방식이다. 숫자와 그래프의 경우 PPT로 보여주면 전달력이 훨씬 좋다. 감성을 건드리는 이미지도 배치했다. 20~30분씩 이어지는 연설에서 집중도가 떨어지지 않도록 적절한 그래프와 이미지를 구현하는 데 신경 썼다.

처음 해보는 시도인데 왜 우여곡절이 없었을까. 대통령의 시정연설은 국회 본회의장에서 이뤄진다. 본회의장은 의장석 양옆에 거대한 디스플레이가 설치되어 있다. 우리는 이 디스플레이의 한쪽에는 대통령의 연설 영상, 다른 한쪽에는 키노트 슬라이드가 보여지기를 바랐다. 그런데 실제 대부분의 사람들이 보는 TV 화면은 또 달랐다. TV 화면을 두개로 분할하면 세로가 더 길다. 결국 국회 디스플레이용 가로 버전과 TV 삽입용 세로 버전으로 두개를 만들었다.

솔직히 두벌을 만드는 건 일도 아니었다. 더 큰 문제가 있었다. 우리는 윈도우 PC에서 쓰는 MS오피스의 파워포인트 프로그램 대신 더 예쁘고 편한 애플의 키노트 프로그램을 사용해 슬라이드를

대통령 국회 시정연설에 사용한 PPT 자료와 TV 방송 장면

만들었다. 파워포인트는커녕 모든 공문서에 한글파일을 쓰는 세상에서 우리가 좀 유난을 떤 셈이다. 국회 본회의장 담당자는 국회 디스플레이 시설에 단 한번도 맥북을 연결해본 적이 없다고 했다. 테스트라도 해보려고 했지만 안정성 훼손 우려를 이유로 허락되지 않았다. 결국 키노트로 만든 프레젠테이션 파일을 MS 파워포인트로 변환했다. 애니메이션 효과 같은 게 좀 달라졌지만 그 정도는 디자이너가 양보해야지 별수 있나.

자료를 만드는 것도 일이었지만 진행은 더 숨막혔다. 대통령의 시정연설을 중계하는 메인 방송사의 연출 부스에 들어가서 한치의 오차 없이, 정해진 순간에 슬라이드 화면을 삽입하는 담당자, 국회에서 그 순간 화면을 바꾸는 담당자들 뒤에서 바짝 얼어서 봤던 기억이 생생하다.

그래서 반응이 어땠는지는 당시 동아일보 인터넷판 기사에서 일부 인용해본다.

"이날 문 대통령은 역대 시정연설 중 최초로 PPT를 활용해 눈길을 끌었다. 이날 국민들은 방송을 통해 한쪽에는 연설을 하고 있는 문 대통령의 모습을, 한쪽에서는 연설과 관련된 PPT 자료를 동시에 생중계로 시청할 수 있었다. 공개된 PPT에서 적절히 배치된 짧은 글과 통계는 요지를 명확히 전달했고, 여러장의 인물 사진은 감성을 자극해 설득력을 높였다. 이를 본 누리꾼들은 "ppt 연설 좋다. 감동이다. 절실함이 느껴진다"(sech****), "ppt 띄우니 확 들어오고. 1원도 일자리를 위해 쓴다는 말 정말 좋았다"(pema****), "오늘 연설 대박. ppt까지 준비해오시고. 국민을 얼마나 생각하시는지 진심이 느껴지는 멋진 연설이었다"(bora****), "국회 시정연설을 ppt로 보여주니 쏙쏙 이해됐다"(potat****), "깔끔한 ppt 자료와 대통령의 명연설이 합쳐져 소장각"(guswj****), "살다가 대통령이 국회 연설에서 ppt 자료 보여주며 하는 모습을 보다니 신박하다"(eun_****), "대통령이 국민에게 그리고 국회를 존중하는 느낌이"(pink****) 등의 반응을 보였다. (신박하다는 신기하다는 뜻의 인터넷 용어.)"[3]

사실 PPT 프레젠테이션이 민간 기업에서는 그다지 '신박'한 일이 아니었지만, 청와대가 하니 신기한 일이 되었다. 최소한 자신감을 가져볼 만한 상황인 건 분명했다. 부정적인 반응은 거의 없었다. 물론 형식보다 그 안에 담긴 메시지가 중요하다는 것은 더 말할 필요가 없지만, 소통을 맡은 입장에서 정부의 이야기를 성공적으로 전달했다는 뿌듯함이 컸다. 이후 모든 시정연설에 PPT를 준비했다. 준비한 키노트 파일을 카드뉴스로도 이용하고, 슬라이드쇼 형식으로 보여주면서 음악을 깔아서 영상으로도 만들었다. 나름 원소스 멀티 유즈를 한 셈이다.

이것저것 다 해본 '친절한 청와대'

홍보에 있어 카드뉴스는 기본 중의 기본이다. 우리 팀의 디자이너 쭈니는 '황금손' 보유자였다. 청와대 카드뉴스의 색깔은 짙은 청색을 기반으로 몇가지 색깔만 사용했고, 폰트도 몇가지만 사용해 일관성 있는 디자인 콘셉트를 유지했다. 딱 보면 청와대 카드뉴스라는 걸 알아볼 수 있는 선에서 몇가지 틀로 변주했다.

카드뉴스에서 아쉬운 건 스토리다. 카드뉴스는 한장을 보면 다음 장을 반드시 보고 싶어지게 만드는 낚시성 스토리가 필요하다. 그게 말처럼 쉬우면 참 좋겠지만 현실은 그렇지 않다. 더구나 정부 정책이나 대통령의 발언으로 만드는 카드뉴스가 많아서 조금 한계가 있었다. 작가의 품을 엄청 투입하면 되긴 하는데 자주 할 일은 못됐다. 카드뉴스는 디자인도 중요하고, 몇장으로 구성해야 하는지 규모도 중요하다. 사안별로 적절한 포맷을 찾았다.

그러다가 가끔은 나조차 카드뉴스를 끝까지 보지 않는다는 사실을 알게 된 뒤, '오늘의 한장'을 시도하기 시작했다. 트위터나 페이스북을 볼 때 엄지로 휙휙 넘기면서 지나가는 경험을 기억해보라. 거기서 한장 옆으로 가는 게 쉽지 않다. 단 한장에 메시지를 압축적으로 담아 휙 넘어가도 딱 한줄만 기억해주면 좋겠다 싶었다. '오늘의 한장'이라고 이름을 붙인 것은, 콘텐츠의 제약을 받지 않고 지속가능하게 이어가기 위한 전략적 선택이었다. 대통령의 말에서 핵심 메시지를 따오기도 했고, 국민들에게 응원을 전하는 메시지로 만들기도 했고, 대통령에게 별다른 일정이 없는 경우 그날 발표된 정책 현안 중 알리고 싶은 것을 골랐다. 유리천장지수가 OECD 29개국 가운데 꼴찌라는 내용은 적극적으로 홍보할 건 아니지만 아무래도 여성이 더 많았던 우리 비서관실 동료들의 마음을 담아 정부가 앞으로 노력하겠다는 다짐을 전했다.

'친절한 청와대'도 일단 이름을 붙인 뒤, 이것저것 꾸준히 시도해본 아이템이다. 처음에는 각 부처 장관이 직접 나와 조곤조곤 설명해주는 정책 영상을 만들었다. 우리의 욕심은 장관과 수석, 비서관 등을 모두 '어벤저스'처럼 소개하고 싶었다. 각자 하고 있는 일의 중요성은 누가 뭐래도 어마어마했다. 정책은 어렵고 딱딱하

"나라가 달라지니 내 삶도 달라지는구나,
느낄 수 있도록 하겠습니다"
- 2018년 1월 2일 신년인사회 중 -

2019년 4월 26일
평화경제 비전 전략보고회
연설 중 문재인 대통령

강원도의 힘이
새로운 한반도의
시작입니다

유리천장지수
OECD 29개국 중 꼴찌!

"여성들의 역량이 충분히 발휘되고
여성에 대한 차별이 근절되기까지
여러분과 함께, 쉬지 않고 노력할 것입니다"

* 유리천장 지수 (glass ceiling index)   The Economist 발표 (2018. 2. 15)
여성의 고등교육, 남녀 임금 격차, 여성 기업 임원 및 여성 국회의원 비율 등을 종합 점수화

- 2018년 여성계 신년인사회 대통령 축사 -

청와대 카드뉴스 '오늘의 한장'

지만 장관이 국민들에게 직접 설명해주는 것도 의미가 있었다. 영상에 직접 움직이는 그림을 넣는 모션픽처 기법도 활용했다. 다만 '친절한 청와대' 장관 편은 오래 하지 못했다. 장관이 설명하는 복잡한 정책 이야기는 역시 주목을 끌기가 어려웠다. 이후 개그맨 장도연이 장관들과 재미있게 인터뷰하는 '롱터뷰' 등 각 부처에서 직접 만드는 인터뷰 영상이 늘어나기도 했으니, 나름 진화해가고 있다고 봐도 될 것 같다.

카드뉴스로 포맷을 바꾼 또다른 '친절한 청와대' 편은 해외 순방 국가라든지, 방한하는 상대방 국가에 대한 상식 키우기라는 콘셉트를 잡았다. 문재인 정부 들어 4강 외교뿐 아니라 신남방, 신북방 정책 등을 통해 외교를 다변화했고, 한반도 평화를 구축하기 위한 각종 국제회의 참석에 분주하다보니 대통령 순방이 잦았다. 외교부에서 발행하는 간략한 자료집을 보면, '아니, 이 나라가 이렇게 우리와 밀접한 관계였나' 싶게 놀라운 일이 많았다. 아는 만큼 보이는 법이다. 순방 상대 국가에 대한 관심과 진정성을 우리 나름대로 카드뉴스에 담았다.

실수가 없었던 것은 아니다. 워낙 이것저것 일을 많이 벌이다보니 그만큼 실수도 발생했다고 변명하고 싶다. '친절한 청와대' 캄보디아 편에는 캄보디아가 아니라 대만 사진이 들어갔다. 평소 출입기자들이 청와대 소셜미디어 콘텐츠에 별 관심을 안 둔다고 서운했던 게 무색하게 실수만 하면 대서특필이라니… 그게 청와대다.

문재인 대통령
교황청 공식방문

"교황청이 궁금하세요?"
〈친절한 청와대〉가 알려드립니다

교황청

The Holy See

인구 : 약 800명
면적 : 0.44㎢ (서울 창경궁 정도의 면적)
종교 : 카톨릭 (Roman Catholic)
언어 : 라틴어 (공식언어), 이탈리아어, 불어, 영어

세계 카톨릭의 중심, 교황청

교황청은 국제법상 하나의 국가
세속적 영토 주권국가로서는 바티칸시국
복음 전파와 함께 세계 평화와 인권 수호의 상징
교황은 바티칸시국의 국가원수, 국무원장은 정부수반으로서 역할
올해로 한·교황청 수교 55주년

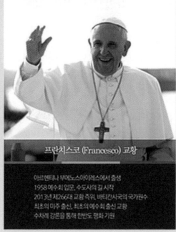

프란치스코 (Francesco) 교황

아르헨티나 부에노스아이레스에서 출생
1958 예수회 입문, 수도사의 길 시작
2013년 제266대 교황 즉위, 바티칸시국의 국가원수
최초의 미주 출신, 최초의 예수회 출신 교황
수차례 강론을 통해 한반도 평화 기원

청와대 카드뉴스 '친절한 청와대'

저작권 보호 차원에서 카드뉴스에 들어가는 사진은 유료 사진 사이트에서 구입해서 사용했는데 '캄보디아'로 검색한 사진 결과물에 대만 사진이 섞여 있었던 것이다. 그 대만 사진에는 캄보디아라는 태그가 달려 있었다. 대만을 알아보는, 대만에 가본 사람이 우리 중에 아무도 없었다는 것이 유감이다. 우리는 모든 작업물을 단체 대화방에 띄우고 함께 봤는데, 누구도 사진의 오류를 발견하지 못했다. 이후 무조건 몇번이고 크로스체크하는 프로세스를 만들었다.

2018년 여름의 실수도 뼈아픈 기억으로 남았다. '한국 경제의 다양한 얼굴'이라는 카드뉴스 시리즈였는데, 그래프 기울기가 잘못 그려진 게 있었다. 동료 중 평소 키노트로 그래프를 작업하는 이가 있어 그 작업도 당연히 그렇게 하고 있는 줄 알았다. 그런데 하필 이때의 그래프는 디자이너가 더 예쁘게 만든다고 그래프를 하나하나 그렸단다. 고의는 아니었지만 치명적인 실수였다. 국민들에게 사과하고 그래프를 모두 수정해 재공개했다. 국민들에게 송구한 동시에, 자책에 빠진 동료들을 달래서 조직을 추스르느라 꽤 애를 썼다. 오래 남는 아픔이라 정리하는 지금도 마음이 무겁다. 이후 언론사나 공공기관 등에서 가끔 그래프 오류를 발견할 때마다 남 일 같지 않은 마음으로 실수를 이해하는 관대함이 생겼다. 정부 부처 공보 업무에서 실수가 발생하면 덮어놓고 비판부터 하기보다 잘 수습하고 재발 방지를 위해 절차와 체계를 점검해주기를 바랐다. 누군가도 청와대의 실수를 보고 동병상련을 느끼며 안도했으려나.

부끄럽고 고통스러운 경험이지만 실수를 굳이 고백하고 기록하는 것은 송구한 마음을 담은 참회인 동시에 일종의 응원이다.

'청와대 실수'는 사소한 것도 용납되지 않는다. 비판받고 혼날 때마다 심해 바닥까지 추락했다가 다시 물 밖으로 기어올라와야 했다. 더 큰 실수가 왜 없었겠나. 뒤에 다시 언급하겠지만, 평생 잊지 못할 또다른 실수로 모두에게 빚을 졌다. 돌아보면 그래도 26개월째에 별 탈 없이 그만둘 수 있었던 것이 청와대 생활의 가장 큰 성과 중 하나다. 실수와 사고들에도 불구하고 버텨서 만기 제대했다고 우스갯소리를 할 수 있다니, 나는 정말 운이 좋았다고 생각한다.

다사다난한 와중에도 '친절한 청와대'는 진화했다. 이름하여 '더 친절한 청와대' 시리즈가 등장했다. 뉴미디어 매체 '뉴닉'의 성공 비결을 계속 곱씹어보다가 아이디어가 떠올랐다. '요즘 세상에 누가 속보를 줄줄이 챙기면서 다 볼 수 있을까. 뉴닉처럼 똑똑한 언니가 족집게 과외를 해주듯 딱 한장만 보면 쉽게 이해할 수 있도록 만들자.' 이건 국민들을 위한 소통이기도 하지만 기자들에게도 도움이 될 거라 생각했다. 딱 떨어지는 박스 기사 하나 쓸 수 있도록 도와주는 자료로 만드니 실제로 눈 밝은 기자들이 잘 챙겨서 써먹곤 했다.

'더 친절한 청와대'의 콘텐츠는 우리도 잘 몰랐던 사실들을 주로 담았다. 우리가 홍보하고 싶은 내용도 중요하지만 국민의 입장에서 무엇이 궁금하고 인상적일까를 염두에 두고 골랐다. 원래 국민 입장에 선 기자의 호기심이 좋은 기사를 낳는 법이다. 예컨대 중앙

아시아에 고려인, 즉 '카레예츠'가 50만명이나 있다는 사실도 몰랐고, 그 뿌리가 일제강점기에 연해주로 건너가 조국을 되찾기 위해 싸우던 이들인 것도 자세히는 몰랐다. 강제 이주 과정에서 낯선 땅의 추위와 질병 속에 아이들 60퍼센트가 희생된 역사도 몰랐다. 고려인들이 강인한 생명력으로 풍토가 다른 땅에 볍씨를 심어 논농사를 도입했고, 카자흐스탄이 오늘날 구소련 지역에서 가장 넓은 논을 가진 나라가 된 것도 몰랐다. '카자흐스탄 포브스'가 선정한 상위 부자 50명에 1위인 김 블라지미르 카작무스 광업회사 사장을 비롯해 고려인이 6명이나 포함되어 있었다. 정말 열심히 살아온 고려인들, 그분들에게 감사하는 마음을 담아 '더 친절한 청와대'에서 정리했다.

스웨덴 방문 당시에는 김정숙 여사가 자리를 함께한 '라떼 파파'에 주목했다. 한 손에는 커피를 들고 한 손으로 유모차를 끄는 육아 아빠들. 아이 한명당 총 480일의 육아휴직을 부모가 나누어 사용할 수 있고, 2018년 1만 7,000명의 아빠가 육아휴직을 사용한 나라. 전체 육아휴직자 중 17.8퍼센트가 아빠인데, 그 전해와 비교해도 46.7퍼센트 증가했다. 아빠가 최소 사용해야 하는 육아휴직이 90일에 달하고, 부부가 절반씩 육아휴직을 사용하면 추가 보너스가 지급된다. 처음부터 이랬을 리가 없지 않은가. 1970년대부터 대대적인 캠페인을 했다고 하니, 아빠 육아 진흥 정책의 역사가 우리보다 무척 길 뿐이다.

한 손에는 커피
한 손에는 유모차

Latte Papa

한손에는 커피를 들고 한손에는 유모차를 끄는,
육아에 적극적으로 동참하는 아빠를 뜻하는 '라떼 파파'!
라떼 파파부터 아이폰 파파까지,
다양한 파생어도 생겨나고 있습니다.
지금, 이 글을 읽고 계신 여러분은 어떤 파파이신가요?

아빠 육아로, 성 평등 사회로!

아빠의 육아는 여성들의 경제활동 참여,
그리고 성 평등 사회의 실현으로 이어집니다.
세계경제포럼(WEF)에서 149개 국가의
경제참여·기회, 교육적 성취, 정치적 권한
등을 종합 분석한 성 격차지수(Gender Gap
Index, 2018)에 따르면 노르웨이, 스웨덴,
핀란드는 각각 2위, 3위, 4위로 모두 상위권에
올라있습니다. 영국의 시사주간지
이코노미스트가 세계여성의 날을 맞아 발표한
'2019년 유리천장 지수(Glass-ceiling index)'
에서도 3개국은 상위권에 올랐습니다. 북유럽
3개국은 '전 세계적인' 성 평등 수준에도
불구하고 남녀 임금 차별 문제 가사 및 육아
관련 노동 분담 문제 등에서 성별에 따른
차별이 없도록 정부 차원의 노력을 이어가고
있습니다.

2018 성 격차지수(Gender Gap Index), 세계경제포럼(WEF)

1. Iceland	0.858
2. Norway	0.835
3. Sweden	0.822
4. Finland	0.821
5. Nicaragua	0.809

북유럽의 육아휴직

스웨덴에서는 자녀당 총 480일의 육아휴직을
부모가 나누어 사용할 수 있습니다. 육아휴직
기간 동안 급여 보상은 법적으로 80%
보장됩니다. 노르웨이의 경우, 두 가지 선택이
제공됩니다. 급여 100%를 받고 49주의
육아휴직을 사용하거나, 급여 80%를 받고
59주의 육아휴직을 사용할 수 있습니다.
핀란드의 워킹맘들은 출산 직전, 직후를
포함해 총 105일의 유급 휴가를 받습니다.
아기가 태어난 뒤에는 부모가 나누어 사용할
수 있는 158일의 육아휴직이 주어집니다.

BARNLEDIG PAPPA!

우리나라 아빠 육아휴직은?

아이 한명 당, 부모가 각각 최대 1년까지
육아휴직을 사용할 수 있습니다. 첫 3개월은
월 통상임금의 80%, 나머지 기간은 50%를
지원합니다. 2018년, 1만 7천여 명의 아빠가
육아휴직을 사용했고, 전체 육아휴직자 중
17.8%가 아빠 육아휴직자로 나타났습니다.
2017년에 비해 육아휴직을 사용하는 아빠는
무려 46.7% 증가했다고 합니다. 더 많은
아빠들이 아이와 함께할 수 있도록, 정부가
함께하겠습니다.

아빠도 이만큼은 꼭 육아하셔야 합니다!

스웨덴은 480일의 육아휴직 기간 중 아빠가
최소로 꼭 사용해야 하는 90일의 육아휴직
기간이 부여됩니다. 사용하지 않을 경우는
자연 소멸 됩니다. 1995년 30일로 시작해,
2002년 60일, 2016년 90일로 점차
확대되었습니다. 부부가 절반씩 육아휴직을
사용할 경우, 추가 보너스가 지급됩니다.
노르웨이 역시 1993년 '육아휴직
아빠할당제'를 도입했습니다.
처음엔 10주로 시작해 현재는 15주까지
확대되었습니다. 2017년 기준 10주 휴직을
사용한 노르웨이 아빠의 비율은 33%, 10주
이상 사용한 경우는 37%로 나타났습니다.

북유럽은 처음부터 그랬을까?

1978년, 스웨덴에서
큰 반향을 일으킨 포스터 한 장.
포스터 속에는 스웨덴 역도선수 레나르트
달그렌(Lennart Dahlgren)이 아이를 안고
활짝 웃고 있습니다. '육아휴직 중인 아빠
(BARNLEDIG PAPPA)' 라는 글귀와 함께
말이죠. 스웨덴 정부는 1970년대부터
대대적으로 캠페인과 교육을 실시하며
본격적인 변화를 이끌어냈습니다. 기존 가족
기반 조세제도를 개인 기반으로 바꾸고 육아
지원 체계를 확대하는 등 정책변화도 함께
진행되었습니다. 노르웨이 역시 1990년대
초까지, 육아휴직을 사용하는 아빠의 비율은
단 2~3%에 불과했습니다. 그러나 2008년,
노르웨이 아빠들의 육아휴직 사용률은 90%
로 눈부시게 뛰어오릅니다. 전문가들은
아빠의 육아참여를 크게 증가시킨 요인으로
'부부간 양도할 수 없는 아빠 육아휴직 제도'
를 주목합니다.

아빠 육아 정보 꿀팁

아빠를 위한, 아빠에 의한,
아빠에 대한 육아 + 휴직 정보가 가득한 곳

고용노동부 아빠넷
www.papanet4you.kr

2018년에만 134만개 기업이 창업했고, 신규벤처 투자가 3조 4,000억원으로 전년보다 43.9퍼센트나 늘어나는 등 '기업하기 좋은 나라'를 위한 노력도 한 페이지 정리를 통해 자세히 보게 됐다. 스타트업 마켓컬리의 앤젤 투자자인 배우 이제훈 씨의 사진을 넣어 친근감을 높였고, 기업 가치 10억 달러 이상의 유니콘 기업 숫자가 국내에서도 쑥쑥 늘어나는 것도 소개했다. 국내의 유니콘 기업의 숫자는 2017년 3개에서 2020년 3월 11개로 늘어난 상태다. 우리나라는 2022년까지 유니콘 기업 20개를 목표로 하고 있다. 매출액 1,000억원 이상인 '벤처천억기업'도 2015년 474개에서 2017년 572개로 늘었다. 모든 정부의 가장 큰 걱정거리가 경제이긴 하지만 스타트업 창업도, 유니콘 기업 도전도 꾸준히 늘고 있다니 이 또한 다행이다.

남북정상회담의 벅찬 감동

2018년 4월 27일, 5월 26일, 그리고 9월 19일. 세차례 남북정상회담은 청와대를 비롯해 관련 부처 담당자들의 보이지 않는 땀과 노력이 엄청나게 투입된 행사다. 복잡한 고비마다 대통령이 직접 감당하고 풀어낸 부분이 적지 않아 비서진의 송구한 마음도 컸지만 다들 떨리는 마음으로 뭐든 해보려고 했다. 남북 정상의 판문점 만

남을 실시간 생중계하는 것은 그 자체로 전세계에 보내는 평화의 메시지가 엄청날 것이 분명했다. 불과 몇달 전만 해도 전쟁의 불안 감으로 인해 어느 외국 대사관이 철수 움직임을 보인다더라 하는 루머가 돌았던 때다. 정세 불안에 따른 '코리아 디스카운트'를 떨쳐내고 한반도가 새로운 미래를 만들 준비가 되어 있다는 점을 세계에 알려야 했다. 촬영 후 편집해 뉴스에 내보내는 것과 실시간 생중계는 격이 완전히 달랐다. 실무 협상을 통해 실시간 생중계에 북한이 동의했다는 소식이 전해진 순간이 아직도 생생하다. 평소 그런 방식으로 '최고 존엄'을 뉴스에 내보내지 않는 북한도 역사적 만남에 대해 각오가 남달랐다고 생각한다.

전세계에서 몰려오는 기자들을 맞이할 프레스센터 구축도 큰 작업이었다. 청와대 국민소통수석실은 문화체육관광부 국민소통실, 통일부, 외교부를 비롯해 담당 부처 전문가들과 머리를 맞댔다. 경기도 일산 킨텍스에 차려진 남북정상회담 메인프레스센터는 축구장만큼 넓었다. 2007년 남북정상회담 당시 1,300여명의 취재진이 몰려왔다면, 2018년 4월에는 2,800명이 사전 등록을 마쳤다. 슬로건은 '평화, 새로운 시작'PEACE, A NEW START 으로 정해졌다.

온라인 플랫폼도 작심하고 구축했다. 생중계 영상이 새롭게 만든 **남북정상회담 온라인 플랫폼**(http://www.koreasummit. kr/) 메인에 뜨는 것은 기본, 남북정상회담과 관련된 거의 모든 콘텐츠와 역사적 자료를 모으기 시작했다. 통일부가 기초자료를 제공했다. 내외신 기자들뿐 아니라 일반 시민들도 그 플랫폼에서 자료를 다 확인할 수 있도록 준비했다. 현장의 취재진 숫자가 제한되는 대신, 모든 영상과 사진, 기자들의 취재 내용을 곧바로 플랫폼으로 취합해 사전 등록한 기자들이 쉽게 받을 수 있도록 했다. 무엇보다 온라인 소통의 핵심은 직접 참여다. 자료 수집과 함께 국민들이 직접 참여할 수 있는 마당을 만들기 위해 평화 기원 릴레이 방식으로 응원 영상도 모았고, 소셜미디어 해시태그를 이용한 응원 메시지도 수집했다. 소셜미디어 프로필 바꾸기 이벤트도 했다. 2018년이었으니까, 가능한 게 많았다.

자료를 준비하면서 많이 배웠다. 1953년 한국전쟁 휴전 이후 남북은 1971년 다시 대화를 시작했다. 2018년 9월 초 기준 남북 당국은 공식적으로 668회 만났다. 대화가 중단된 일부 시기를 제외하면 어떻게든 노력이 이어져왔던 셈이다. 2000년 '벽을 넘어' 만났던 김대중 대통령과 김정일 국방위원장, 2007년 '선을 넘어' 만났던 노무현 대통령과 김정일 국방위원장의 만남을 꼼꼼히 살펴보면서 우리의 역사를 제대로 알리는 데 주력했다. 이미 2017년 7월에 발표한 '베를린 구상'은 사실상 우리 정부의 한반도 정책의 핵심 내용을 다 담은 큰 그림이었다. 남북관계의 분위기가 좋지 않던 그 시기에 그런 구상을 발표한 대통령의 뜻을 어찌 헤아릴까, 우리끼리도 놀라워했다.

4·27 남북정상회담에 이어 5월 26일에 조용히 이뤄진 남북정상

회담에서는 할 일이 많지 않았다. 참모들도 아는 이가 극히 적었다. 토요일 늦은 오후 윤영찬 국민소통수석이 전화를 걸어와 "뭐하고 있냐"고 무덤덤하게 물었다. 별일 없으면 사무실로 나오라고 했다. 나도 더 묻지 않고 알겠다고 했다. 뭔가 일이 있는 게 분명한데, 말해주지 않는 걸 보면 큰일임이 분명했다. 갑자기 주말에 출근하는 내게 남편이 무슨 일이냐며 캐물었으나 말할 게 없었다. 아는 게 없는 것이 가끔은 더 편하다. 사무실에 가니 여러대의 업무 차량이 속속 도착하고 있었다. 언론 공개 무렵에 사무실 가까이 살고 있던 뉴미디어비서관실 영상 담당자 루피에게 나와달라고 청했다. 거칠게 촬영된 영상을 편집해야 했다. 현장 취재가 전혀 없었기 때문에 사후 공개 내용이 중요했다. 영상의 배경음악이 좀 웅장했는데, 외신들은 한국 정부가 당시 상황을 영화 같은 영상으로 공개했다고 보도했다.

9월 19일 평양에서 열린 남북정상회담은 '평화, 새로운 미래'라는 슬로건을 사용했다. 4월의 '평화, 새로운 시작'에 이어, '평화, 새로운 도전' '평화, 새로운 기회' 등 하고 싶은 말이 많았다. 이렇게 계속 시리즈로 가보고 싶었는데, 최근 분위기는 평화의 속도가 더디다는 것을 보여준다. 한반도에서 평화가 시작이고 미래고 기회고 도전이란 건 너무나 분명한 사실이다.

9월 평양 남북정상회담을 수행할 기회가 내게 주어진 것은 기적 같은 일이었다. 윤영찬 수석은 "더이상 취업사기라고 하지 마라,

평양 다녀왔으면 됐지, 뭘 더 바라냐"라며 우스갯소리를 했다. "수석님, 저 그렇게 저렴한 인간 아니에요. 호호" 하고 웃어넘겼지만 솔직히 인정한다. 세상을 뒤흔든 역사적 현장에서 이리 뛰고 저리 뛰었던 경험은 어디에도 비할 바가 아니다. 평양에서 스마트폰 라이브가 불가능했던 것은 몹시 아쉬웠지만, 다음에 기회가 온다면 또다른 방식으로 시도해볼 수 있지 않을까.

평양과 백두산에서 겪은 일들은 그 자체가 따로 책 한권을 쓸 이야기라 언젠가 기회가 있기를 바란다. 당시 평양과 서울에서 담당자들이 각자 최선을 다했다. 남북관계는 정말 세심하게 살펴야 할 것이 많아서 조금 미루다가 빛을 보지 못한 작업물은 아쉬움으로 남는다. 개인적으로는 대동강 수산물 식당에서 김정은 국무위원장을 목격한 평양 시민들의 반응이 가장 기억에 남았다. 두 정상이 식당을 나설 무렵 로비 양쪽으로 몰려나온 시민들이 마치 아이돌 스타를 본 팬들처럼 박수치며 환호했다. 김 위원장이 건물을 빠져나간 뒤에도 그들의 들뜬 열기는 쉬이 가라앉지 않았다. "봤니, 봤어?" "생각보다 더 멋진 것 같지 않니?" "아, 오늘 이 식당으로 오기를 정말 잘했어." 삼삼오오 모여 김 위원장 목격담을 나누며 감탄하던 북한 국민들의 모습이 나에게는 꽤 낯설게 다가왔다. 이런 지지를 받는 지도자라면 담대한 변화를 만들어낼 수 있지 않을까? 묘한 기대를 남긴 장면이었다.

국민에게 한발짝 더

청와대는 라이브가 하고 싶어서

그날도 나는 어김없이 댄 스카비노 백악관 소셜미디어 국장의 페이스북, 트위터를 지켜보고 있었다. 왜 아니겠는가. 트위터하나로 막강한 주류 언론과 다른 길을 가고 있는 트럼프 대통령을 보면, 소셜미디어에서 뭐라도 해보고 싶은 마음이 들게 마련이다. 트럼프 대통령의 개인 계정은 2020년 3월 기준 팔로워 수가 약 7,500만명이다. 미국 대통령의 공식 계정은 약 2,900만명이다. 이에 견줄 수는 없지만 댄 스카비노의 공식 트위터와 개인 트위터, 페이스북은 각각 57만명, 74만명, 40만명의 팔로워를 거느리고 있다.

댄 스카비노는 16세에 뉴욕의 한 골프클럽에 파트타임으로 일하러 갔다가 우연히 트럼프의 캐디가 되면서 인연을 맺은 것으로 알려졌다. 2004년 트럼프 내셔널 골프클럽의 부매니저, 2008년에는 클럽의 수석 부회장으로 승진했다가 트럼프 대선 캠프에 합류했다. 그는 트위터에서 수천만명의 팔로워를 거느린 트럼프 대통령이 팔로잉하는 47명 중 1명이다. 47명 중에는 마이크 펜스 부통령 공식 계정이나 백악관 계정, 가족, 트럼프의 골프클럽과 호텔의 공식 계정 등이 포함되어 있으니, 트럼프 대통령이 댄 스카비노의 공식, 개인 계정을 모두 팔로잉하는 것은 대단한 관계가 아닐 수 없다.

보도에 따르면 트럼프 대통령의 트윗을 지원하는 백악관 직원들이 있는데, 트럼프 대통령의 스타일을 흉내낸다고 한다.[4] 일부러 느낌표를 남용한다거나 다소 틀린 문법을 쓰는 등 트럼프의 스타일을 흉내내되, 스펠링을 틀리지 않는 선을 지킨다. 트럼프 대통령의 계정을 관리하는 것으로 알려진 댄 스카비노는 보스턴글로브의 관련 문의에 대해 대답을 거부했다고 한다. 재미난 것은 이 보도의 취재원 중 알고리즘이 있다는 점이다. 미국의 시사주간지 애틀랜틱에서 만든 이 알고리즘은 머신러닝 기술을 사용해 트럼프 대통령이 트윗을 직접 썼을 확률을 계산한다. 아예 이것을 트위터 봇으로 만들어 트럼프의 트윗이 올라올 때마다 그가 직접 썼을 확률을

 자동으로 트윗하는 계정 '트럼프인가 아닌가'(https://twitter.com/TrumpOrNotBot)도 있다. 갈수록 정확도가 낮아진다는 하소연도 있는데, 점점 더 흉내를 잘 내기 때문에 구분이 잘 안 된다는 것이다.

이야기가 잠시 옆으로 샜는데, 스카비노 국장의 소셜미디어를 보면서 소통에 대한 아이디어를 많이 얻었다. 스카비노 국장은 시도 때도 없이 트윗과 페이스북 포스팅을, 특히 영상을 자주 올린다. 그의 계정에서 내 눈에 제일 먼저 띈 것은 미일정상회담 영상이었다. 제대로 장비를 준비해서 촬영한 게 아닌 듯 목소리는 잘 안 들리고, 카메라의 각도가 결코 전문가의 작품이 아니었다. 그냥 현장 라이브에 가까웠다. 누구를 만나도 매번 똑같은 장면뿐인 정상회담 영상과 달랐다. 역사적 순간에 직접 찍은 라이브를 어떻게 완벽한 완성품과 비교하겠는가. 스카비노 국장은 대통령 전용 헬기인 마린원에서 도심을 내려다보는 풍경도 즐겨 올린다. '아, 트럼프 대통령이 또 어느 일정에 다녀왔구나' '야심한 밤에 열심히 일하는구나' 하는 인상을 주는 효과가 있다.

트럼프 대통령이나 댄 스카비노의 트윗을 살펴보다보니 청와대에서도 라이브를 올려야겠다는 생각이 들었다. 몇차례 이벤트성으로 라이브를 해보면서, 라이브 영상에 대한 국민의 반응이 사뭇 다르다는 점도 확인했다. 2017년 11월 7일 트럼프 대통령이 캠프 험프리스를 방문했을 때, 문재인 대통령이 예고 없이 기지를 깜짝 방문한 상황을 소셜 라이브로 생중계했다. 당시 현장은 철저하게 통제된 상태였다. 대통령의 모든 행사를 수행하는 박수현 대변인에게 우리가 사용하는 전용 폰을 미리 챙겨드렸다. 백악관에서도 다 하니까, 우리도 좀 해보자고 청했다. 박 대변인은 너무 열심히 하는 바람에 두 정상의 동선을 확보하고자 하는 미국 측 담당자의 가벼운 제지까지 받았다.

박 대변인의 라이브 영상이 나가자마자 언론사 두곳에서 항의를 해왔다. '청와대 기자들이 뉴미디어비서관실에 뿔난 이유'라는 기사가 나기까지 했다.[5] 한 방송사 청와대 출입기자는 '이러시면 어쩌냐, 제발 가로로 찍은 영상을 달라'라며 투덜거렸다. 박수현 대변인이 폰을 세워서 요즘 유행하는 세로 영상을 찍은 탓이다. 세로 영상을 바로 방송으로 내보내다보니, 가로인 TV 화면의 양 옆이 시커멓게 처리됐다. 세로 말고 가로 영상을 달라니, 이건 하지 말라는 얘기가 아니라 '할 거면 방송에도 쓸 수 있게 해달라'는 항의 아닌가. 내심 기뻤다.

또다른 방송사 출입기자의 항의는 더 거셌다. 왜 사전 공지를 안했느냐고 했다. 사전 공지가 없었다는 항의도 진심으로 반가웠다. 하지 말라는 것이 아니라 하더라도 공지만 해달라는 것 아닌가. 물론 라이브라는 것이 항상 사전 공지가 가능하지는 않을 것이다. 처음에는 청와대 단독(?) 라이브에 대한 반감이 적지 않았던 청와대 출입기자들이 내세운 조건이 가로 촬영과 사전 공지라면 이건 성공이라 생각했다. 그만큼 우여곡절 끝에 다다른 협의 지점이었다.

다만 이런저런 목소리에 대해 아쉬웠던 것은 기업과 정부에 대한 이중 잣대다. 기자들은 '취재 역차별'이라고 주장했다. 보안 등의 이유로 취재를 불허해놓고 청와대가 페이스북 등을 통해 현장

모습을 내보내는 것은 불합리하다는 것이다. 그러나 삼성전자 뉴스룸 같은 경우 자체 제작한 영상을 종종 공개했고, 그 영상을 받아서 기자들이 기사를 쓰곤 한다. 우리는 청와대 뉴스룸인데, 왜 청와대가 만든 콘텐츠를 받아서 기사화하면 안 되는 걸까. 보도자료 혹은 대변인 브리핑 외에 다른 콘텐츠로 소통하는 것은 변화한 미디어 환경에서 당연한 수순인데 말이다.

이벤트처럼 라이브를 시도해보고 나니 점점 더 라이브에 대한 욕심이 커졌다. 그 무렵 영상은 '습관'이라는 전문가 조언을 얻었다. 방송사 9시 뉴스, 8시 뉴스가 모두 그 시간 시청자를 TV 앞으로 모으던 약속 아니던가. 2017년 말 '11시 50분 청와대입니다'라는 라이브를 페이스북과 유튜브로 시작했다. 당시 고민정 청와대 부대변인이 진행했는데 아나운서 출신답게 너무 완벽했다. 재미난 실수라도 해서 화제가 될 가능성은 없었다고 할까. 이후 한두달씩 쉬면서 시즌 2, 시즌 3로 진화했다. 생각보다 할 말이 많다보니 '11시 30분 청와대입니다'로 시간을 앞당기기도 했다. 역시 팩트체크와 생생한 현장 라이브가 인기였다. 누가 출연하는지에 따라 반응도 달랐다. 조국 민정수석이야 기본 팬이 두터웠고, 김현종 당시 통상교섭본부장 역시 쿨하고 솔직한 화법으로 인기를 모았다. 주 5일 라이브를 시도한다는 것 자체가 쉽지 않은 도전이었으나, 작가 업무 외에 탁월한 진행 능력을 보여준 써니를 비롯해 대변인실, 해외언론비서관실, 현안 관련 각 비서관실 도움으로 오래 버텼다. 어떤 날은 흡족했고 어떤 날은 아쉬웠다. 그래도 국민과 직접 만나는 '입', 채널을 가진다는 것은 필요할 때 매우 도움이 됐다. 물론 청와대의 네트워크 사정 탓에 가끔 라이브가 끊기는 일도 있었다. 계속 보완하고 보완했다. 청와대 라이브가 끊기면, 짜증과 응원의 댓글이 동시에 올라온다. 이후 언론사의 소셜 라이브, 인기 유튜버의 라이브가 이따금 음량에 문제가 있거나 끊기는 걸 볼 때 나는 무척 여유 있게 웃곤 했다.

영상 콘텐츠 성공 공식

동영상은 우리의 무거운 과제였다. 라이브 시도는 사실 동영상 편집의 부담을 줄여보려는 의도도 있었다. 유튜브에서 콘텐츠 소비의 대부분이 이뤄지는 시대에 유튜브를 안 할 수는 없었다. 이미 대선 후보 시절 만들어진 **'문재인 공식 채널'**(https://www.youtube.com/user/moonriver365/)이 있었다. 구독자는 6만 5,000명 수준이지만, 괜찮은 영상은 20만~30만 조회 수가 거뜬했다. 이제 영상은 대통령에게도 익숙한 문법이었다. 당시 영상들을 보면 치열했던 대선 선거운동이 그대로 느껴진다. 루리웹 회원에게 '명왕 문재인'이라고 인사하고, 오유인에게 '집사 문재인'이라고 인사하는 등 커뮤니티별로 따로 인사를 하는 영상도 그중 하나다. 「썰전」 콜라보는 조회 수가 131만에 달했다. 이건 문재인 후보의 파워가 아니라 「썰전」과 유시민 씨의 파워다. 유시민 노무현재단 이사장은 유튜브에서 알릴레오를 단숨에 성공시키기도 했다. 유튜브 세상에서는 그가 더 막강하다.

대통령이 된 이후 영상을 만드는 방식은 후보 때와 달라야 한다. 주로 대통령의 일정을 중심으로 영상을 만들었고, 이것을 어떻게 하면 좀더 국민들 눈높이에 맞춰 다가갈 수 있을지 고민하는 데 집중했다. 엄숙하고 근엄하고 진지한, 소위 '엄근진'한 분위기를 가급적 덜 풍기고 싶었다. 소탈한 평소 모습을 담고 싶은 욕심도 많았으나 공식 행사도 적지 않은 와중에 종일 카메라를 들이댈 수는 없었다.

대통령을 앵글의 중심에서 살짝 옆으로 밀어내고, 기왕이면 국민을 바라보자는 것은 최소한 우리 조직에서는 중요한 원칙이었다. 무엇을 어찌해도 청와대 영상이 '땡문뉴스'처럼 대통령이 중심이 되는 것을 피할 수는 없었다. 아니, 솔직히 그게 우리 업이다. 그래도 가능하면 국민에게 더 집중하는 게 대통령의 철학과도 맞다고 생각했다. 소셜미디어에 올릴 사진도 그런 사진을 고르고 싶었고, 영상도 가급적 다양한 변주를 위해 노력했다.

벤치마킹 대상인 트럼프 대통령의 영상은 우리 뉴미디어비서관실에서는 '트럼프 스타일 영상'이라고 아예 고유명사가 됐다. 자막이 없고, 짧게 이어붙이며, 웅장한 음악이 깔리는 스타일이다. 우리 영상 담당자들은 자막 없고, 불과 2~5분 영상이라도 짧은 서사와 스토리를 만드느라 고생했고, 영상 하나를 만드는 데 보통 한명이 밤을 새웠다. 아무리 업무 부담을 줄여보려고 해도, 사람을 한명 더 써도, 영상 하나, 밤샘 한명이라는 공식은 바뀌지 않았다. 이를 해결하기 위해 나는 트럼프 스타일로 만들자고 읍소했다. 트럼프 영상은 간단하면서도 퀄리티를 유지했고 쉼 없이 올라왔다. 결국 더 쉽고, 더 간단하게, 공을 덜 들이자는 게 나의 주문이었는데, 영상 담당자 루피는 그렇게 대충(?) 이어붙이는 걸 용납하지 않았다. 우리는 청와대라는 것이 늘 부담이었다.

공들인 영상이라고 늘 반응이 뜨거운 것도 아니다. 정작 영상 전문가가 아닌 작가 까멜이 스마트폰으로 대충 찍은 영상이 대박이 나는 걸 보면 성공 공식은 의미가 없어진다. 대통령이 비서들과 함께 삼청동에 점심 나들이 갔던 장면을 담은 '맛점하러 갑니다'는 정신없이 흔들리고, 무엄하게도(?) 등장인물의 머리가 앵글 밖으로 나가기도 하지만, 트위터에서만 3,400회 리트윗됐다.[6] 그때 루피의 난감한 표정을 잊을 수 없다. 역시 현장감이 최고 아닌가? 영상 담당자 루피는 식당 안에서 좋은 카메라로, 까멜은 식당 앞에서 스마트폰으로 우연히 대통령을 만난 중학생들을 찍어온 뒤 운이 좋았다고 기뻐했다.

잘 짜인 각본도 좋지만 자연스러운 일상은 사람들의 마음을 움직이는 최고의 재료가 된다. 이탈리아가 코로나19로 어려움을 겪을 무렵, 세르조 마타렐라 대통령이 대국민 메시지를 영상으로 냈다. 촬영 도중 스태프가 머리가 엉클어졌다고 말하자, 마타렐라 대통령은 "여보게 나도 이발소를 못 가서 말이야"라고 답했다. 그런데 공식 영상이라면 편집될 이 장면이 주요 언론의 웹사이트에 공개됐다. 뉴미디어 담당자의 실수였다지만 이탈리아 국민들은 대통령의 소탈하고 인간적인 모습에 환호했고 큰 화제가 됐다. 마타렐라 대통령을 지지하는 각종 패러디 영상도 쏟아졌다고 하니, 계획한 대로, 정해진 대로 하는 것이 꼭 정답은 아니다.[7]

개인적으로 매우 마음에 들었던 영상을 꼽자면 '4·27 새로운 시작, 그날을 준비한 사람들'이다. 유튜브에서 13만 조회 수를 기록했다. 트위터에서도 3,100회 리트윗됐고, 다양한 커뮤니티로 퍼날라진 화제작이다. 이 영상은 문재인 대통령과 김정은 국무위원장의 음성이 배경으로 깔리기는 하지만, 온전히 이날의 역사적 행사를 위해 애쓴 사람들을 주로 담았다. 그래서 제목이 '그날을 준비한 사람들'이다. 판문점을 지키는 장병, 행사를 빛내기 위해 달려온 군악대, 무대 설비를 만든 전문가들, 인터넷 선과 전기 설비를 설치하기 위해 힘을 모은 담당자들… 무대 위 스포트라이트를 받는 사람들은 아니지만 무대 뒤에서, 무대 바깥에서 이 하루를 위해 최선을 다해준 사람들의 모습을 담은 영상이다. 온라인 반응도 좋았고, YTN과 JTBC 등 방송에도 소개됐다.

그러나 이런 반응은 4·27 남북정상회담이 갖는 역사적 의미에 쏟아지는 것이지, 영상 자체의 힘이라고 하기는 어렵다. 대통령 콘텐츠에 대한 관심은 지지율과도 연동되지만 그 안에 담긴 메시지와 더욱 강력하게 연결된다. 그리고 그 메시지는 행사의 의미와 참석자들에 의해 만들어진다고 해도 과언이 아니다. 실제 작업을 해보면 생생하게 실감하게 된다.

후보 시절에는 지지자들을 시청자로 확보할 수 있었지만, 대통령이 된 이후 대통령의 일상적인 업무 영상을 열렬히 보는 사람들은 많지 않다. 대통령의 일상을 알리는 가장 좋은 콘텐츠는 무엇일까?

청와대 브이로그

대통령이 직접 청와대 곳곳을 알려준 영상인 '**청와대 가이드 문재인입니다**'는 열린 청와대의 이미지를 국민에게 전달하기 위해 제작했다. 대통령이 직원들에게 설명하는 장면을 통해 군림하는 대통령이 아니라 함께 일하는 참모들과 격의 없이 소통하는 모습을 담았다.

다시 강조하지만 콘텐츠는 재미가 있거나, 감동이 있거나, 정보가 많거나 뭐 하나는 잘해야 공유되는 법이다. '엄근진' 청와대 이미지가 고정되어 있는 상황에서 가장 큰 문제는 재미가 없다는 것이었다. 가급적 소소한 재미를 넣으려 애썼다. 그런 노력이 극대화된 것이 '청쓸신잡 1편'이다. **'청와대에 대한 쓸데없는, 신비로운 잡학사전'**이라고, 당시 화제의 TV 프로그램인 '알쓸신잡'에서 빌린 콘셉트이다. 이 영상은 나로서는 폭삭 망한 걸 간신히 수습한 결과다.

　당초 우리는 임종석 비서실장, 장하성 정책실장, 정의용 안보실장을 모셔서 청쓸신잡을 만들겠다는 야심찬 계획을 세웠다. 너무 높은 산이라 섭외가 잘 안 되더라도 임종석 비서실장과 조국 민정수석 외에 몇분을 모실 수 있다면 대박이 날 거라고 자신했다. 결국 모든 섭외가 실패로 돌아간 뒤, 이 구상을 적극적으로 지지했던 윤영찬 국민소통수석을 비롯해 같은 수석실 식구인 박수현 대변인과 신지연 해외언론비서관에게 SOS를 쳤다. 그래도 반응은 나쁘지 않았다. 나름 화제가 된 데다, 윤영찬 수석의 한마디가 큰 힘이 됐다.

　"그동안 청와대에서 만든 영상에 별 코멘트를 않던 아내가 이번에는 재미있게 잘 봤다고 하더라고."

　그동안 안 보던 분이 재미있었다고 하니 그걸로 됐다고 생각했다. 이런 영상들은 적극적으로 소통하고, 더 열려 있는 모습으로 다가가는 청와대의 이미지를 전하기 위한 온갖 시도 중 하나였고, 그런 부분에서는 어느 정도 통하지 않았나 싶다.

청와대 브이로그도 이런 필사적 노력의 맥락에서 등장했다. 브이로그는 비디오와 블로그의 합성어로 일상을 촬영한 영상 콘텐츠다. 브이로그에 별 관심 없던 내가 관심을 갖게 된 것은 순전히 20대 동료인 작가 까멜 덕분이다. 한동안 닥치는 대로 20대의 콘텐츠 소비 패턴을 물어보고 다녔다. 그날의 상대는 까멜이었다.

"까멜, 미안한데 폰 한번 열어봐요. 자, 이 가운데 까멜이 실제 하루에 한번? 일주일에 한번 이상 열어보는 앱은 어떤 게 있어요? 어, 포털은 안 열어요? 커뮤니티 하는 다음카페 앱, 그리고요? 아, 유튜브죠?"

까멜은 자연스럽게 유튜브 앱을 열었다. 그런데 그의 유튜브는 나의 유튜브와 달랐다. 맞춤형 추천 알고리즘에 따라 보여진 까멜의 유튜브에는 브이로그가 한둘이 아니었다. "까멜, 이런 걸 봐요? 언제 봐요?" 까멜은 출근 준비하면서 브이로그를 틀어놓을 때가 많다고 했다.

까멜이 추천하는 두 유튜버의 브이로그를 봤다. 하나는 평범한 직장인이 사무실에서 일하는 모습 약간, 점심시간에 동료들과 맛있는 것 먹는 모습, 퇴근 후 카페에서 커피 마시며 쉬는 모습, 그런 내용으로 가득했다. 이걸 왜 보는지 도무지 이해할 수가 없었다. 또 다른 유튜버의 브이로그는 영상을 좀 아는 사람이었다. 화보 찍듯 무채색으로 제작했는데 감각적인 인테리어가 돋보이는 부엌에서 요리하는 모습, 집 정리하는 모습을 찍은 브이로그였다. 구독자 수가 청와대 계정의 두배쯤 됐다. 얼굴이 안 나올뿐더러 목소리도 없이 단정한 자막뿐이다. 빛을 잘 쓰는 촬영 기법, 깔끔한 편집, 적절한 자막은 고수의 풍모가 느껴지지만, 그렇다고 해서 유명인은 아닌데, 일상 공개만으로 이런 인기라니… 대체 이 세계는 무엇인가.

멋지긴 한데 이걸 대체 왜 보지? 이해하려고 애쓰기보다 일단 그냥 현상을 관찰했다. 고시원에서 공부하는 모습만 계속 찍는 브이로그도 있고, 육아 브이로그, 전문가 브이로그 등 대부분 각자 일상을 올렸다. 브이로그에 대한 관심이 시들해질 무렵, 기사가 하나 눈에 들어왔다. 브이로그에 뛰어든 변호사 얘기였는데, 이제는 누구나 브이로그를 한다는 내용이었다. 그래서 우리도 이런 대세에 좀 편승해야 하지 않겠나, 브이로그라도 한번 해보자 했더니, 루피가 어느 날 브이로그를 만들어버렸다. 물론 그날 아침 회의에서 브이로그 얘기가 잠시 나오긴 했고, 우리는 언제나처럼 농담하듯 제안한 것인데, 그 제안 장면까지 넣어서 만들었다.

"각 분야의 사람들이 브이로그 올려주는 거 넘 좋았는데 이젠 청와대까지. 마지막 청와대 로고로 끝나는 거 깔끔 멋짐쓰….!!!!!!"
(blithe 님)

"진짜 꿀잼! 청와대 브이로그를 보는 날이 다 오다닝ㅋㅋㅋㅋㅋㅋ 너무 재밌어요. 보다보니까 퇴근할 시간ㅋㅋㅋㅋㅋ"(박먼지 님)

"청와대 직원분들 정말 열심히 일하시고 참신한 아이디어도 너무 좋고 그냥 다 고맙습니다… 대통령님 일상 담아주시는 것도 감

사한데 이렇게 브이로그까지ㅠㅠ 정말 고맙습니다~~"(young joung 님)

"ㅋㅋㅋㅋㅋㅋㅋㅋㅋㅋ제목만 보고 청와대 채널인지 의심했습니다. 너무 신박해서 놀랐고… 영상 화질도 좋고 자막이 너무 웃겨서 시간 순삭이었어요. 종종 브이로그 만들어주세요!"(Yena Cho 님)

470여개 댓글이 모두 호평 일색이라 뿌듯했다. 브이로그를 한다고 보고했을 때, '대체 브이로그가 뭐냐'라고 하는 분들이 적지 않아서 고심했었다. '아니, 홍보한다는 팀이 왜 대통령이 아니라 청와대 직원이 주인공인 영상을 만드는 거냐'는 얘기도 들려왔으나, 이 정도 시도조차 못하는 조직은 아니었다. 이번에 원고를 정리하면서 브이로그를 다시 검색했는데, **아세아 3국 순방** 당시 만들었던 브이로그가 목록에 들어 있다. 물론 내가 평소에 청와대 콘텐츠를 잘 보는 사람이라 넣어준 것일 수도 있지만, 청와대 콘텐츠가 당당하게 브이로그 검색 결과에 뜬 걸 보니 마음이 좋다. 혹시 아직도 브이로그를 본 적 없다면, 한번 구경해보길 권한다. 깜짝 놀랄 것이다. 완전히 다른 세상이 있다.

최악의 실수

'남북 공동 첫 유해발굴 화살머리고지에 다녀왔습니다' 영상은 청와대에서 일한 기간을 통틀어 가장 참담한 작품이다. 시작은 좋았다. 2018년 유해발굴은 큰 의미를 지닌 작업인데 홍보가 쉽지 않았다. 이상철 국가안보실 1차장을 찾아갔다. 사람 좋고 친절한 이분의 설명이 너무 재미있었다. 군대에 관해서는 문외한인 나는 우리가 휴전선이라 부르는 군사분계선이 1953년 7월 정전협정에서 결정된 사실은 알았어도, 당시 '고지전'이 왜 치열했는지 잘 몰랐다. 양측의 점령 지역을 기준으로 분계선이 정해지기 때문에 조금이라도 더 좋은 고지를 차지하려는 전투가 뜨거웠고, 하루에도 수차례 서로의 고지를 빼앗았다고 한다. 그래서 동료의 시신을 수습할 겨를도 없었다. 그중에서도 화살머리고지와 백마고지 전투가 가장 치열했고, 우리 국군 유해 200여구를 비롯해 미군과 프랑스군의 유해 등 총 300여구가 그곳에 묻혀 있을 것으로 추정되는 비정한 현장이다. 그렇게 65년이 흘렀다. 영화 제목 정도로 기억했던 '고지전'에 이렇게 엄청난 역사가 있었다니… 이걸 어떻게 널리 알릴 수 있을까?

임종석 비서실장을 찾아가 영상의 내레이션을 직접 해주십사 부탁했다. 당시 화살머리고지를 방문하며 선글라스를 쓴 일로 다소 비판받고 있었으나, 원래 눈이 약해 강한 햇빛에서는 선글라스를 써야 하는 분을 어찌할 건가. 차라리 다른 방향에서 화제를 만들고 싶었다. 주변 분들과 리스크를 논의했고 감당 가능한 수준이라 판단했다.

"나라를 위해 희생한 분들의 유해를 가족의 품으로 돌려보내는 일은 국가의 의무입니다. 잊힌 영웅들을 기억하는 것은 우리의 책무입니다. 국민 여러분께 또 보고드리겠습니다." 비서실장으로서 이 정도는 직접 국민에게 보고하는 형식도 괜찮겠다 싶었다. 다음을 기약하며 "또 보고드리겠습니다"로 마무리했다. 내레이션 원고는 내가 직접 썼다. 그리고 망했다.

비무장지대 안 감시 초소, 즉 GP로 들어가는 우리 측 통문의 번호가 영상에 노출된 것을 놓쳤다. 평소에는 사안에 따라 청와대 경호처, 국방부 등의 감수를 받는데 이번에는 감수 없이 업로드했다. 영상의 원본 촬영본을 우리가 직접 촬영했으면 문제가 있는지 없는지 살펴봤을 텐데, 우리가 사용한 영상은 기자들에게 제공된 영상이었다. 언론에 제공하는 영상은 사전에 검수를 거치기 때문에 문제없는 영상이라고 생각했다. 언론에 영상을 제공하는 과정에 통문 번호 조심하라는 단서 조항이 붙어 있었다는데, 뒤늦게 따로 전달받은 우리만 몰랐다.

언론은 연일 '정신 못 차리는 청와대'라고 비판했다. 국회에 불려가서도 엄청나게 혼났다. 잘못을 저지른 책임자인 내가 혼이 났다면 그나마 나았을 것이다. 나의 상사인 임종석 비서실장이 고스란히 그 화를 다 감수했다. 비서실장의 얼굴을 뵐 면목도 없고 하루하루가 너무나 가시방석이었는데, 당사자는 오히려 평소처럼 쿨하게 넘어가는 바람에 미안함과 고마움이 더 컸다. 나는 결국 징계를 받았지만 징계보다 훨씬 무서운 게 언론의 화살이었다. 잘해보려다가 너무 큰 실수를 저질렀고 그 실수를 감당할 기회조차 얻지 못한 셈이다. 이 기회를 빌려 임종석 비서실장에게, 그리고 실제 영상 편집자로서 마음의 고통이 심했던 연두에게, 어떠한 기여(?)도 없이 당시 휴가 중이었음에도 불구하고 단지 선임행정관이라는 이유로 함께 징계받은 테리에게도 다시 한번 사과드린다.

청와대에서 콘텐츠를 만드는 것은 무슨 변수가 등장할지 몰라 항상 불안하고 아슬아슬하다. 일을 하다보면 모든 것을 실수 없이 완벽하게 할 수는 없다. 실수를 최소화하고, 재발되지 않도록 하는 것이 최선이다. 실수를 하지 않기 위한 가장 좋은 방법은 아무 일도, 어떤 새로운 시도도 하지 않는 것인데 그럴 수는 없지 않은가. 이전에는 '문제가 생기면 내가 사임하는 걸로 책임지면 되지 뭐'라는 자신감으로 큰 부담 없이 달렸다. 그러나 이곳은 내가 책임질 수도 없고, 내 상사가 그 모든 책임을 떠안는다는 점, 그리고 궁극적으로 비서진이 하는 모든 일은 대통령에게 누가 될 수 있다는 점이 가장 무서웠다. 그게 청와대다.

소셜미디어 전성시대

각국 리더들의 소셜미디어 소통

대통령이 해외 정상과 만날 때는 반드시 상대방의 소셜미디어 계정을 확인한다. 요즘 각국 정상들은 정말 열심히 소통한다. 전세계 정상 중에서 소셜미디어 소통을 가장 잘하고 있는 사람은 단연 트럼프 미국 대통령이다. 트위터를 주무대로 미국 주력 언론들을 모조리 가짜뉴스로 몰아붙이면서 활약하고 있다.

페이스북 팔로워 수 세계 1위인 정상은 인도의 나렌드라 모디 총리다. 모디 총리의 페이스북 페이지는 '좋아요'가 4,500만명에 이른다. 팔로워 수는 해당 국가의 국민들이 어떤 소셜미디어 서비스를 가장 보편적으로 사용하는지와 인구수가 관건인데, 인도는 인구도 많고, 페이스북을 많이 이용한다. 정치인의 경우, 그 사람의 성향과 어느 서비스 이용자가 잘 맞는지 여부도 영향을 미친다. 트럼프 대통령은 트위터 팔로워가 2020년 3월 기준 7,500만명에 달하는데, 페이스북 페이지의 '좋아요' 수는 2,600만명, 인스타그램 팔로워는 1,870만명이다.

조코 위도도 인도네시아 대통령도 페이스북 팔로워가 1,000만명에 육박한다. 국내 정치인 중 최고라는 문재인 대통령의 페이스북 팔로워는 2020년 3월 기준 87만명, 트위터 팔로워는 177만명, 인스타그램 109만명, 카카오 채널 구독자는 23만명이다. 트위터에서 가장 뜨겁고, 지난 2년 동안 인스타그램 팔로워가 빠르게 늘면서 페이스북을 추월했다. 이는 국내 이용자들의 소셜미디어 이용 행태를 반영한다.

인스타그램은 2019년부터 각국 정상들이 열심히 이용하는 경향이 두드러지고 있다. 트위터가 강렬한 메시지로 승부한다면 인스타그램은 사진과 영상 위주로 움직인다. 인스타그램에는 정부 소통 메시지를 담기 어려울 것이라 생각했는데 반응은 훨씬 좋다. 인스타그램은 긴 메시지를 전하기에는 맞지 않는 플랫폼이라서 보완재로 출발했지만, 이제는 가장 강력한 소통 채널 중 하나다. 왜? 더 많은 이용자들, 더 많은 국민이 그곳에 있기 때문이다.

어느 날 각국 정상들의 인스타그램을 살펴보다가 앙겔라 메르켈 독일 총리와 테리사 메이 당시 영국 총리가 정기적으로 연설 영상을 올리는 것을 발견했다. 정확하게는 인스타그램 이용자들을 상

인스타그램에 게시된 각국 정상의 연설 영상
(시계방향으로 메르켈 독일 총리, 마크롱 프랑스 대통령, 마크리 전 아르헨티나 대통령, 존슨 영국 총리

마우리시오 마크리 전 아르헨티나 대통령의 일상을 담은 인스타그램

대로 눈을 맞춘 스타일의 메시지다. 정기적으로, 꾸준하게, 영상으로 말을 건네듯 소통하고 있다.

이런 영상은 대체로 자막도 들어간다. 에마뉘엘 마크롱 프랑스 대통령도 인스타그램을 잘 운영하는 정치 지도자다. 보리스 존슨 영국 총리와 마우리시오 마크리 전 아르헨티나 대통령은 비행기 혹은 헬기에서 셀카 형식으로 영상 메시지를 전한다. 훨씬 자연스럽다.

마크리 전 대통령은 인스타그램을 살펴보면서 가장 부러운 지도자다. 사진의 구도가 편안하고, 사연 있는 국민의 집을 직접 방문해서 깜짝 놀라는 국민들과 함께 찍은 재미난 영상도 여럿이다. 집에 찾아갔는데, 사람이 없으면 즉석에서 영상통화까지 하는 순발력도 갖췄다.

아르헨티나의 문화가 우리와 다른 건 분명한 게, 부인의 뺨에 키스하는 사진은 아시아의 정치 지도자에게서 상상할 수 있는 장면은 아니다. 붉은색 미용 가운을 두르고 이발을 하는 자연스러운 모습도 올린다. 인스타그램의 특징은 생생한 현장의 모습을 포착해서 전달하는 것이다. 신문 지면에서 매일 볼 수 있는 전형적 사진은 선호 대상이 아니다. 마크리 대통령의 세번째 사진은 아르헨티나를 방문한 시진핑 중국 주석을 기다리는 대통령 부부의 뒷모습이다. 우리도 문재인 대통령 뒷모습 사진을 일부러 골라 꽤 공개하기는 했는데, 대체로 인스타그램을 잘하는 정상들은 뒷모습 사진을 쉽게 찾을 수 있다.

소셜미디어를 잘 활용하는 정치인으로 알렉산드리아 오카시오코르테스 미국 하원의원을 빼놓고 얘기할 수 없다. 미국 시사주간지 타임은 2019년 7월 '인터넷에서 가장 영향력 있는 25인'을 선정했다. 소셜미디어에서의 세계적 영향력, 뉴스 생산과 파급 능력을 평가하는 리스트다. 우리나라는 아이돌 그룹 방탄소년단[BTS]이 포함됐다. 가수 아리아나 그란데, 영국 해리 윈저 왕손과 메건 마클 왕손빈 등이 선정된 가운데 정치인으로는 트럼프 대통령과 오카시오코르테스 하원의원이 함께 이름을 올렸다. 오카시오코르테스 의원의 트위터 계정은 트럼프 대통령 다음으로 상호작용이 활발한 것으로 나타났다는 인터넷 매체 악시오스 보도도 있다. 2018년 12월 11일부터 2019년 1월 11일까지 한달간 오카시오코르테스 의원의 계정을 통해 올라온 트윗이 리트윗되거나 '좋아요'를 받은 횟수는 1,180만건에 달했다. 이는 트럼프 대통령의 3,980만건의 절반

알렉산드리아 오카시오코르테스 미국 하원의원의 인스타그램과 트위터

에도 못 미치지만, 당당히 2위다. 초선 의원의 온라인 파워가 다른 모든 현역 정치인을 압도한 셈이다.

지난 2019년 1월 한 익명의 게시자는 오카시오코르테스 의원이 신나게 춤추는 영상을 올리면서 "여기 미국인이 좋아하는 똑똑한 체하지만 사실 명청하게 행동하는 사회주의자가 있다"라고 공격했다. 대학 시절에 친구들과 찍은 영상인데, 솔직히 나는 그 매력적인 영상을 보면서 오히려 호감도가 상승했다. 일각에서는 그 영상을 스캔들이라고, 정치적 커리어에 해가 될 것이라는 반응을 보였지만, 대다수의 사람들은 그런 비판을 놀리기 시작했다. 원본 춤 영상에 다른 음악을 입히면서 네티즌 특유의 놀이가 이어졌다.

바로 다음 날 오카시오코르테스는 "공화당원들은 여성이 춤추는 걸 추잡하다고 생각한다는 이야기를 들었다"며 "그들이 여성 국회의원 역시 춤을 춘다는 걸 알게 될 때까지 기다리자"는 메시지와 함께 자신의 집무실 앞에 춤을 추는 모습을 공개했다. 235면 캡처 이미지의 첫번째 사진이 바로 그 영상이다. 인스타그램에서만 조회 수가 470만이 넘었다. 나도 몇회 거들었는데, 정말 멋있어서 몇번을 다시 돌려봤다. 두번째 사진은 그녀의 장바구니. 어릴 적 쌀과 콩 밥상이 지겨웠던 기억, 어려운 형편에 최선을 다한 부모님에 대한 마음, 아직도 학자금 대출을 갚아나가는 와중에 자신의 장바구니를 보면서 드는 묘한 죄책감에 대한 얘기다. 평범한 우리의 모습과 다르지 않다. 이 글에는 50만명이 훌쩍 넘는 사람들이 '좋아요'를 눌렀다.

주로 인스타그램에서 그를 눈여겨보곤 했지만, 트럼프 대통령에 이어 트위터 상호작용 2위를 차지한 정치인답게 트위터도 막강하다. 리트윗 규모가 종종 1만 단위를 넘긴다. 1만 리트윗이면 100만명에게는 너끈히 도달하지 않았을까. 정치인이 직접 소통을 통해 이 정도 미디어 파워를 확보하면, 기존과는 다른 정치가 가능해진다. 트럼프 대통령이 미디어의 거센 비판을 헤쳐나가는 힘과 같은 맥락이다.

오카시오코르테스라는 이름보다 트위터 계정이기도 한 AOC로 불리는 그는 2020년 2월 기준 트위터 667만명, 인스타그램 427만명의 팔로워를 확보하고 있다. 그의 소셜미디어 소통에서 정치인의 권위는 찾아보기 힘들다. 솔직하고 투명하게 일상을 공개한다. 지지자들은 AOC가 사랑스럽고 신선하다고 반응했다. 신규 의원 오리엔테이션 기간 중 너무 바빠서 옷을 세탁할 시간이 없어 코인 빨래방에 간 모습, 지급받은 가방을 보여준다거나, 의회 건물과 도서관 책 소개 등을 인스타그램 스토리로 올렸다. 영상과 사진을 24시간만 공개하는 인스타그램 스토리는 내가 부담스러워하던 포맷이다. 기껏 홍보하고, 반응도 좋았는데 24시간 후 사라지다니! 그런데 AOC는 인스타그램 라이브로 맥앤치즈 같은 요리를 만들면서 정치 이야기를 한다. 지지자들은 "내가 원하는 것이 이런 대의 정치"라고 환호했다. 너무 공감이 되서 마치 자신이 의원이 된 기분이 든다는 반응도 올라왔다.

민주당의 젊은 정치인 베토 오로크는 상원 도전에 실패한 뒤 타운홀 미팅을 열었지만 120명만 참석했다며 아쉬움을 표했다. 그러나 귀가 후 가족과 요리하는 모습을 페이스북 라이브로 올리자, 시청자가 25만명에 이르렀고 댓글은 1만 2,000개가 달렸다. 민주당 대선 후보 경선에 참여한 카멀라 해리스도 추수감사절에 칠면조구이 사진을 인스타그램에 올렸다. 시작이 어렵지, 이제는 어지간한 정치인들이 다 하는 게 소셜미디어 소통이다.

소셜미디어 외교

각국의 정상들이 소셜미디어로 소통하는 것은 이미 외교의 영역

평창 동계올림픽 당시 각국 정상들과 주고받은 문재인 대통령 트윗

이기도 하다. 가벼운 메시지가 아니라, 상대 국가 국민들의 마음을 얻고 진심을 전하는 효과가 있다.

2018년 2월 평창 동계올림픽 당시 알랭 베르세 스위스 대통령은 우리나라를 방문해 한반도 평화를 기원하는 트윗을 올렸다. 문재인 대통령은 "스위스야말로 제2차 세계대전 후 최초의 '평화 올림픽'인 1948년 생모리츠 동계올림픽 개최국"이라는 트윗으로 바로 화답했다. 스위스는 여자 아이스하키 남북 단일팀이 첫 경기를 치르는 상대였다. 알랭 베르세 대통령은 아이스하키 경기장을 직접 찾아 '경기를 앞두고 이미 평화를 위한 승리'라고 트윗을 올리기도 했다.

줄리 파예트 캐나다 총독은 방한하면서 우주에서 찍은 한반도 사진을 올렸다. 문 대통령은 이 특별한 선물을 언급하며 "우주선을

다양한 언어로 소통하는 소셜미디어 외교

타고 푸른 바다 위 한반도를 바라보면 두개로 나눠져 있는 것이 아니라 하나임을 알 수 있다"는 파예트 총리의 트윗에 감사를 표했다. 평창 동계올림픽은 한반도에 평화를 되살릴 수 있는 기회였고, 세계 지도자들도 소셜미디어를 통해 직접 마음을 보태왔다. 트럼프 대통령의 특사로 방문한 이방카 트럼프 보좌관 역시 문재인 대통령 부부에게 감사를 표했고, 대통령은 화답했다. 이 모든 것이 모두 소셜미디어를 통해 서로를 태그하며 이뤄진다. 얼마나 놀라운 외교의 장인가.

문재인 대통령은 순방 외교를 통해 다른 나라를 방문하고 떠날 때마다 '○○○를 떠나며'라는 글을 소셜미디어를 통해 올리곤 한다. 해당 국가 정상들의 환대에 대한 감사의 마음을 전하고, 양국이 힘을 합쳐 새롭게 만들어낼 미래에 대한 이야기를 담는다. 언젠가

소셜미디어 전성시대 239

부터 이 메시지를 그 나라의 언어로 번역해 함께 올렸다. 이건 생각보다 어려운 일이다. 진심을 다해 상대 국가 국민들에게 남기는 인사지만, 국가 정상의 메시지다보니 번역에 공이 꽤 들어간다. 게다가 그런 메시지는 미리 준비하는 게 아니라 대통령이 해당 국가 일정을 다 마무리할 무렵에야 나오고, 바로 다음 국가로 이동하기 때문에 너무 늦어져도 곤란하다. 어떤 국가의 경우, 해당 언어 능력자가 많지 않고 순방 업무에 집중하는 경우도 있어 여력이 안 될 때도 있다.

외교 일정이든, 어느 나라에 자연재해나 사건 사고가 발생했든, 각국 외교 부처에서 서로 '전문'을 주고받는 것이 통상적 관례다. 문장도 상당히 엄숙하고 정제된 외교적 공식 언어라 일반인인 내 눈에는 큰 감흥이 없었다. 하지만 최근에는 일이 생길 때마다 서로 직접 메시지를 주고받는 풍경이 흔해졌다. 이런 광경을 보는 것은 국민으로서 굉장히 각별하게 다가온다. 모디 인도 총리는 신남방 정책을 추진하면서 문재인 대통령과 각별한 우정을 쌓고 있다. 선물로 인도 전통복장을 보내주어 인증샷까지 찍어서 소셜미디어로 감사를 전했다. 요가의 날 축하 메시지도 영어와 한글로 올렸다. 이제는 국가 정상과의 소통에서도 소셜미디어는 중요한 부분을 차지하고 있다.

방탄소년단의 노래가 미국 '빌보드 200' 1위에 오른 날 대통령이 "노래를 사랑하는 일곱 소년과 소년들의 날개 '아미'에게 축하의

국민들에게 포커스를 양보한 각국의 지도자들
(왼쪽부터 마크롱 프랑스 대통령, 트뤼도 캐나다 총리, 문재인 대통령 인스타그램)

인사를 전합니다"라고 올렸던 트윗은 한글은 29만회, 영문은 28만회 넘게 리트윗됐다. 대통령이든 청와대든, 각국 지도자든, 누구든 쉽게 구경하기 어려운 리트윗 규모인데, 방탄소년단과 아미에 대한 축하라서 가능했던 반응이다.

이제 거의 모든 정치인은 소셜미디어를 한다. 외교까지 소셜미디어에서 하는 시대에 어찌 마다할 수 있을까. 소셜미디어를 하다 보면, 특히 각국 지도자들이나 정치인들의 근황을 살피다보면, 사진이 사뭇 다르다는 느낌을 받는다. 우리나라 정치인들도 소셜미디어 활동을 늘리고는 있지만 올리는 사진들이 여전히 고전적이다. 연설하는 사진, 행사장에서 본인을 중심으로 줄 맞춰 서 있거나, 손가락하트를 하거나, 화이팅을 외치듯 주먹을 든 사진이 대부분이다. 우리가 그간 수도 없이 많이 본 사진들이다. 10년 전인지,

에마뉘엘 마크롱 프랑스 대통령 인스타그램

1년 전인지, 어제 찍은 사진인지 헷갈린다. 의정부고등학교의 졸업 사진이 유명해진 것은 창의적이고, 남과 다르며, 재미있었기 때문 이다. 정치인 사진이라고 다를 리 없다. 어떤 사진이 창의적이고 남 과 다르며 재미있는 사진일까?

얼굴이 정면으로 잡히지 않거나 뒷모습을 담은 사진은 색다른 인상을 준다. 에마뉘엘 마크롱 프랑스 대통령이나 쥐스탱 트뤼도 캐나다 총리의 참모들도 이런 점을 신경 쓰는 게 분명하다. 특히 마크롱 대통령의 소셜미디어 참모들의 사진 고르는 감각에 감탄할 때가 종종 있었다. 한장의 이미지는 정말 힘이 세다.

정치인의 사적인 모습, 혹은 아이들이나 동물과 함께 있는 모습 도 눈에 띈다. 트뤼도 총리의 가족사진은 뒷모습이다. 개학을 한 아 이들의 등교를 챙기는 아빠의 모습이 따뜻하다. 현역 정치인이라

정치인의 사적인 모습을 담은 인스타그램
(왼쪽부터 트뤼도 캐나다 총리, 이방카 트럼프, 오카시오코르테스 하원의원)

고 하기는 어렵지만, 이방카 트럼프도 아빠 못지않은 인플루언서
다. 2018년 12월 백악관의 크리스마스 분위기를 사진 한장으로 전
했다. 누구의 얼굴이 클로즈업 되지 않아도 상상의 나래를 펴게 만
드는 사진이다. 오카시오코르테스도 여느 정치인과 마찬가지로 아
이를 만날 때는 눈높이를 맞추는 편이다. 그것도 아주 적극적으로!

우리는 대통령이 옆으로 밀려나 국민들에게 포커스를 양보한 사
진을 종종 골랐다. 지도자의 뒷모습은 때로 아련하고, 여러가지 생
각을 낳게 한다. 청와대 전속 사진가들은 그 순간을 포착하곤 했
다. 야구장에서, 경북 안동의 병산서원에서, 프로야구 한국시리즈
가 열린 야구장에서 포착한 대통령 부부의 뒷모습은 보는 이들을
저마다의 감상에 빠지게 하지 않았나 싶다. 2017년 추석을 앞두고
관저를 찾은 어머님과 대통령의 모습도 가슴이 뭉클해지는 사진이

문재인 대통령의 뒷모습을 담은 소셜미디어 사진들

다. 주영훈 경호처장이 직접 찍은 그 사진을 발견하고는 조르고 졸라 얻었다. 추석날 시가에서 음식 준비하다 말고, 중간에 혼자 방으로 들어가 사진을 소셜미디어에 올렸던 기억이 생생하다.

실행하지 못한 아이디어들

새로운 시도를 정말 많이 했다. 끊임없이 했다. 다들 힘들었을 게 분명하다. 하지만 새로운 것을 해보는 과정 자체가 신나는 일이라고 믿었다. 물론 현명한 우리 동료들은 "마냐가 또 새로운 걸 시도하려 한다"며 틈틈이 말렸다. 강경화 외교부장관의 컵라면 사진으로 화제를 모았던 '청와대 B컷'을 비롯해 우리끼리 더 신났던 작업들도 적지 않다. 공식 사진의 맛과 다른 B컷은 온라인에서 훨씬 반응이 좋았다. 각 언론사 온라인 뉴스팀에서 집중적으로 다뤄주기도 했다. 근접 촬영이 가능한 청와대 고위 관계자들이 가끔 현장의 생생한 사진을 전해주면 무척 고마웠다. 주로 해외 순방 때 B컷이 많이 나왔는데 자연스러운 대통령의 모습뿐 아니라 현장에서 각자 최선을 다하는 공직자들의 모습을 전하고 싶었다.

2017년 12월 청와대 해외언론비서관실에서 외신 기자 및 해외 거주 언론인, 재외 공관과 주한 공관, 주한 경제단체 등에 배포하기 위해 한국의 아름다운 풍경을 담은 멋진 달력을 만들었다. 소셜미디어에 소개했더니 갖고 싶다는 요청이 줄을 이었다. 우리에게는 달력을 제작해 배포할 예산이 없었지만 못할 이유도 없었다. 우리는 '최강뉴미'가 아닌가. 그래서 스마트폰 바탕 화면으로 쓸 수 있는 달력을 제작했다. 이후 달마다 맞는 이벤트를 찾아서 정기적으로 달력을 제공했다. 예컨대 4월이면, "제법 봄기운이 나는 4월" "4월은 잊지 말고 기억해야 할 일들이 많은 달"이라고 소개하면서 세월호 가족들을 맞을 때 청와대 도로를 덮었던 노란 깃발 사진을 썼다.

나는 전 직장에서 배운 대로 '즐겁게 세상의 변화를 만드는 것'에 관심을 집중했다. 일이 아무리 바빠도 작업하는 우리가 즐거워야 했다. 격무에 시달리고 스트레스도 많았기에 소소하고 즐거운 재미를 만들어가지 않으면 버티기 쉽지 않았다. 계속해서 새롭고 재미있는 아이디어를 찾고, 프로젝트로 만들어나가는 것이 내가 '버티는 비결'이다. 그 수많은 아이디어 중에서 끝내 실행하지 못해 아쉬운 프로젝트도 적지 않다. 그중 하나가 바로 팟캐스트다.

조지프 바이든 전 미국 부통령이 자리에서 물러난 뒤 시작한 건 팟캐스트였다. 오바마 정부에서 8년이나 부통령직을 수행한 분이 팟캐스트를? 뉴욕타임스나 워싱턴포스트에 칼럼이나 가끔 쓰면 될 것 같은 분이 왜?

그는 2017년 9월 '바이든의 브리핑'이라는 제목으로 팟캐스트에 뛰어들었다. 자신이 직접 고른 뉴스를 매일 읽어줬다. 버니 샌더스 상원의원 역시 '버니 샌더스 쇼'라는 팟캐스트를 직접 진행했다. 바이든도 샌더스도 현재는 유튜브와 인스타그램에 집중하고 있지만 당시는 미국에서도 오디오 콘텐츠에 대한 수요가 컸던 시절이다. 나도 덩달아 팟캐스트를 다시 보기 시작했다. 청와대에서도 팟캐스트를 할 수 있을까? 물론 아무도 청와대 팟캐스트를 들어본 적 없으니, 성사되지 못한 프로젝트다.

2017년 무렵에는 매달 새 팟캐스트가 300개씩 생겼다고 한다. 상위권 채널은 편집, 기획, 작가, 피디까지 팀으로 움직이면서 광고 수익이 월 몇천만원에 달했다. 중국에서는 마케팅이나 비즈니스 쪽에서 말 잘하는 법 같은 강의가 우리 돈으로 100억원 이상의 수익을 냈다. 구글 홈이나 아마존 알렉사 외에도 SKT 누구, 네이버

웨이브, 카카오 미니 등 AI 스피커가 속속 등장하면서 오디오 콘텐츠에 대한 수요가 급격히 높아지고 있었다. 사람들이 팟캐스트를 듣는다면, 청와대도 팟캐스트를 하는 게 마땅하지 않나? 우리 눈에 잘 보이지 않고, 주요 매체들이 보도하지 않아서 그렇지, 거기에 그런 세상이 있다는데!

바로 다음 날, 이런 내용을 가지고 뉴미디어비서관실 동료들에게 열변을 토했는데 다들 표정이 좋지 않았다. '아, 마냐가 또 새로운 짓을 벌이려고 하는데, 말려야 한다'라는 무언의 공감대가 내 눈에도 보였다. 총대는 우리의 만능플레이어 써니가 맸다.

"마냐, 제가 팟캐스트를 좀 해봤잖아요. 팟캐스트가 들을 때는 쉬운 것 같이 보여도 준비가 간단치 않아요. 지금 우리 인력으로는 안 돼요."

('해봐서 아는데', 이건 어느 대통령의 말씀 때문에 위력이 좀 줄기는 했으나, 여전히 강력한 근거가 된다.)

"유튜브 라이브 편집해서 올리면 안 돼요?"

"안 돼요, 마냐. 비디오와 오디오는 콘텐츠 성격이 달라요. 유튜브는 눈으로 보는 게 있어서, 대충 지나가는 순간들이 있는데요. 오디오는 소위 '마'가 뜨면 안 돼요. 아, 우리끼리 쓰는 용어이긴 한데, 하여간에 중간에 빈틈이 있으면 안 된다는 말이에요. 쉬지 않고 떠들어야 한다고요."

"그러면 유튜브를 처음부터 촘촘하게 만들면 안 될까요? 일타쌍

피가 불가능한 걸까요?

"안 돼요, 마냐. 팟캐스트 하던 분들이 줄줄이 유튜브로 가려고 하는데, 사실 고전하고 있어요. 진행하는 스타일 자체가 달라요. 그리고 팟캐스트는 솔직히 말발이 중요해요. 우리 중에 누가 그게 되겠어요."

"일단 써니하고…"

청와대 동료 중에도 진짜 말 잘하고, 좌중을 들었다 놨다 하는 사람들이 많았는데, 그 사람들이 진행을 맡아줄 가능성은 몹시, 진심으로 몹시 낮았다. 내가 생각해도 그렇게 날마다 떠드는 것은 어느 정도 리스크가 없지 않았다. 말실수라도 하면 정말 큰일이다. 이렇게 팟캐스트의 꿈은 포기하게 됐다.

매번 아이디어를 밀어붙이고, 그중 몇은 성공하고, 몇은 동료들의 만류에 포기하는 일이 이어졌다.

또다른 아이디어는 일명 '셀레브 프로젝트'다. 인터뷰 전문 미디어인 셀레브에서 바이올리니스트 정경화 씨를 인터뷰한 영상이 소셜미디어에서 큰 화제였다.[8] 정경화 씨의 한마디 한마디가 주옥같았고, 끝까지 빨려들어가는 인터뷰였다. 인터뷰의 힘을 제대로 보여준 영상이라고 생각했다. 나는 딱 그 셀레브 스타일로 정의용 안보실장을 모시고 싶었다.

2018년 여름은 남북관계가 급물살을 타던 무렵이다. 4월 27일 1차 정상회담에 이어 5월 26일 2차 정상회담이 열렸다. 기적 같은 변화를 만들어가고 있는 도중이었기 때문에 너무 조심스러워서였을까. 끝내 정의용 실장의 허락을 받아내지 못했다. 그분에게 셀레브 스타일로 인터뷰를 해본다면 얼마나 의미 있는 이야기가 나올까. 정말 아쉬웠다. 정의용 안보실장은 고비마다 사람들의 방향을 잡아주는 좋은 리더였다. 하고 싶은 말도 많을 텐데 언젠가 다 풀어내는 날이 올 거라 믿는다.

장하성 정책실장에게 '주간 장하성'을 제안한 것도 그 무렵이다. 기승전 '최저임금', 최저임금 정책이 모든 문제의 근원으로 지목되면서 소득주도성장의 취지가 제대로 알려지지 않아 답답했다. 장하성 정책실장이 직접 나와 조곤조곤 소상히 설명하면 어떨까 했는데, 승낙을 받지 못한 채 시간이 지나갔다. 정쟁이 심해지면서 정책실장 혼자서 불을 끄기가 쉽지 않은 상황으로 변해갔다. 이건 내가 타이밍을 놓친 사안이라 아쉬움이 더 크다. 가끔 그분의 얘기를 듣다보면, '아, 이분이 바로 재벌과 최전선에서 싸우면서 밀리지 않았던 그 장하성이었지' 하면서 설득되곤 했는데 아쉽다.

청와대 디지털소통센터장에서 물러나기 직전에 추진한 프로젝트도 일명 '주간 문재인'이다. 국민과 직접 소통하고자 하는 대통령의 뜻에도 잘 맞았고, 대통령의 마음에 남은 일들을 국민에게 털어놓는 자리를 만들고 싶었다. 동료들과 상의해서 대통령에게 금요일 오전 딱 5~10분을 할애해달라고 청하려 했지만 나중에는 점점 더 쪼그라들어 금요일 아침 출근길에 최소 2~3분만 주십사 했다. 워커홀릭 대통령의 일정이 적지 않았고, 현안도 끝없이 이어지다보니 뉴스가 뉴스로 덮이는 일이 많았다. 그냥 그렇게 넘기기에는 매우 아쉬운 사안도 있고, 국민에게 조금이라도 더 전하고 싶은 마음이 간절했다. 예컨대 이런 방식이다.

"안녕하세요. 불금인데 국민 여러분도 퇴근하고 계신가요? 저는 이번 주에 금천구의 치매안심센터를 다녀왔습니다. 어르신들과 카네이션을 만드는데 한분이 이런 말씀을 하더라고요. (…) 지난 목요일에 초청한 누구누구 분들의 사연도 가슴에 남습니다. (…) 다음 주에는 무슨 무슨 일정이 있네요. 이러저러한 현안들이 있는데, 잘 해보겠습니다. 국민 여러분 모두, 이번 한주도 수고 많으셨습니다."

사전 원고 없이 그저 소감만 말해주시면, 잘 편집해 1~2분 영상으로 만들어 금요일 퇴근길에 공개하려고 했다. 대통령이 현장에서 느꼈던 에피소드를 소개하기도 하고, 그 주에 있었던 어떤 행사는 어떤 의미가 있는지 설명하는 것… 괜찮지 않았을까? 마지막에는 "모두들 이번 한주도 수고 많으셨습니다"라는 퇴근길 안부 인사 느낌으로 매번 같은 멘트를 하면 어떨까?

이 프로젝트는 제대로 추진해보려는 단계에서 내 임기가 끝났다. 나는 왜 이 프로젝트에 애착을 가졌을까. 대통령의 진심이 국민에게 고스란히 전해진다면 정말 좋겠다 싶었을 뿐이다. 아깝다.

5장

국민청원, 새로운 소통을 열다

국민이 물으면 정부가 답한다

국민에게 '경험'이 된 국민청원

"멍멍이새끼, 이건 괜찮지 않나?"

"사람을 상대로 하면 안 돼요."

"요즘 초딩들이 욕하는 거 못 봤어? 변성기도 안 온 애들이 어른 사람들보다 더해. 걔네들이 뭐 욕 안 나오는 TV 보고 그렇게 됐을까? 이왕 이렇게 된 거 우리 TV에서 욕을 살벌하게 하자고. 혐오스럽게. 그럼 나가서 안 하지 않을까? 그래, 이 사회를 깨끗하게 하기 위해서 우리 TV를 포기하자고. TV에서만 욕하자고."

"그건 저한테 말씀하실 게 아니라 뜻이 맞는 사람들을 모아 뭐 방통위든, 청와대든, 국회든, 시위를 하시든, 국민청원 게시판에 청원을 하시든 그쪽이 빠를 거예요."

"방송에서 욕해달라고 국민청원 게시판에 올려서 사회적 이슈가 되면 얼마나 동의를 받을까?"

"다른 청원이 올라올 거야. '임진주 작가 제명시켜주세요' 하고. 그건 20만 넘는 동의를 얻어 청와대의 답변이 나오겠지."

드라마 「멜로가 체질」(2019)의 한 장면이다. 드라마 대사에 욕을 쓰는 문제를 두고 드라마 작가인 임진주와 제작사 친구가 나누는 대화였다. 현실세계에 이미 욕이 가득하니 TV 드라마에서 더 심하게 하면 어떻겠냐는 기상천외한 발상에 제작사 친구는 차라리 청원을 올리라고 받아친다. 그러자 옆에 있던 보조작가가 작가 제명 청원이 더 잘될 거라고 덧붙인다. 영화 「극한직업」(2018)의 이병헌 감독이 각본까지 맡아 '말맛'이 뛰어났던 이 드라마에 푹 빠졌던 팬으로서, 그리고 국민청원을 담당했던 사람으로서 청원 얘기를 이렇게 만나다니 기분이 좋았다. 어이없는 주장도, 현실적 반박과 주장도 모두 국민청원이라는 플랫폼을 기반으로 상상하는 장면이라니… 몹시 현실성 있는 대화에 백배 공감하며 웃어버렸다.

때로 논란의 중심에 서기도 했지만 국민청원은 이제 국민들이 일상적으로 입에 올리는 대상이 되었다. 세상에, 이런 날이 오고야 말았다. 국민들은 사회적으로 목소리를 내는 게 어렵지 않고, 누구나 참여할 수 있다는 경험을 갖게 됐다. 2020년 'n번방 사건' 관련 청원에 무려 500만명의 국민이 뜻을 모은 덕분에 범인 조주빈의 신상이 공개되고 정부는 양형 기준 강화를 약속했다. 이 과정을 보며 '청원 안 만들었으면 어쩔 뻔했나' 잠시 생각했다. 관련 재판에서 젠더 감수성이 부족한 판사를 교체해달라는 청원의 경우, 실제 법원을 움직일 리 만무했으나 해당 판사가 교체를 자청하도록 만들었다. 무엇이든 호불호가 있을 수 있고, 명암이 있겠지만 어느 정도 선까지 왔다고 생각한다. 청와대 최강뉴미 동료들은 매번 앞으로 어떤 형태의 소통을 하든 이것보다 후퇴하는 건 어렵겠다 싶을 만큼까지 앞으로 달려나가려고 노력했다.

"국민이 물으면 정부가 답한다." 이것이 국민 소통의 기본이 아니고 무엇인가. 말은 간단했지만 실행에는 여러가지 복잡한 고민이 있었다. '그래도 만들어보자! 이것은 대통령의 뜻이다.' 반드시 성공시키고 싶었다.

청원 관련 인터뷰 때 종종 얘기하기도 했는데, 국민청원을 끝내 만들겠다고 결심한 데는 국민 600만명이 서명하고 지지했던 세월호특별법에 대한 기억이 컸다. 우리 모두는 2014년 4월 16일 이후 삶이 달라졌다. 아이들을 잊지 않겠다고 결심했고, 아이들에게 미안한 마음을 갚으며 살겠다고 다짐했다. 그런데 600만명이 마음을 모아도 아무것도 바뀌지 않았다. 박근혜 정부는 꿈적도 안 했다. 아니, 관심조차 보이지 않았다. 국민이 의견을 모았으면 무슨 말이라도 해야 하는 것이 아닌가. 국민들의 뜻은 충분히 알았다, 현황은 어떻고 앞으로 어떻게 하겠다, 그러기 위해서는 어떤 절차가 필요하다, 현행법은 어려우니 법이 바뀌어야 한다, 다른 방식이 나을 수 있어 현단계에서 법 개정은 고려하지 않고 있다 등등 어떻게든 답을 해줘야 하는 것 아닌가. '응답하라, 2014'에서 우리는 처절하게 패배했다. 그 패배감을 기억한다면 이제는 국민이 뜻을 모았을 때 반드시 응답하도록 해야 한다는 생각이 있었다. 그래야 참여한 국민들이 세상에 조금이라도 선한 영향력을 만드는 데 함께했다는 효능감을 느낄 수 있다.

사실 비슷한 서비스가 없는 것은 아니다. 국회청원도 있고, 정부민원, 국민신문고 등이 운영되고 있었다. 그러나 활성화되어 있지 않아 참여해봤다는 사람은 보기 힘들었다. 그때까지만 해도 청원이라고 하면 대다수 사람들은 다음 아고라의 청원을 생각했다. 하지만 언론이나 입법부, 행정부에서 관심을 가지도록 이슈화시키는 것까지가 아고라의 한계였다. 그럼에도 불구하고 아고라가 국민신문고 같은 정부의 공식 루트보다 흥행한 이유는 잘 만들어진 포털 서비스였기 때문이다. 국민들이 들어오는 공론장을 무려 청와대 홈페이지에 만들 수 있을까? 정부에서 공론장을 만든들 국민들이 과연 찾아올까?

'데스스타'를 만들어주세요

벤치마킹을 하기 위해 미국과 영국, 핀란드 등 해외 사례를 들여 다보기 시작했다. 국내에서는 무엇을 하든 해외 사례를 중요하게 여긴다. 새로운 시도를 할 때면 일종의 근거가 된다. 해외에 사례가 없는 일은 도전도 말라는 걸까?

국내에도 많이 알려진 미국 백악관의 청원 '**위더피 플**'We the People(https://petitions.whitehouse.gov/)은 오바마 미국 대통령의 '열린 정부' 구상에 따라 2011년 9월 선을 보였다. 초기에 5,000명 이상이 동의 서명한 청원에 대 해 30일 안에 반드시 답변한다는 규정을 만들었지만, 현재 기준은 10만 명으로 상향 조정됐다.

위더피플은 국민청원을 준비하는 과정에서 굉장히 중요한 영감 을 제공했다. 청원 시스템의 핵심이자 가장 부담스러운 점은 반드 시 답변을 해야 한다는 것이다. 청와대까지 올라온 청원이 답변하 기 쉬운 사안일 리 없다. 아니, 답변의 난이도를 떠나 답변을 내놓 는 자체가 리스크가 될 수도 있다. 2017년 5월 스카우트 제안을 받 은 자리에서 윤영찬 국민소통수석으로부터 청원 얘기를 듣자마자 "그걸 어떻게 하려고 그러세요. 나중에 탄핵 청원도 분명히 들어올 텐데"라고 난색을 표했다. 탄핵으로 전임 대통령이 물러나고 문재 인 정부가 출범한 시기에 가장 골치 아픈 청원으로 대통령 탄핵 청원 가능성부터 생각한 것은 당연한 수순이랄까.

국민청원이 과연 가능한 일일까 고민하던 중 위더피플의 청원 한가지가 눈에 들어왔다. 영화 「스타워즈」 시리즈에 등장하는 제국의 비밀병기 데스스타$^{Death\ Star}$를 만들어달라는 청원이었다. 행성을 아예 파괴할 수 있는 지름 160킬로미터의 무시무시한, 영화 속 무기를 만들어달라니… 청원인은 "미국의 국방 예산을 데스스타 같은 무기 체계에 사용한다면 건설·공학·우주탐사 등 여러 분야에서 일자리를 창출하고 군사력을 강화할 수 있을 것"이라며 오바마 정부 임기가 끝나는 2016년 전까지 데스스타 제작을 시작해달라고 청했다. 당시 위더피플은 2만 5,000명의 지지를 얻으면 답변을 해주는 방식이었는데, 데스스타 청원에 한달도 안 되어 3만 4,000명이 서명해 화제가 됐다. 미국 정부의 답변은 어땠을까?

"정부는 일자리 창출과 강력한 국가 방위에 대한 청원인의 요청에 동의하지만 데스스타는 만들 계획이 없습니다. 몇가지 이유를 말씀드리면 데스스타 구축에는 850,000,000,000,000,000달러보다 많은 예산이 소요될 것으로 추산됩니다. 정부는 재정적자를 늘리는 게 아니라 줄이려고 노력하고 있습니다. 엄청난 규모의 국민 세금을 (영화에서처럼) 1인 우주선에 의해 파괴될 수도 있는 데스스타에 써야 할까요? (…) 정부는 행성을 날려버리는 일을 지지하지 않습니다. 청원인이 과학이나 기술, 엔지니어링 혹은 수학 관련 분야에서 경력을 쌓을 계획이라면 포스가 우리와 함께할 것입니다!^{the Force will be with us!} 기억하세요. 데스스타의 힘은 행성과 항성계를 파괴할 정도지만 포스의 힘 앞에서는 미미합니다.”

'포스가 당신과 함께 하기를'^{may the force be with you} 이라는 영화 속 명대사를 백악관 청원 답변에서 발견하다니! 이렇게 정색하고 답변할 일인가 싶은데 그래서 더 재미있었다. 게다가 미국 정부는 행성 파괴에 뜻이 없다는 조크까지. 자신감이 생겼다. 청원이 아무리 엉뚱해도 나름의 답변을 찾는 것은 불가능한 과제가 아니었다. 그래, 무슨 청원이든 답변은 할 수 있겠구나 싶었다.

영국도 청원이 활발하다. **영국 정부와 의회의 청원 사이트** (https://petition.parliament.uk/)는 2020년 2월 기준 지난 회기에 456개 청원이 정부로부터 답변을 얻었고, 73개 청원에 대해 의회에서 토론이 이뤄졌다고 밝히고 있다.
1만명의 동의를 얻으면 정부가 답변한다. 10만명의 동의를 얻으면 의회에서 현안 공청회처럼 토론을 개최하는 방안이 검토된다. 핀란드도 5만명의 동의를 얻으면 의회에서 논의를 할 수 있도록 하고 있다.

인도네시아에서는 동성애와 혼전 성관계 등 부부를 제외한 커플의 성관계를 모두 불법으로 규정하는 형법 개정안이 2019년 9월 표결 직전에 유보됐다. 조코 위도도 인도네시아 대통령은 의회에 형법 개정안을 표결에 부치지 말고 다음 회기로 넘겨달라고 요구했다. 위도도 대통령에게 형법 개정안에 거부권을 행사하라고 촉구하는 온라인 청원에 불이 붙었기 때문이다. 56만명이 넘게 서명했다. 형법 개정안은 이슬람 관습법을 반영해 사생활 침해와 민주주의 퇴행 논란이 적지 않았다. 결혼한 배우자가 아닌 사람과 성관계를 하거나, 혼인하지 않은 동거 커플, 합의한 혼전 성관계, 동성애 등이 모두 형사처벌 대상이 되도록 했다. 주변 국가에서도 우려의 시선이 많았고, 인도네시아 내에서도 논란이 거세지면서 정부가 의회에 표결 보류를 요청한 것이지만, 수십만명의 국민이 참여한 청원의 열기도 여론을 움직이는 데 한몫한 것으로 보도됐다.

개별 국가의 청원은 아니지만, 세계에서 가장 활발한 청원 사이트 체인지(https://www.change.org/)도 청원을 살펴본다면 놓칠 수 없는 곳이다. '변화를 위한 세계 플랫폼'을 모토로 12개 언어를 기반으로 18개 국가의 팀이 활발하게 활동하고 있는데, 우리나라는 해당되지 않는다.[1] 하루에도 전세계 수백만명이 체인지에서 청원을 진행하고 참여한다. 체인지는 196개국에서 3억 3,500만명이 청원에 참여했고, 크고 작은 이슈에서 3만 9,400여개의 '승리'를 거두었다고 밝히고 있다.

인증은 쉽게

다른 이들은 몰라도 내게 무척 흥미로운 점이 위더피플과 영국 청원의 동의 서명 방식이었다. 백악관 청원은 이름과 이메일 주소만 넣으면 가능하다. 영국 청원은 국민과 영국 거주자에게 서명할 수 있는 자격을 주는데, 이메일 외에 우편번호를 추가로 요구한다. 이메일이면 충분하다니. 청와대 국민소통플랫폼을 성공시키기 위해 가장 먼저 결심한 게 실명 인증을 걷어내는 것이었다. 정부 부처의 홈페이지는 아직도 본인 인증을 요구하는 곳이 적지 않다. 법에서 요구하는 경우도 있다.

내 경험상 글을 쓰게 만드는 데 가장 높은 장벽이 인증이다. 네이버 댓글에 어르신들이 많이 들어오게 된 배경도 트위터, 페이스북 같은 소셜미디어 인증 덕분이라는 주장도 있다. 청와대 국민청원이 소셜로그인을 하기 때문에 중복 서명 가능성이 있어 동의 숫자를 믿을 수 없다는 일각의 지적이 있는데, 20만명을 채우는 것은 몇십, 몇백명이 애쓴다고 되는 일이 아니다. 소셜로그인을 채택한 대신 동의 데이터를 유심히 모니터링하는데, 특이한 움직임은 거의 없었다. 미국이나 영국 청원이 이메일만으로 동의할 수 있다는 이유로 숫자를 신뢰할 수 없다는 뉴스는 들어본 적 없다.

소셜로그인의 장점은 그 외에도 많다. 애초에 개인정보를 수집하지 않기에 유출 가능성이 없다. 청와대에 게시물을 올렸다가 불이익을 당할까 걱정하지 않아도 된다.

그래도 청와대 홈페이지인데 실명제로 운영해야 하는 것이 아니냐는 의견이 있는데, 2007년 제한적 본인확인제를 도입한 이후 5년 동안 논쟁이 이어졌다. 실명제를 실시해도 악플은 줄지 않았고 오히려 아이디 도용만 늘었다. 선한 이용자의 표현의 자유는 위축됐고 고의적 불법행위자들은 피할 구멍부터 찾았다. 인터넷 실명제는 일부 전체주의 국가에나 있는, 선진국에는 없는 제도다. 제한적 본인확인제가 세계적인 기업들과 경쟁하는 국내 기업에게 역차별이 되고 이용자를 위축시킨다는 주장도 강하다. 정보통신망법상 제한적 본인확인제, 이른바 실명제가 해법이 아니며, 오히려 부작용만 많았다는 것이 2012년 헌법재판소의 결정이다.[2] 어떻게 해야 위더피플처럼 고작 이메일로 동의를 받아도 그걸로 충분한 신뢰사회를 만들 수 있을지 고민하는 게 낫다고 본다.

청원을 게임처럼, 설계의 시작

"게임 세계에서는 전력을 다해 충실히 살고 있다는 느낌이 드는데 현실 세계에서는 대체 어디에서 그런 느낌을 찾을 수 있을까? 능력을 발휘해 동료와 함께 장대한 목표를 향해 나아간다는 느낌은? 복잡하고 어려운 과제를 달성했을 때 찾아오는 감격스러운 성취감은? 개인적 성공과 더불어 팀에서 함께 목표를 달성했을 때 느끼는 벅찬 감동은? 물론 현실에서도 이따금 그 같은 즐거움을 경험하긴 한다. 그러나 좋아하는 게임을 할 때는 그야말로 그칠 줄을 모르고 계속된다."[3]

게임 디자이너이자 게임 연구가인 제인 맥고니걸의 말이다. 두근거렸다. 뭔가 실마리를 찾은 기분이었다. 어떻게 하면 시민으로서 정치적 목소리를 내는 일을 게임처럼 수많은 사람들이 열광하는 활동으로 만들 수 있을까?

게임은 효능감뿐만 아니라 구조에서도 영감을 주는 콘텐츠다. 게임의 첫번째 조건은 달성해야 할 과제가 있어야 한다는 것이다. 너무 당연한 이야기지만, 사람들이 게임에 빠져드는 흔한 이유는 '판'을 깨기 위해서다. 한 판을 깨면, 그다음 판이 나온다. 벽돌 깨기나 카드 맞추기 같은 단순한 게임부터, MMORPG 같은 고차원 게임까지 어느 게임이나 한 판을, 한 라운드를, 한 단계를 돌파해야 그다음 세상이 열린다. 그 한 고비를 넘어서기 위해서 전력을 다하는 게 게임이다. 청원도 목표점이 명확해야 했다.

어느 나라나 청원에는 몇만명 이상 동의라는 기준선이 있다. 처음부터 고민은 간단했다. 10만명이냐, 20만명이냐. 미국 백악관은 10만명이 기준이었고, 다른 모든 나라가 그것보다 기준선이 낮았다. 핀란드는 5만명이다. 대만은 그것보다 더 낮다. 우리나라 국민들의 온라인 활동이 때로 얼마나 적극적으로 돌변하는지 우리는 모두 알고 있었다. 10만명은 너무 낮았다. 미국 언론에서 무슨 무슨 '100인'을 선정한다고 해도, 우르르 달려가서 서명하는 게 우리 국민 아니던가. 그런데 눈치가 보였다. 우리만 무턱대고 50만명,

100만명을 할 수는 없지 않은가. 미국도 10만명인데. 게다가 자칫 너무 높게 잡으면 효능감은커녕, 목표치가 너무 멀어서 흥행에 실패할 게 분명했다. 적절한 선이 필요했다. 막판까지 미루다가 결정한 선은 10만명도 20만명도 아니었다. 우리는 '일정 규모' 이상의 동의를 받은 청원에 대해서는 답을 하겠다고 공지문을 썼다. 실제 시스템을 운영해보면서 적정선을 찾아보기로 했다.

2009년 6월 영국에서 수백명의 의원들이 세비를 부당하게 챙긴 스캔들이 터졌다. 난리가 난 이후에야 정부는 100만장이 넘는 청구서와 영수증을 분류도 않고 그냥 공개해버렸다. 영국 일간지 가디언이 게임 개발자를 찾아 이 사건을 의뢰했다. 7일간 개발자들은 날것의 데이터를 45만 8,832개의 온라인 문서로 변환시켰고, '의원 세비 조사단' 프로젝트로 네티즌들에게 게임 참여를 유도했다. 가이드는 명확했다. 첫째, 문건을 찾아라. 둘째, 유형을 파악하라. 셋째, 미심적은 청구 항목을 옮겨 적어라. 넷째, 왜 정밀 조사가 필요한지 이유를 정리하라.

무려 2만명이 참여했고 17만여건의 전자문서를 분석했다. 세비 스캔들로 결국 의원 수십명이 사퇴했다. 이 프로젝트의 교훈이 내게는 깊게 와닿았다.

"사람들이 자신의 시간을 기꺼이 할애하여 어떤 일을 하려면 무엇보다도 '아, 내가 하는 일이 효과가 있구나!' 하는 생각이 들게 해야 합니다. 이렇게 영향력을 행사한다는 느낌이 들지 않으면 사람이 모이지 않습니다."[4]

이 게임을 이끈 개발자 사이먼 윌리슨의 말이다. 게임의 두번째 조건은 목표를 달성하면 보상이 주어져야 한다는 것이다. 그 보상이 효능감이 될 수 있다는 생각이 들었다. 윌리슨의 말대로 "내가 하는 일이 효과가 있구나" 하는 생각이 들도록 해야 한다. 이 같은 이유에서 최고 책임자의 책임 있는 답변이 반드시 나오도록 설계했다. '최고 책임자'라면 적어도 각 부처 장관급이, 청와대에서 답변하는 경우 수석급은 나와야 한다고 생각했다(나중에는 청원이 너무 많이 올라오는 바람에 비서관급으로 답변자 풀을 대폭 넓혔다).

반드시 '영상으로' 답을 해야 한다고 정한 것도 책임 있는 답변을 위한 장치다. 청원 초기 서면으로 답하면 안 되느냐고 해당 부처에서 수차례 문의가 왔었다. 미안하지만 안 된다고, 반드시 출연하셔야 한다고 했다. 라이브로 하든, 녹화로 하든 영상이어야 했다. 서면으로 하면 관련 부서 사무관이 정리한 답변에 장관이 결재만 할 게 분명했다. 아니, 장관까지 결재가 안 올라갈 가능성이 훨씬 높았다. 장관이 신경을 쓰는 일은 부처에서 움직이는 게 다르다.

공론장의 규칙

사람들을 어떻게 참여하게 할 것인가 하는 고민도 중요했지만 무엇보다 핵심은 게임의 규칙을 세우는 것, '운영'이었다. 만인의 공론장 아고라를 겪어본 덕분에 공론장 리스크가 걱정되지 않을 수 없었다. 게시판 관리를 어떻게 할지도 대비해야 했다. 누구나 떠들 수 있는 공론장은 민주주의의 기본인데, 누구나 떠들다보면 문제가 될 소지가 있는 글도 올라오곤 한다. 대한민국은 명예훼손이 형사처벌되는 몇 안 되는 나라답게, 관리자 책임이 큰 규제 구조를 갖고 있다. 이용자에 대한 규제 대신 관리자의 책임이 커지면 관리자는 보수적으로 운영하게 된다. 공론장을 열어놓으면 논란과 시비가 없을 수 없다. 그 안에서 일어나는 모든 일들이 관리자 책임 시비로 이어질 게 분명하다. 관리에 명확한 기준이 필요했다.

앞서 2장에서 가짜뉴스를 삭제하는 절차를 소개하며 언급했지만, 국내 인터넷 기업들은 2009년 한국인터넷자율정책기구KISO를 출범시켰다. 이 기구가 출범하게 된 배경은 이렇다. 2008년 촛불시위를 겪으면서 삭제 혹은 임시조치되는 게시물이 기하급수적으로 늘어났다. '정보통신망 이용촉진 및 정보보호 등에 관한 법률'(약칭 정보통신망법) 제44조의 2(정보의 삭제요청 등) 조항이 문제였다. 명예훼손을 당했다고 주장만 하면 게시판 관리자 측이 삭제든 임시조치든 해야만 한다.

그런데 훼손될 명예를 가진 이들은 대체로 높으신 분들이다. 교수가 학생에게 "너는 바보야"라고 하면 그냥 넘어가도, 학생이 교수에게 "당신은 바보"라고 한다면 교수에 대한 명예훼손이 성립된다. 정치인에 대한 비판 한두마디도 모조리 명예훼손이라고 주장할 수 있다. 30일 이내의 임시조치라고 하지만 30일은 온라인 세상에서 꽤 긴 시간이다.

결국 인터넷 기업 정책 담당자들이 모여서 법에 의한 타율규제 외에 자율규제 논의를 시작했고, 전문가들과 머리를 맞댄 끝에 KISO를 출범시키게 됐다. KISO는 '자율규제 정책 규정'을 만들었는데, 그중 중요한 규정 하나가 제5조(처리의 제한) 조항이다. 국가기관이나 지방자치단체의 명예훼손 주장은 받아들이지 않기로 했고, 공인에 대해서는 허위라는 점이 소명되어야만 임시조치든 삭제든 조치를 취하기로 했다. 지워달라고 하면 무조건 지워야 하는 법제 아래 예외 기준을 만든 것이다. 많은 판례를 바탕으로 만들어진 KISO 규범들은 든든한 기준이 됐다. 게시판을 운영하다보면 삭제 요구에도 불구하고 막상 삭제하면 논란이 되는 경우도 생긴다. 반면 게시자의 표현의 자유보다 피해자를 보호하기 위해 신속히 삭제해야만 하는 경우도 분명 있다. 그때마다 오락가락한 잣대를 들이대면 양쪽에서 비판받다가 망할 가능성이 높다. KISO 원칙을 기준 삼아 삭제하든 하지 않든 논리적 명분을 확보하는 게 중요했다.

포털을 비롯한 인터넷 기업들의 보편적인 게시판 관리 기준도

참고가 됐다. 게시물 관리자의 골칫거리인 '도배질'에 대해서는 '동일한 내용으로 중복 게시된 청원은 최초 1개 청원만 남기고 숨김처리 또는 삭제될 수 있다'고 분명히 했다. '욕설 및 비속어를 사용한 청원' '폭력적, 선정적, 또는 특정 집단에 대한 혐오 표현 등 청소년에게 유해한 내용을 담은 청원' '개인정보, 허위사실, 타인의 명예를 훼손하는 내용이 포함된 청원'도 삭제될 수 있다고 알리기로 했다. 뭘 지우고 뭘 가렸다고 온갖 시비에 걸릴 수 있기 때문에 기준을 마련하는 게 중요하다는 걸 아고라를 지켜내는 과정에서 배웠다. 착착 준비가 되기 시작했다.

오픈 디데이

국민소통플랫폼, 청와대 홈페이지는 2017년 8월 17일 새 모습을 공개했다. 5월 10일 출범한 정부의 100일 기념일이다. 이날을 목표로 열기 위해 담당자와 홈페이지 개발업체가 온 힘을 다했다. 홈페이지를 어떤 카테고리로 분류하고, 어떤 콘텐츠로 채울지 우리끼리 열띤 토론을 벌였다. 담당 업체가 처음 가져온 시안은 PC용 디자인 위주였다. 나는 모바일 기준으로 만들어달라고 강조했다. 그리고 무조건 비주얼을 우선으로 해달라고 했다. 텍스트나 표, 그래프가 많은 정부 스타일 홈페이지 말고, 무조건 이미지 위주가 되어야 했다. 사실은 굉장히 멋지고 깔끔한 해외 모바일 페이지를 내밀면서, 이렇게 만들어달라고 졸랐다. 영어와 한글의 서체 차이로 인해 디자인에 얹었을 때 느낌이 다르다는 것을 그때 처음 알았다. 결과적으로 홈페이지에 대한 평가는 나쁘지 않았다. 기존 정부 홈페이지와는 확실히 다르다는 반응도 나왔다.

그러나 뒷단의 사정은 달랐다. 절망의 시간을 쌓고 또 쌓았다. 원래는 8월 17일 0시에 오픈한다고 했으나, 도저히 안 되어 17일 오전 6시를 목표로 했다. 야근 끝에 퇴근하면서 또치를 홈페이지 업체 사무실에 두고 갔다. 오픈 전에 연락하니 또치와 개발자가 밤을 꼴딱 새웠는데도 6시에는 도저히 오픈할 수가 없었다. 홈페이지는 불안정했고, 곳곳에 장애가 발견됐다. 오전 내내 조금만 더, 조금만 더, 미친 듯이 작업해서 간신히 낮에 오픈을 했다. 오랜만에 피가 마르는 시간이었다. 서비스 하는 사람들이 약속한 오픈 일정을 지키려면 막판에는 야근을 밥 먹듯 해도 어쩔 수 없다고 하더니 실제 그랬다. 그래도 전 직장에는 개발자가 수백명, 디자이너가 수백명이었는데, 청와대까지 와서 개발 인력 몇명을 붙들고 이렇게 통사정을 하게 될지 몰랐다. 그 정도가 우리 예산으로 할 수 있는 최선이었다.

그날 우리 모두의 속을 새카맣게 태운 게 청원이었다. 직속 상사인 국민소통수석에게만 말하고 냉가슴을 앓기 시작했다. 17일 홈페이지를 열기는 열었는데, 청원을 올릴 수가 없었다. 소셜로그인

기능이 작동하지 않았다. 대체 왜 그게 안 되는 건지, 도무지 이해가 안 됐지만, 내가 이해하고 안 하고가 뭐가 중요한가. 그저 현상을 받아들이고 수습하는 게 내 몫이다. 청원 기능만 안 되는 게 아니라, 새 홈페이지에 너무 많은 버그가 있어서 그걸 잡느라 호떡집 불났다는 표현 그대로 난리였다. 개발 인력이 적어도 너무 적어 닦달을 할 수도 없었다. 며칠째 잠도 제대로 못 자고 있지 않은가. 처음에는 피가 머리 꼭대기로 솟구치는 기분이더니, 피가 마른다는 게 이런 거구나 생각이 들고, 머리가 하얗게 타버리는 느낌 다음에는 암전 상태였다. 아무 생각이 안 들었다. 그냥 기다렸다. 다행히 윤영찬 국민소통수석은 네이버 출신, 이런 일이 있을 수 있다는 걸 아는 청와대 내의 유일한 인물이랄까. 빨리 바로잡으라고만 했지, 개발 현황에 대해 더 말하지 않았다.

청와대라는 건 늘 불편하고 부담이 된다. '청와대 홈페이지 장애' '청와대 홈페이지 불통' 이런 제목의 기사가 가능하기 때문이다. 친분이 있는 몇몇 기자들은 은근슬쩍 조용히 연락해, 선배 혹은 비서관님이라 부르면서 어느 페이지에 무슨 기능이 이상하다고 제보를 해줬다. 나는 안 그래도 울면서 버그 잡는 중이라고 조금만 기다려달라고 했다. 디지털과 친하지 않은 정치부 기자들을 상대로 나름 인터넷 전문가로 알려진 내가 원래 그런 거라 했더니, 다들 그런가보다 했다. 이제 와서 생각해보면 고맙다. IT 기자들이었다면 온갖 질문을 했을 텐데, 정치부 기자들에게는 별 관심사가 아니었다. 다행히 이틀 뒤인 19일 소셜로그인 기능을 정상화시켰다. 결국 청원은 17일이 아니라 19일에 시작된 셈이다. 나는 물어보는 이들에게만 청원은 19일부터 했다고 아무렇지도 않은 양 알려줬다. 나의 인생 모토 중 하나가 '한달 후면 에피소드'라는 말이다. 아무리 힘들고 어려운 일이 있어도 한달만 지나면 다 지나간 일이 된다는 건데, 당시의 악몽이 이제는 에피소드가 되었다. 정말 고맙다.

대한민국을 바꾼 청원

국민청원, 이렇게 답변합니다

홈페이지 오픈으로 힘들었던 8월이 지나갈 무렵, 문제적 청원이 하나 올라왔다. '남성만의 실질적 독박 국방의무 이행에서 벗어나 여성도 의무 이행에 동참하도록 법률 개정이 되어야 합니다'라는 제목의 청원이었다.

"지금 현상황은 주적 북한과 대적하고 있고 중·일·러 강대국에 둘러싸여 있기 때문에 불가피하게 징병을 유지할 수밖에 없는데 (…) 30년 넘게 저출산이 심각하여 병역 자원이 크게 부족해졌고 (…) 다른 이유로는 우리 현역병 및 예비역들에 대한 보상 혜택 또 한 없다시피 하고 (…) 여성과 장애인과의 형평성을 이유로 군 가산점 폐지시키겠다고 헌법재판소에 헌법소원을 제기해 폐지시켜버렸는데 그럼 여성들이 장애인들과 동급이라는 걸 스스로 인정하시는 건가요? (…) 남녀평등 주장들 하셨잖아요? 그러면 여성들도 남성들과 같이 병으로 의무복무하고 국가에서 현역병과 예비역들에게 보상 혜택을 늘려주면 의무를 한 자라면 남녀차별 없이 동일하게 혜택 보상을 받을진대 그런 방안이 맞지 않을까요?"

이 청원은 순식간에 동의 10만명을 넘겼다. 문재인 대통령은 9월 11일 참모들과의 회의에서 이 내용을 언급했다. 문 대통령은 "국방 의무를 남녀가 함께해야 한다는 청원도 만만치 않던데 다 재미있는 이슈 같다"라고 말했다. 그리고 청원 동의가 '일정 규모' 이상이 된다는 애매한 표현 대신, 정확한 기준을 정하라고 당부했다. 청원에 대해 따로 대면보고는 하지 않았거늘, 눈 밝은 사장님이 꼼꼼하게 다 보고 계셨다니, 이런.

아직 청원 답변 기준을 확정하지 않은 때였다. 자, 10만명이냐, 20만명이냐. 윤영찬 국민소통수석은 나중에 청원이 잘 안 되면 좀 느슨하게 20만명을 10만명으로 낮출 수는 있어도, 10만명으로 하다가 중간에 20만명으로 올리면 욕을 바가지로 먹을 거라고 했다. 10만명은 우리 온라인 문화에서 어렵지 않은 수준이라는 것이 점점 더 분명해졌다. 결국 20만명으로 결정했다. 당시 일부 남성 커뮤니티를 중심으로 여성도 군대가야 한다는 청원을 답변하지 않기 위해 20만명으로 결정했다는 반발이 적지 않았다. 대통령이 이 청원에 대해 '재미있는 이슈 같다'고 언급한 것도 반발을 샀다는 것을 한참 지난 뒤에야 알았다. 여성 입대 이슈는 남성 차별을 해소하는 차원에서 매우 중요한 이슈인데 재미있다는 식으로 넘어갔다는 것이다.

이 기회를 빌려 이 청원 이슈를 결코 무시하지 않았다는 것을 밝히려 한다. 우리는 청와대 국방개혁비서관실을 통해 국방부에 관련 자료를 요청했다. 상황이 어떤지 알아보고, 일단 답변 준비에도 착수했다. 국방부는 이미 오래전부터 이 문제를 진지하게 들여다보고 있었다. 남자만 군대에 가는 것은 헌법 정신에 위배된다는 헌법소원이 계속 이어졌기 때문이다. 사실상 청원 답변을 위해 자료를 검토한 첫 사례인데, 내게는 충격 그 자체였다.

"대한민국 국민인 남성은 헌법과 이 법에서 정하는 바에 따라 병역의무를 성실히 수행하여야 한다. 여성은 지원에 의하여 현역 및 예비역으로만 복무할 수 있다."

병역법 제3조(병역의무) 제1항이다. 헌법재판소는 2010년에 이어 2014년에도 병역법 제3조 제1항을 합헌이라고 결정했다.

헌법재판관 9명의 전원일치로 합헌 결정을 내린 2014년 결정문을 보면 "일반적으로 집단으로서 남성과 여성은 서로 다른 신체적 능력을 보유하고 있다고 평가되는데 (…) 남성이 전투에 더욱 적합한 신체적 능력을 갖추고 있다고 할 수 있다. (…) 신체적 능력이 매우 뛰어난 여성의 경우에도 그 생래적 특성상 월경이 있는 매월 1주일 정도의 기간 동안 훈련 및 전투 관련 업무 수행에 장애가 있을 수 있고, 임신 중이거나 출산 후 일정한 기간은 위생 및 자녀 양육의 필요성에 비추어 영내 생활이나 군사훈련 자체가 거의 불가능하다. (…) 군대 내부에서의 상명하복의 권력관계를 이용한 성희롱 등의 범죄나 남녀 간의 성적 긴장관계에서 발생하는 기강 해이가 발생할 우려가 없다고 단언하기 어렵다"는 내용이 담겨 있다.[5] 성차별을 이렇게 노골적으로 담은 것이 헌법 정신이라니. 이것이 2014년의 결정이라고? 그렇다고 2017년에도 유효한 것일까? 정말 그런 걸까?

개인적으로도 이 이슈에 보다 진지해야 한다는 사실을 분명하게 자각하고 있다. 애국심을 앞세워 군대에 당연히 가야 한다는 당위를 말할 것이 아니라고, 의미만으로 설득할 게 아니라고 생각한다. 군대를 갈 만한 곳으로, 국가와 개인을 생각하는 좋은 계기로, 기간을 좀더 줄이더라도 함께 가는 곳으로, 대체복무가 다양하게 인정되는 방향으로 개선되면 어떨까. 여성 입대를 포함한 제도 개혁에 대해 최소한 논의는 시작되어야 한다고 믿는다. 나는 당시 이 청원이 그런 논의의 출발점이 되기를 바랐다. 헌법재판소의 결정이 의미하는 바가 무엇인지, 다른 관점에서 들여다볼 여지는 없는 것인지, 다른 나라의 여성 입대 현황은 어떤지 충분히 살펴볼 만했다. 그때만 해도 20만명에 도달한 것만 답하기로 해서 넘어갔는데, 이후 대통령의 지시에 따라 20만명이 안 되는 청원도 챙겨 보기 시작했다. 그 청원은 충분히 챙겨 볼 만한 사안이었고, 머지않은 미래에 공론화가 진행되지 않을까 생각한다. 20대 남성들이 억울하다고 입을 모으고 있고, 여성들은 헌법재판소 결정문이 담고 있는 여성 차별이 불편할 게 분명하기 때문이다.

우여곡절 끝에 청원 답변 기준은 20만명으로 결정됐다. 그 이듬해 많은 기자들이 내게 말했다. "아니, 왜 청원 기준을 20만명으로 하셨어요. 한 50만명으로 하시지."

그들이 보기에도, 우리가 보기에도 20만명을 넘는 청원이 생각보다 너무 많았다. 청원을 시작하고 2년이 채 안 되는 기간 동안 106개의 청원에 답하고 청와대를 떠났다. 일주일에 한건 이상 답한 셈이다. 청원 하나를 답하는 데는 어마어마한 공이 들어갔다. 그런데 우리 비서관실에는 청원만 챙기는 전담자가 없었다. 우리가 하는 디지털 소통 업무 중 하나일 뿐, 우리가 청원비서관실은 아니지 않은가. 국민청원 답변은 유능한 행정관 두나가 본인의 업무에 더해 책임을 도맡았다. 처음에는 두나와 또치가 담당하다가, 어느 시점부터 두나가 거의 혼자 챙겼다. 우리는 두나를 '청원 요정'이라고 불렀다.

청원에 답변하기 위한 첫번째 단계는 해당 비서관실, 관련 부처와 회의를 하면서 내용과 현황을 파악하는 것이다. 이 회의에는 주로 나와 두나가 함께 참석했다. 부처에 따라 서로 다른 관점을 다양하게 들어보면서 청원의 답변 방향을 정리했다. 필요하면 부처에 추가 자료를 요청하고, 다시 회의를 소집하거나 진행 상황을 챙겼다.

청원 답변은 영상이기 때문에 대담 시나리오 혹은 원고가 필요했다. 내용을 정리해오는 부처도 있었지만, 대부분 우리 팀에서 직접 처리했다. 국민에게 답할 때는 국민이 이해하기 쉬운 언어로 재정리하는 작업이 필요한데 그 일은 우리가 더 익숙했다. 초안을 만들고 실제 답변을 하게 될 장관 혹은 수석, 비서관들과 원고를 수차례 주고받으면서 조율했다. 답변만 내놓는 게 아니라, 보도자료도 함께 썼다. 보도자료를 쓰면서, 즉 제목이 어떻게 나가야 할지 정리하면서 청원 답변이 좀더 구체적이고 실질적으로 조율되기 때문에 중간 단계부터 갈래를 잡고 진행하기도 했다. 사실 청원 답변 방식으로 촬영 후 편집이 아니라 라이브를 선호한 것은 업무 부담을 줄이기 위한 속내도 있었다. 촬영 후 편집에는 자막과 그래픽까지 손이 더 필요하지만 라이브는 일단 끝나면 털어버릴 수 있었다. 우리가 2019년 초에 새로 마련한 스튜디오에서 청원 답변을 진행한 뒤, 두나에게 박수를 보내며 남긴 기념사진을 보니, 고마운 마음뿐이다.

2호 청원은 낙태죄 폐지 청원이었다. 2017년 9월 30일 시작된 이 청원은 한달 동안 23만여명이 동의했다. 청원 답변을 어떻게 만들어야 할지 많이 배운 청원이기도 하다. 여성가족비서관실에서 적극 나서준 덕분에 보건복지부와 여성가족부 담당자가 모두 참석한 회의를 열었다.

새로 마련한 국민청원 녹화 스튜디오에서 두나와 함께

그들은 전문가지만 나는 모르는 게 너무 많았다. 국민들은 나와 비슷할 것이라는 전제 아래 진행했다. 일단 '낙태'라는 용어부터 낙인처럼 받아들여지면서 논란이 되고 있다는 걸 알았다. '낙태' 대신 가급적 '임신중절'이라는 용어를 사용하겠다고 답변 앞부분에 밝히기로 했다. 형법이 제정된 1953년부터 임신중절은 원칙적으로 금지였지만, 정부가 산아제한 차원에서 독려한 시절도 있었다. 더 놀라운 건 임신중절을 예외적으로 허용하는 경우를 적시한 모자보건법 해당 조항은 '부모가 우생학적 또는 유전학적 장애나 질환이 있는 경우'라는 표현을 쓰고 있었다. '우생학'은 일본에서도 관련 법에 유사 조항이 있었다가 차별 논란 끝에 1996년에 삭제한 표현인데 우리 법에는 아직 그대로 남아 있었다. 지난 2007년 임신중절 예외조항에 '본인 동의 사유'와 '사회경제적 사유'를 추가하고, 배우자의 동의 조항과 우생학적·유전적 사유 삭제 등 여성의 자기결정권을 존중하는 정부 입법이 추진됐다는 것도 그때 알았다. 그런데 종교계 등 강력한 반대에 부딪쳤고, 그 이후에는 아예 손 놓고 있는 상태나 다름없었다. 2012년 헌법재판소는 낙태죄 합헌 결정을 내렸고, 당시 새롭게 들어온 헌법소원에 대해 심리가 진행되고 있었다.

실태부터 파악해야 했다. 가장 최근 자료인 2010년 기준으로 합법적인 인공임신중절 시술 건수가 4,500여건, 추정 건수는 16만 9,000여건으로 합법에 의한 영역은 3퍼센트에 불과했다. 불법은 많은데 기소는 연 10여건에 불과한 기이한 상태였다. 청원의 답변은 헌법재판소의 결정을 기다려야 한다는 것이었지만, 일단 중단됐던 실태 조사를 재개하겠다는 쪽으로 초점을 맞췄다. 여성가족부와 보건복지부, 청와대 법무비서관실, 여성가족비서관실, 국민소통수석실 담당자가 세차례에 걸쳐 쟁점을 검토하고 토론했다. 답변자로 나선 조국 민정수석은 "청원을 계기로 임신중절 법제도 현황과 논점에 대해 정부가 다시 살펴보게 됐다"며 "당장, 2010년 이후 실시되지 않은 임신중절 실태 조사부터 2018년에 재개하기로 했다"고 밝혔다.

우여곡절이 많았지만 세상은 바뀐다. 청원 답변을 준비할 무렴, 나는 마침 보건학자인 김승섭 고려대 교수의 『아픔이 길이 되려면』(동아시아 2017)이라는 책을 읽고 있었다. 임신중절에 대한 내용 중 한 대목이 가슴에 콕 박혀버렸고, 끝내 그 구절을 답변에 포함시켰다. 2006년 세계보건기구^{WHO} 연구를 인용해 매년 전세계 2,000만명의 여성이 '안전하지 않은 임신중절수술'을 받고, 그중 6만 8,000여명이 사망하고 있다는 내용이다. 결국 2019년 헌법재판소의 헌법불합치 결정으로 1953년 제정된 낙태죄는 66년 만에 사라지게 됐다. 헌법재판소는 결정문에 "임신한 여성의 자기결정권을 제한하고 있어 침해의 최소성을 갖추지 못하였고, 태아의 생명보호라는 공익에 대하여만 일방적이고 절대적인 우위를 부여함으로써 법익균형성의 원칙도 위반하였으므로, 과잉금지원칙을 위반하여 임신한 여성의 자기결정권을 침해한다"라고 밝혔다.[6] 헌법재판소의 결정에 국민청원을 통해 모인 국민들의 의지도 한몫했을 거라 내심 생각해본다.

청원 키워드가 시대를 드러낸다

앞서 소개한 글로벌 청원 사이트 체인지의 「2018 임팩트 보고서」를 살펴보면, 2018년 이곳에서만 월 2만 5,000건의 청원이 올라왔다. 흥미로운 것은 주제가 우리의 국민청원과 크게 다르지 않다

는 점이다. 일단 여성의 권리 관련 청원이 한 해 무려 1만 6,203건
이다. 강제 결혼 후 강간하려는 남편을 살해한 혐의로 사형을 선고
받은 수단의 10대 소녀를 구하려는 청원은 프랑스에 사는 16세 여
학생이 올렸다. 170만명 이상이 동의 서명을 했고, 영국 BBC, 미
국 CNN, 뉴욕타임스 등에 보도되면서 전세계의 관심을 모았다.
보건의료, 장애인 권리 주제에도 1만 9,965건의 청원이 몰렸다. 동
생의 자살을 겪은 한 영국 청년은 정부에 자살 예방 특별 장관직을
신설할 것을 요구하는 청원을 올렸다. 40만명 가까이 서명했고, 영
국 정부는 이를 수용하기로 했다. 이어 동물의 권리 관련 청원 1만
3,922건, 환경 문제 청원 1만 3,713건 등이 그해 뜨거운 이슈를 몰고
다녔다. 여성의 권리, 동물의 권리를 지키고 늘리고자 하는 흐름이
어느 한 개별 국가의 문제가 아니라는 점, 그리고 변화를 바라는
뜻이 어떤 식으로든 모이게 된다는 점은 이 시대의 중요한 특징으
로 기록될 것 같다.

　2018년 봄, 정부 출범 1주년에 맞춰서 우리는 한국정보화진흥원
에 데이터를 공유하고 분석을 청했다. 2017년 8월 19일부터 2018년
4월 13일까지 올라온 청원 16만 938건을 분석했다. 정치개혁, 인
권/성평등, 일자리, 보건복지, 미래, 저출산/고령화, 반려동물까지
전분야에 걸쳐 다양한 청원이 올라온 것을 확인할 수 있었다. 빅데
이터 분석을 키워드별로 살펴보면, 대통령이 가장 많이 나오는 것
은 그렇다 쳐도, '아기' '여성' '처벌' '학생' 등이 상위권에 있는 것

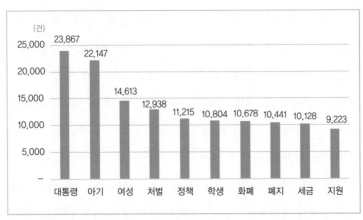

국민청원 빅데이터 분석 1
(주요 키워드, 한국정보화진흥원, 2017.8.19~2018.4.13., 160,948건 분석)

을 볼 수 있다.

이 키워드는 전체 데이터 분석이라서 20만명의 동의를 달성했는
지 여부와 상관없이, 실제 청원에 올라온 국민 관심사를 짐작하는
데 유용하다. 미세먼지 이슈 등으로 '아기'도 많이 올라왔지만, '여
성'과 '학생'이라는 키워드를 통해 상대적으로 사회적 약자에 대한
청원이 적지 않았다는 것을 볼 수 있다. '처벌'이라는 단어도 대체
로 극악무도한 범죄, 너무나 안타까운 사연에 대해 가해자를 처벌
해달라는 내용으로 역시 국민들의 시선은 피해자, 약자를 바라보
고 있었다.

20만명 이상 동의를 얻은 청원을 분야별로 살펴보면 인권/성평
등이 압도적이었다. 이 시기에는 미투 현상이 전사회적으로 바람

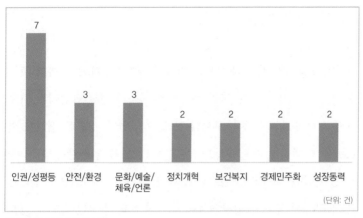

국민청원 빅데이터 분석 2
(20만명 이상 청원 동의 건 분야별 순위, 같은 자료)

을 일으켰다. 성폭력과 디지털성범죄 이슈는 청원에 단골로 올라왔다. '그때는 맞고 지금은 틀리다'라는 생각을 여러차례 했다. 그때는 용인되거나, 이슈화되지 않았던 관행들이 지금은 도저히 참을 수 없는 폭력이라는 공감대를 얻었다. 디지털성범죄는 상당 기간 암묵적으로 용인되는 놀이와 다름없었으나, 인간의 존엄성을 무너뜨리는 잔혹한 범죄로 제대로 정리됐다. 청원을 지켜보면서 이 사회가 어느 대목에서 분노하는지, 어떤 이슈에 사람들이 몰려오는지 감이 생겼다.

여성, 인권, 동물

디지털성범죄 건에 대해서는 민갑룡 경찰청장에게 각별히 고마운 마음을 가지고 있다. 관련 문제로 여러차례 청원 답변자로 나오면서 문제의 심각성을 누구보다 잘 알고 있었다. 경찰은 웹하드 카르텔을 대대적으로 단속했다. 운영자 112명을 입건했는데 이 중 8명을 구속했다. 헤비 업로더 647명을 검거, 이 중 17명을 구속했다. 웹하드에 올린 불법촬영물이 더이상 돈벌이 수단이 되지 않도록 범죄 수익 116억원에 대해 기소 전 몰수보전 신청을 했고, 세금 신고 누락 여부 등을 단속할 수 있도록 불법 수익 1,823억원에 대해 국세청에 통보했다. 청원 답변 때는 다짐뿐이었으나 몇달 뒤 '청원 AS'를 통해 실제 어떤 성과가 있었는지 국민에게 보고했다. 그때는 경찰의 노력이 가져올 나비 효과를 상상도 못했다.

경찰이 열심히 단속하다보니 웹하드에 여성 불법촬영물이 줄어들기 시작했다. 사법처리될 수 있다는 우려가 확산되면서 불법촬영물로 돈벌이하던 이들도 새로운 길을 모색했던 것 같다. 국내 단속의 손길이 미치지 못하는 해외 포르노 사이트에 '한국방'이라는 카테고리가 생기기 시작했다고 한다. 한쪽을 압박하면 예기치 않게 다른 쪽에서 터져나오는 풍선 효과다. 해외 사이트의 불법촬영물에 대해서는 방송통신심의위원회에서 삭제 요청을 하기도 어려웠고 경찰 대응도 국제 사법공조를 통해 진행해야 하기 때문에 속도가 더됐다. 하지만 피해자들에게는 끔찍한 지옥문이 열렸다. 어찌해야 할까.

정부는 해외 불법 사이트에 대해 이른바 https 방식의 차단을 시도했다. 결국 이게 77번째 답변하게 된 'https 차단 정책에 대한 반대 의견' 청원으로 등장했다.

"복잡한 기술 조치이고, 과거 해보지 않았던 방식입니다. 정책 결정 과정에서 국민이 공감할 수 있도록 소통하는 노력이 부족했습니다. 여러가지로 송구합니다. 늦었지만 투명하게 말씀드리겠습니다."

2019년 2월 21일 이효성 방송통신위원장의 청원 답변이다. 난데없이 https 기술 논쟁이 뜨거워졌다. 개인적으로 이 방식이 최선의 기술적 방법이라고 생각하지는 않지만, 피해자들을 외면할 수 없다는 입장에 공감한다. 이 난리가 난 배경이 웹하드 단속 때문이라니. 그런 영상을 계속 찾는 이용자들이 생각을 바꾸지 않는 한 근본적인 해결책이 있을까? 다행히 '그때는 맞고 지금은 틀리다'의 시대다. 그때도 맞은 것은 아니지만, 넘어갔던 일에 대해 용납하지 않는 문화가 더 확산되기를 바랄 뿐이다. 민갑룡 경찰청장은 2020년 3월에도 'n번방 사건' 관련 청원에 대해 답하면서 디지털 성범죄 특별수사본부 설치, 국제 공조 강화, 범죄 수익 기소 전 몰수보전 등 강력한 대응을 약속했다.

여성 이슈와 함께 가는 것은 극악무도한 범죄에 대해 제대로 처벌해달라는 목소리다. 조두순에 대한 출소반대 청원에 두차례 답변했고, 소년법을 개정해 14세 이하 소년들의 범죄도 강력 처벌해달라는 청원은 네차례나 답변을 내놓아야 했다.

2017년 9월 조국 민정수석은 처벌이 능사가 아니라며 보호처분을 보완하는 방향에서 모범 답안을 내놓았다. 소년법 개정이 다시 청원에 올라오면서 2018년 8월 답변에서는 김상곤 교육부총리가 청소년 형사처벌 연령을 14세에서 13세로 낮추는 방안을 밝혔다. 보호처분에 무게를 두었던 2017년 답변과 비교해 분위기가 달라진 것은 데이터 때문이다. 다시 한번 들여다봤더니 2007년 8만 8,104명이던 청소년 범죄자 수가 2016년에는 7만 6,000명으로 줄었지만, 강도·강간·살인·방화 등 강력범은 1,928명에서 3,343명으로 늘었다. 비율로 따지면 강력범죄 비율이 2.2퍼센트에서 4.4퍼센트로 두배가 늘어난 셈이다. 박상기 법무부장관도 9월에 소년법 개정에 대해 같은 의견을 피력했다.

11월에도 소년법 개정 청원이 20만명의 동의를 얻었다. 당시 한 언론사 주최로 '청소년 범죄' 숙의형 시민토론이 열렸는데 처음에는 '처벌 강화' 의견이 절반을 넘겼으나 세차례 토론을 끝내자 '피해자 보호'가 우선되어야 한다는 의견이 71퍼센트로 늘었다. 김형연 법무비서관은 이 같은 사회적 흐름과 함께 실제 모여서 토론을 해보면 처벌 만능주의에서 조금 물러선다는 내용을 소개했다. 하지만 12월에 또 소년법 개정 촉구 청원을 답변해야 했다.

언론은 이렇게 한가지 주제를 집요하게 추적하지 않는다. 하지만 국민들의 생각은 달랐다. 잔혹한 사건이 관심을 모을 때마다 매번 분노가 넘쳤다. 12월 청원 답변은 청원 담당자인 내가 직접 하기로 했다. 이미 같은 주제에 민정수석, 교육부총리, 법무비서관이 공식 답변을 했고 법무부장관이 입장까지 피력한 마당에 무슨 얘기를 더 할 수 있을지 난감했다. 그간의 경과를 국민들에게 보고한다는 마음으로 준비했다. 2017년 9월에는 대전 여중생, 김해 여고생, 울산 남학생, 밀양의 집단강간 사건이 도화선이 됐다면, 2018년 8월에는 여고생이 관악산에서 집단폭행당한 사건, 11월에는 인천 여중생이 성폭력 이후에도 협박에 시달리다 자살한 사건이 계기가 됐다고 정리하는데 착잡했다. 사건 하나하나가 몹시 끔찍했다. 대부분의 피해자는 여학생들이었고, 패턴도 유사했다. 어디서부터 잘못된 걸까. 타인에 대한 존중이나 배려는 물론, 부끄러움이나 양심, 연민, 혹은 상식이 부족한 것 같은 가해자들의 행위는 오롯이 개인의 책임일까.

페미니즘 교육 청원 당시, 교육부와 여성가족부, 국가인권위원회가 함께 모였던 일도 기억에 남는다. 당장 별도의 교육 과정 마련이 어렵다 해도 인권 교육을 강화하는 방향에서 고민했다. 교육부는 프로그램이 없었고, 여성가족부와 국가인권위원회는 예산이 없었다. 가능한 건 아무것도 없다고 했다. 그래서 교육부의 예산에 여성가족부, 국가인권위원회의 의지와 프로그램을 싣는 방향으로

세 기관이 정기적으로 회의를 갖기로 했다. 현장에서는 이 청원을 계기로 페미니즘 교육을 이상한 눈으로 바라보지 않게 됐다는 얘기를 전해 들었다.

여성이나 소년법 이슈만큼 종종 뜨거워지는 것이 동물 권리 보호였다. 반려동물 천만 시대에 당연한 여론이다. 2018년 6월 유기견보호소 폐지 반대 청원을 시작으로 2018년 8월에는 동물도살법 금지 청원과 개를 가축에서 제외해달라는 청원, 2019년 1월에는 잔혹한 개 도살 반대 청원, 6월에는 동물실험 중인 검역탐지견 구조 요청 청원, 그리고 7월에는 내가 답변을 준비한 마지막 청원인 동물학대 강력 처벌이 있었다. 동물권 차원에서 좀더 구체적 해법이 필요한 가운데 2018년 농림축산식품부에 동물복지정책팀이 신설됐다. 이름 그대로 동물의 복지 관련 정책을 기획하고 총괄하는 조직이다. 반려동물뿐만 아니라 농장동물, 실험동물 등 동물 보호, 동물 복지에 대한 관심이 높아지면서 만들어졌다. 마지막 청원 답변은 김동현 농림축산식품부 동물복지정책팀장과 함께했다. 장관도 차관도 아닌데 청원 답변에 나선 유일한 분이다. 그렇지만 이 팀의 존재 자체가 널리 알려야 할 일이라 생각했다. 관련 현안에 대해 체계적으로 챙길 조직이 생겼다는 것은 정부의 의지를 반영하고 시대 흐름도 보여준다.

난감했던 청원

2018년 여름에 있었던 난민 청원은 매우 난감했다. 당시 제주도에 예멘 난민 552명이 난민 신청을 하면서 불거졌다. 한마디로 국민이 먼저다, 난민을 함부로 받지 말라는 청원이다. 하지만 우리나라는 전세계에서 난민 수용에 매우 소극적인 국가 중 하나다. 1992년 난민의 인권과 기본적 자유를 보장하는 '난민의 지위에 관한 협약'에 가입했고, 당시 새누리당 황우여 의원 대표 발의로 2012년 난민법이 제정됐으나 난민 현황은 다른 나라와 사뭇 달랐다. 난민 협약 가입 후 2018년 6월까지 26년간 난민 심사를 받은 이들 중 4퍼센트인 849명만 난민으로 인정됐다. 인도적 체류자 1,550명까지 합치면 난민보호율은 총 11.4퍼센트 정도인데 전세계 난민협약국의 평균 난민보호율은 38퍼센트에 달했다. 유엔난민기구UNHCR 글로벌 동향보고서에 따르면 2017년 전세계에 접수된 난민 신청은 약 190만건으로 미국 33만건, 독일 20만건 순이며 평균 난민보호율은 50퍼센트였다. 누적 난민도 터키 350만명, 파키스탄, 우간다는 각각 140만명, 독일은 97만명 순이다. 청원인이 기대한 답변과 실제 현황은 거리가 멀었다. 그래도 법무부는 엄격한 난민 심사를 약속했고, 결국 같은 해 12월 2명만 난민으로 인정됐다. 인도적 체류 허가를 받은 이는 414명이었다. 난민과 인도적 체류자는 처우가 크게 다르다.

난민 청원 답변은 유엔난민기구 친선대사인 배우 정우성 씨에게 부탁하고 싶었다. 난민 관련 홍보에 적극적인 그에게 부탁하면 들어줄 가능성이 낮지 않아 보였다. 조국 민정수석과 정우성 씨의 대담으로 해볼까 하는 상상도 했다. 아니, 상상만 했다. 청와대의 청원 답변에 끌어들여 유엔난민기구 친선대사에게 부담을 드리고 싶지 않다는 팬심이 더 강했나보다.

청원을 통해 '꼴페미'로 악명을 떨치게 된 것도 나의 몫이다. 남편이 곰탕집에서 억울하게 성희롱 가해자가 되어 유죄 판결을 받았다는 아내의 절박한 청원, 이른바 '곰탕집' 청원이다. 2018년 2월 이재용 삼성전자 부회장에 대한 판결을 내린 판사에 대해 감사해달라는 청원에 "삼권분립에 따라 행정부가 할 수 있는 건 없다"라고 답한 게 문제가 된 적이 있다. 그렇게 답했다는 사실만 법원에 전달한 것도 같은 해 5월 뒤늦게 논란이 됐다. 청와대는 개입할 수 없으며 법관의 독립성이 중요하다고 강조한 답변이었거늘 상황은 이상하게 흘러갔다. 그런데 곰탕집 청원은 1심의 유죄 판결에 불복하는 내용이다. 2심 재판은 진행 중이었다. 청와대가 재판 중인 사안에 대해 뭐라고 하겠나. 그래서 2018년 10월 "2심 재판이 진행되는 사건에 대해 청와대가 언급하는 것은 삼권분립 원칙에 맞지 않는다는 점을 양해해달라"라고 답변했는데, 난리가 났다. 너무 짧고 간단한 답변이라 성의가 없다는 지적이 남성 커뮤니티에서 적지 않았다. 이게 다 담당 비서관이 '꼴페미'라 그런 거라니. 이 사건은 결국 1, 2심은 물론 2019년 12월 대법원까지 모두 유죄로 판단했다.

청원 답변자를 정할 때, 내용이 훌륭해 부처 홍보에 도움이 되는 것은 가급적 장관에게, 경중에 따라 수석이나 비서관에게 답변을 부탁하고, 도저히 답이 없는 청원, 삼권분립에 따라 청와대 답변이 불가능한 청원, 반복되는 문제적 청원은 청원 담당인 내가 떠안았다. 그래도 함께 악플을 맞아준 몇몇분들에게는 고맙고 미안할 뿐이다.

대통령 응원 청원도 잊을 수가 없다. 2018년 5월 "헌법 개정안 실패, 풍계리 폭파, 북미정상회담 중지 등 오늘 하루만 해도 여러가지 일들이 있었습니다"라는 말로 시작하는 이 청원은 대통령이 지치지 않기를 염원하는 응원을 담고 있었다. 답변 적임자로 대통령 말고는 생각하기 어려웠다. 그저 청원 내용 몇줄만 읽어주십사, 그리고 국민들께 고마움을 전하면 될 거라 생각했다.

그런데 답변이 예고된 2018년 7월 23일 오전 속보가 떴다. 노회찬 의원이 세상을 등졌다는 소식이었다. 이 시대 불세출의 정치인을 잃었다는 망연자실함으로 멍하게 속보를 챙기다가 정신을 차렸다. 온 국민이 비통한 이날, 대통령을 청원 답변자로 모실 수는 없었다. 윤영찬 국민소통수석이 우리 방으로 급하게 달려왔다. 어떡하면 좋겠냐는 말에 그날 답변은 포기하겠다고 말했다. 판단은 신속하게 이뤄졌다. 언제나 위트 있는 촌철살인으로 국민들의 답답한 마음을 속 시원히 풀어주고, 약자의 편에 서서 그들을 지지하던 정치인 노회찬. 그를 잃어버렸는데, 다른 무엇이 중요할까. 7월 24일 윤 수석이 대신 답변하며 노회찬 의원의 명복을 빌었다.

청원이라는 말을 듣자마자 떠올렸던 대통령 탄핵 청원은 2019년 4월 끝내 현실이 됐다. 올 것이 왔다는 생각이 들었지만 솔직히 담담했다. 법에서 정한 탄핵 절차에서 청와대가 할 수 있는 일은 없었다.

"민주주의 국가에서 국민의 권리는 의회에 의해 대표되고, 행정부에 의해 행사되며, 사법부에 의해 보호됩니다. (…) 헌법에 따라 대통령의 탄핵은 국회의 소추 의결로 헌법재판소가 결정할 사안이라는 점, 말씀드립니다."

국민청원 시즌 2

청원으로 결집된 국민의 뜻이 끝내 법과 제도를 바꾸기도 했다. 음주운전 처벌을 강화해야 한다는 뜨거운 여론이 일명 '윤창호법' 개정을 이끌어냈다. 심신미약을 이유로 처벌을 감경해주던 시대도 지났다. 119만여명이 동의했던 '강서구 PC방 살인 사건' 강력 처벌 청원이 기폭제가 되어 '김성수법'이 통과됐다. 불법촬영물 유포 행위에 대한 처벌을 강화한 성폭력처벌특례법이 개정됐고, 위험도가 낮은 생활용품의 안전검사를 면제한 '전기용품 및 생활용품 안

전관리법'(전안법)도 바뀌었다. 지나고 보면, 국민들은 힘이 세다.

　그러나 역기능에 대한 논란도 적지 않았다. 결국 청원의 순기능을 더 살리고, 역기능을 보완하기 위해 국민들에게 그 방향을 묻기로 했다. 청원 개편에 대한 간단한 설문조사를 2019년 1월 온라인으로 진행했는데 7만명 넘게 참여했다. 우리 모두의 기대를 훌쩍 넘긴 반응이었다. 설문 결과도 우리의 기대와 조금 달랐다. 20만명이라는 답변 기준에 대해 '적정하다'는 의견이 51퍼센트로 가장 많았고 오히려 '낮춰야 한다'는 의견이 34.7퍼센트로 뒤를 이었다. '높여야 한다'는 의견은 14.3퍼센트에 머물렀다.

　청원 글을 정식으로 게시하기 위해 사전동의제를 운영하는 것에 대해 응답자의 63.2퍼센트가 찬성했다. 국회 입법조사처가 제안한 내용이기도 하고, 미국에서도 100명 동의 이후 링크를 공개한다. 기존에는 청원자가 글을 올리는 즉시 그 내용이 청원 게시판에 공개돼 다른 사람들로부터 동의를 받을 수 있었다. 문제는 '○○○ 사형' 등 과격하고 폭력적인 내용이 올라올 때, 관리자 대응이 실시간으로 이뤄지지 않는다는 점이었다. 운영 원칙에 따라 삭제 대상임에도, 인지하고 삭제하는 데 시간이 걸렸다. 현명한 국민들은 결코 저런 종류의 악성 청원에 동의하지 않는다. 동의 수가 한 자릿수이거나, 늘어봐야 수십명에 머문다. 하지만 캡처로 남아 청원의 문제점으로 종종 보도되곤 했다. 개편 이후 청원자가 청원 글을 올리면 바로 게시판에 공개하지 않고, 청원자에게 사전 동의를 받을 수 있는 링크를 부여했다. 청원자가 이 주소를 자신의 SNS나 커뮤니티에 공개해 100명이 동의한 이후에 검증을 거쳐 공개하는 방식으로 바꿨다. 덕분에 이상한 청원을 지적하는 비판은 줄었다.

대신 진영논리가 격돌하는 마당이 됐다는 지적은 커지고 있다. 야당과 여당 해체를 요구하는 청원이라든지, 조국 법무부장관 후보자 임명에 대한 찬반 청원은 각 진영의 이해관계에 따라 등장한 청원이다. 2020년에도 대통령 지지 청원과 탄핵 청원이 격돌했다. 그렇다고 해서 청원이 변질됐다고 생각하지는 않는다. 현실이 진영으로 갈라지는 마당에 온라인 공간이라고 다를 리 없다. 어떻게 나타나든, 이 시대를 살아가는 우리 국민들의 목소리다.

국민이 직접 뭉치고, 뜻을 펼치면서 여론을 압박하는 국민청원이 대의 민주주의를 훼손한다는 걱정도 이어졌다. 광장의 정치와 더불어, 소셜미디어, 국민청원을 통한 정치가 대의 민주주의의 가치에 부합하지 않는다는 보도, 사설 등은 적지 않다.

"국민청원 게시판은 직접 민주주의의 실현이라는 취지 아래 정부 출범과 함께 시작됐다. 그동안 주목받지 못했던 다양한 이슈들이 이를 통해 수면 위로 떠올랐고, 민주주의 학습의 장이란 평가를 받기도 했다. 하지만 폐해도 적지 않았다. 일각에선 국민청원 게시판이 오히려 정치적·사회적 갈등을 증폭시키고, 대의 민주주의의 근간인 삼권분립을 흔든다고 지적한다. 그렇다면 과연 직접 민주주의는 대의 민주주의에 맞서는 개념인가? 이 책은 '전혀 그렇지 않다'고 답한다. 이탈리아의 경제학자이자 사회학자인 저자는 자유민주주의 국가 체제가 채택하는 민주주의의 기본 제도가 대의제이며 직접 민주주의는 제도 효율성 측면에서 현대 국가들에 적합하지 않다고 말하는 일반적인 편견에 동의한다. 그러면서도 직접 민주주의는 대의 민주주의의 효율적인 보완책이며, 이를 통해 생생하고 참여적이며 사회의 보다 넓은 층의 필요와 이익에 부합하는 민주주의를 실현할 수 있다고 주장한다."[7]

토마스 베네딕토라는 이탈리아 학자의 책 『더 많은 권력을 시민에게』(성연숙 옮김, 다른백년 2019)를 소개한 기사다. 이 책의 부제는 '시민주권 시대, 직접 민주주의를 말하다'이다. 시대가 변하고 기술 변화에 따라 소통 환경이 바뀌었는데 왜 '대의'만을 보호해야 할까. 대의 민주주의 시스템에 대한 신뢰 부족이 국민들로 하여금 광장으로 나서도록 만드는데, 왜 기존 체제만 고집해야 할까. 저자의 지적대로 대의 민주주의를 지키면서도 효율적인 보완책 역할을 하는 직접 민주주의를 마다할 이유가 없다. 이것은 언론을 통한 '간접 소통'과 소셜미디어를 통한 '직접 소통'을 소통의 두 날개로 삼아 최선을 다하는 것과 마찬가지다.

2020년 1월 코로나19 바이러스에 대한 우려가 커지면서 중국인 입국금지 청원도 뜨거웠다. 청원의 폐해를 우려하는 목소리가 커졌다. 청원에 부담스러운 의견이 올라오고 국민들 지지가 이어질 때 무척 당혹스럽다. 그러나 그 자체는 나쁘지 않은 신호라고 본다.

우리 사회가 갖고 있는 차별과 혐오의 수위를 확인하는 계기가 되기도 한다. 문제가 있다는 신호를 확인했다면, 문제를 해결하기 위한 정책적 고민을 함께 하면 되지 않을까. 공감하는 훈련, 문화상대주의에 대한 이해를 위해 청소년들에게 인류학 교육을 하자는 아이디어도 소셜미디어에서 발견했다. 새로운 시대를 위한 교육이 20세기 방식과 달라야 하는 건 당연하다.

청원 열기는 계속 이어지고 있다. 어쩌면 청원이 가장 강력한 힘을 발휘할 수도 있는 국회청원도 본격적인 재정비에 나섰다. 2019년 5월 국회 사무처 담당자들의 요청으로 '청원 요정' 두나와 함께 국회를 방문해 청원 관련 미팅을 가졌다. 국회청원을 확 바꿔 보려는 의지가 충만했다. 당시 국회청원은 국회 홈페이지에서 청원 양식을 다운로드 받아야 하고, 국회의원의 소개를 얻어야 가능한 방식이었는데 이분들이 끝내 바꿨다. 2020년 1월 선보인 국회의 '국민동의청원'에서는 30일 동안 10만명 이상 동의를 얻으면 국회가 소관 위원회에 회부하여 심사할 의무를 지게 된다. 실제 입법 가능성을 높였다.

서울시는 1,000명이 동의한 사안에 대해서는 박원순 시장이 직접 답변하는 '민주주의 서울'을 운영하고 있다. 시장이 답변만 간단히 내놓는 것이 아니라 시민의 의견을 나눌 수 있는 토론 행사 등 시민 참여 과정을 여러가지로 고민하고 있다. 서울시교육청은 서울시의 교육 현안, 교육 정책과 관련해 30일 동안 시민 1만명 또는 학생 1,000명 이상이 동의한 청원에 대해 교육감이 30일 이내에 답하겠다는 청원 게시판을 운영한다. 시도 지자체 차원의 청원은 대개 500명, 1,000명이 청원에 동의하면 답을 하겠다고 의지를 보이고 있다.

분명 잘 해결되는 청원도 있을 테고 어려움을 겪는 청원도 있을 것이다. 하지만 주권자인 시민, 국민과 소통하겠다는 의지로 어떻게든 애쓰는 모습은 우리의 민주주의가 조금 더 발전하는 과정을 보여준다.

모든 사안에 모두를 만족시키는 답변도, 해법도 없다. 원칙에 따라 할 수 있는 절차를 밟을 뿐이다. 대통령 탄핵도 청와대 마음대로 할 수 없고, 국회의원 세비 결정도 청와대가 할 수 없다. 청와대가 할 수 있는 일은 분명 제한적이다. 청와대가 해줄 수도 없는데 뭐 하러 청원을 하느냐는 말이 나오는 건 당연하다. 답이 시원찮아서 속 터진다는 반응도 자연스럽다.

답도 못하는 내용에 분노를 쏟아내고, 원망을 담은 청원도 적지 않았다. 국민들이 화가 났다면 어떤 내용이든 털어놓을 공간도 필요하다는 것은 대통령 뜻이기도 했고, 국민의 뜻이기도 했다. 어떤 사안에 "속 터져 죽을 것 같은데 청원이라도 있어서 다행"이라는 댓글을 보면 안타깝지만, 한편으로는 다행이라는 생각도 든다. 희로애락을 나누고 국민들이 목소리를 합치는 공간을 꼭 청와대가 만들었어야 했느냐고 묻는다면, 그건 아니다. 하지만 다른 곳에 없었을 뿐이다. 국민소통플랫폼으로서 역할을 하고자 했을 뿐이다. 민주주의가 작동하는 방식이 그렇다. 청원을 하는 분들이나, 답을 준비한 우리나 모두 함께 조금은 달라지지 않았을까 싶다. 당장 바뀌는 것은 없다 해도 끝내 바뀌는 데 도움이 되는 일들이 분명히 있다.

법을 바꾸고, 제도를 개선하는 노력에 국민이 직접, 쉽게 참여할 수 있다는 것은 엄청난 효능감을 준다고 믿는다. 국민이 참여하는, 국민이 실제 만들어가는 민주주의를 경험하는 교육 효과는 더 크다고 생각한다.

우리는 촛불혁명을 통해 권력을 교체한 국민이다. 거리에서 촛불을 들었던 경험을 기억하는 국민이다. 국민들이 조금 더 쉽게 디지털 시대에 맞는 방식으로 세상을 바꾸는 경험이 이어지기를 바란다. 행정부, 입법부, 사법부에 더해 국민에게 귀를 기울이도록 비판과 감시를 하는 역할을 해 '제4부'라 불리던 언론이 그 비판과 감시를 독점하던 시대가 아니다. 청원해봐야 별 소용 없다는 사람도 있을 수 있다. 그러나 국민의 요구에 맞춰 뭔가 해볼 수 있도록 구조를 만드는 게 정부의 피드백이라면, 그걸 활용하는 건 또다시 국민의 피드백이다. 이게 소통이다.

재직 중 답변이 이루어진 국민청원

	청원 내용	동의자 수	답변 일시	답변자
1	소년법 폐지	296,330	2017.9.25	조국 민정수석 김수현 사회수석 윤영찬 국민소통수석
2	낙태죄 폐지	235,372	2017.11.26	조국 민정수석
3	주취감형 폐지	216,774	2017.12.6	조국 민정수석
4	조두순 출소 반대	615,354		
5	권역외상센터(이국종 교수) 지원	281,985	2018.1.16	박능후 보건복지부 장관
6	전안법 개정	211,064+ 255,554	2018.1.25	채희봉 산업정책비서관
7	가상화폐 규제 반대	228,295	2018.2.14	홍남기 국무조정실장
8	정형식 판사 감사	252,969	2018.2.20	정혜승 뉴미디어비서관
9	초중고 페미니즘 교육 의무화	213,219	2018.2.27	윤영찬 국민소통수석
10	미성년자 성폭행 형량 강화	233,842	2018.3.2	박상기 법무부장관
11	김보름 선수 자격 박탈과 빙상연맹 처벌	614,127	2018.3.6	김홍수 교육문화비서관
12	나경원 의원 평창올림픽 위원직 파면	360,905		
13	국회의원 최저시급 책정	277,674	2018.3.8	정혜승 뉴미디어비서관
14	네이버 수사	212,992		
15	아파트 단지 내 교통사고, 도로교통법 개정	219,395	2018.3.14	이철성 경찰청장
16	일베 폐쇄	235,167	2018.3.23	김형연 법무비서관
17	조두순 피해자 우롱 윤서인 처벌	242,687		
18	경제민주화	207,772	2018.4.9	김상조 공정거래위원장
19	이윤택 성폭력 진상규명	208,522	2018.4.13	박형철 반부패비서관
20	고 장자연 씨 사건 재조사	235,796		
21	단역배우 자매 사건 재조사	222,770		
22	미혼모 위한 히트앤런 방지법 제정	217,054	2018.4.24	엄규숙 여성가족비서관
23	개헌안 지지	304,320	2018.5.2	진성준 정무기획비서관
24	다산 신도시 실버택배 비용 입주민에게	302,082	2018.5.4	김현미 국토교통부 장관
25	GMO 완전표시제 시행 촉구	216,886	2018.5.8	이진석 사회정책비서관
26	미세먼지 대책 마련	278,128	2018.5.16	김혜애 기후환경비서관

	청원 내용	동의자 수	답변 일시	답변자
27	여성도 대한민국 국민. 국가 보호 요청	419,006		정현백 여성가족부 장관 이철성 경찰청장
28	몰래카메라 판매금지와 몰카범죄 처벌 강화	209,494	2018.5.21	
29	합정동 **** 불법 누드촬영	201,590		
30	세월호 청문회 위증 조여옥 대위 징계	215,036	2018.5.25	정혜승 뉴미디어비서관
31	삼성증권 시스템 규제와 공매도 금지	242,286	2018.5.31	최종구 금융위원장
32	선관위 위법사항 국회 전수조사	260,624	2018.6.5	정혜승 뉴미디어비서관
33	성적학대 아동 구제 및 가해자 처벌	216,163		민갑룡 경찰청장
34	광주 택시탑승 시비 집단폭행 사건 조사	334,173	2018.6.11	
35	TV조선 종편 허가 취소	236,714	2018.6.14	정혜승 뉴미디어비서관
36	유기견보호소 폐지 반대	226,252	2018.6.19	김혜애 기후환경비서관 최재관 농어업비서관
37	K-9 자주포 사고 부상장병 치료, 국가유공자 지정 요청	302,635	2018.7.11	김현종 국방개혁비서관
38	서울광장 퀴어행사 반대	219,987	2018.7.13	정혜승 뉴미디어비서관
39	무고죄 특별법 제정	240,618		박형철 반부패비서관
40	대검 성폭력 수사매뉴얼 중단	217,143	2018.7.19	
41	문재인 대통령 응원	224,539	2018.7.24	윤영찬 국민소통수석
42	난민법 개정	714,875	2018.8.1	박상기 법무부장관
43	필리핀에서 구금된 선교사 구조	207,275	2018.8.3	정혜승 디지털소통센터장
44	디스패치 폐간	211,296	2018.8.8	정혜승 디지털소통센터장
45	개를 가축에서 제외해달라	214,634		최재관 농어업비서관
46	동물도살금지법 지지	212,424	2018.8.10	
47	청소년 강력범죄 처벌 강화	354,935		김상곤 교육부총리
48	소년법 개정	208,202	2018.8.23	
49	어린이집 아동학대 처벌 강화	413,924	2018.9.12	엄규숙 여성가족비서관
50	웹하드 카르텔과 디지털성범죄 산업 특별수사	208,543	2018.9.27	민갑룡 경찰청장
51	식당 성추행 남성 구속 관련	330,587	2018.10.12	정혜승 디지털소통센터장
52	음주운전 처벌 강화	406,655		박상기 법무부장관
53	불법촬영물 유포 처벌 강화	275,806	2018.10.21	

	청원 내용	동의자 수	답변 일시	답변자
54	인천 여중생 자살 가해자 처벌	234,236	2018.11.16	김형연 법무비서관
55	법원의 성범죄 피해자 개인정보 노출	257,471		
56	강서구 아파트 살인 사건 피해자	214,306	2018.12.7	진선미 여성가족부 장관
57	강서구 PC방 살인 사건	1,192,049	2018.12.11	김형연 법무비서관
58	50대 여성에 대한 이유 없는 폭행	416,093		
59	성폭행 사망 사건 재조사	256,004		
60	포항약국 칼부림 사건 처벌	142,715		
61	경남 양산시 산부인과 의료 사건	214,952	2018.12.17	박능후 보건복지부 장관 이은영 한국환자단체연합회 이사
62	이스트라이트 폭행 사건	233,495	2018.12.18	남요원 문화비서관
63	조두순 출소 반대	261,418		정혜승 디지털소통센터장
64	소년법 개정 촉구	211,546		
65	부하 여군 성폭행 해군 간부 처벌 촉구	206,447		
66	춘천 여성 살인 사건	211,766	2018.12.26	정혜승 디지털소통센터장
67	일베 여친 불법촬영 사건	202,548		
68	이수역 폭행 사건	365,418		
69	억울한 아버지의 원한을 풀어주세요	397,079	2019.1.7	민갑룡 경찰청장
70	국회의원 세비 인상 반대	243,938		정혜승 디지털소통센터장
71		81,590		
72	광양 알루미늄 공장 반대	216,615	2019.1.18	정혜승 디지털소통센터장
73	잔혹한 개 도살 반대	214,251		
74	민간 위탁모 아동학대 사망 사건	221,317	2019.1.30	엄규숙 여성가족비서관
75	카풀 서비스 반대	216,448	2019.1.31	김현미 국토교통부 장관
76	조재범 코치 처벌 촉구	269,110	2019.2.13	양현미 문화비서관
77	https 차단 정책에 대한 반대	269,180	2019.2.21	이효성 방송통신위원장
78	고위공직자범죄수사처 신설 촉구	302,856	2019.2.22	조국 민정수석
79	김경수 지사 재판 판사 사퇴 촉구	270,999	2019.3.15	정혜승 디지털소통센터장
80	학교폭력 청원	255,113		
81	영광 여고생 사건 가해자 강력 처벌	217,786		

	청원 내용	동의자 수	답변 일시	답변자
82	동전 택시기사 사망 사건	211,339	2019.3.15	정혜승 디지털소통센터장
83	경사 *** 등 뇌물. 경찰 유착 수사	312,197	2019.3.18	검찰과 경찰 조직의 명운을 걸고 철저한 진상규명에 나서라는 대통령 지시로 답변 대체
84	여성 대상 약물범죄 클럽과 경찰 유착 수사	207,784		
85	고 장자연 씨 증인 신변보호	386,506		
86	고 장자연 씨 사건 재수사	738,566		
87	금천구 데이트폭력 사망 사건 심신미약 감형 반대	216,834	2019.3.20	정혜승 디지털소통센터장
88	윤지오 신변보호 요청	318,057	2019.4.1	원경환 서울지방경찰청장
89	비리 수사 중인 학교장 직무정지	214,658	2019.4.18	조희연 서울시교육감 이광호 교육비서관
90	음주운전 가해자 처벌 강화	225,638	2019.4.19	정혜승 디지털소통센터장
91	소방공무원 국가직 전환	380,769	2019.4.24	정문호 소방청장 정은애 전북익산소방서 센터장
92	정부 아이돌봄 서비스 개선 대책 마련	281,764	2019.4.26	김희경 여성가족부 차관 공식브리핑으로 답변 대체
93	김학의 성접대 피해자 보호 및 엄정 수사	211,344	2019.5.3	정혜승 디지털소통센터장
94	포항 지진 피해배상 및 지역재건특별법 제정	212,675	2019.5.17	강성천 산업정책비서관
95	세월호참사 특별수사단 설치, 전면 재수사 지시 촉구	240,529	2019.5.27	정현곤 시민참여비서관 박형철 반부패비서관
96	동물실험 중인 검역탐지견 구조 요청	217,249	2019.6.3	박영범 농해수비서관
97	연합뉴스 재정보조금 폐지	364,920		정혜승 디지털소통센터장
98	김무성 전 의원 내란죄 처벌	224,852	2019.6.11	강기정 정무수석
99	더불어민주당 정당해산	337,964		
100	자유한국당 정당해산	1,831,900		
101	국회의원 국민소환제 도입	210,344	2019.6.12	복기왕 정무비서관
102	진주 방화 살인 범죄자 무관용	202,804	2019.6.14	정혜승 디지털소통센터장
103	문재인 대통령 탄핵	250,219	2019.6.28	정혜승 디지털소통센터장
104	성폭행 살인 사건	348,417	2019.7.4	정혜승 디지털소통센터장
105	제주 전 남편 살인 사건	223,006		
106	동물학대 강력 처벌 및 대책 마련 촉구	217,483		김동현 동물복지정책 팀장

6장

소통은
계속된다

모든 길은 소통으로 통한다

소통이란 무엇인가

이 책의 가제는 '홍보 말고 소통'이었다. 책을 쓰는 내내 제목을 보아왔던 터라 내 머릿속에도 그리 각인됐다. '홍보가 아니라 소통입니다.' 나는 홍보수석실이 아니라 국민소통수석실에서 일하지 않았던가. 보도자료와 브리핑으로 일방향 발표만 하는 게 아니라, 쌍방향으로 국민의 이야기를 듣는 것이 당연하다. 그런데 지인들의 질문에는 당황할 수밖에 없었다. "그래서 홍보와 소통은 어떻게 달라요?" "스마트한 소통? 소통 전략? 그게 뭔데요?"

이쯤에서 홍보를 다시 점검해보자. 미국 PR협회[PRSA]는 2012년 새로운 시대의 홍보를 '조직과 대중이 상호 유익한 관계를 구축하는 전략적 커뮤니케이션 프로세스'라고 정의했다.[1] 정의만 보자면 홍보 분야의 전문가 수백명이 모여 토론을 통해 다양한 의견을 쏟아낸 뒤, 최대한 두루뭉술하게 정리한 것 같다. 과거의 홍보가 언론사를 통한 홍보 위주였다면 최근에는 '참여'engagement와 '관계구축'relationship building에 더 무게를 두고 있다. 단순히 말이나 메시지, 이미지를 전하는 것에 머물지 않겠다는 것이다. 결국 홍보의 대상이자 주체인 대중을 보다 적극적으로 끌어당기려는 노력이 더해진 셈이다.

어느 분야든 일방향 홍보는 수명을 다했다. 미디어 환경은 쌍방향 소통이 가능하도록 바뀌었다. 한때는 댓글이 쌍방향 소통의 중요 수단으로 간주되기도 했으나, 이제 댓글 정도로는 성에 안 찬다. 국민청원 역시 국민의 목소리를 충분히 들을 수 있는 채널을 모색한 결과였다. 무엇보다 듣는 데 머물지 않고 국민의 의견, 여론을 토대로 정부 제도를 개선할 부분이 있는지 점검하고 실행하는 과정으로 이어질 수 있도록 노력했다. 우리의 시도에 다들 칭찬하고 만족했던가? "문재인 정부가 소통을 잘한다고? 쇼통 아니고?"

문재인 대통령이 직접 나섰던 2019년 11월 19일 '국민과의 대화'는 소통에 대한 여러가지 해석을 남긴 행사다. 당초 예정된 100분을 훌쩍 넘겨 120분 동안 진행됐다. 행사를 주관한 MBC가 신청을 통해 선정한 국민 패널 300명은 그야말로 각본 없는 소통을 보여줬다. 사전에 조율되지 않은 질문은 산만했고 자신의 민원을 하소연하는 이도 있었다. "대통령님!" "여기요!" 하고 소리를 지르는 이도 등장했다. 이 모든 장면이 생중계됐다.

그러나 제작진은 "정제되고 날카로운 질문은 기자들 몫이 아닌가"라며 "일반인들을 모았으니 당연한 상황이다. 형식이 '국민과의 대화'였다는 점을 강조하고 싶다. 정제되지 않은 질문과 목소리도 직접 듣겠다는 차원에서 기획된 형식이다"라고 말했다.[2]

민주주의는 누구나 더 많이 떠들 수 있어야 한다고 말한다. 주권자인 국민도 얼마든지 떠들 수 있다. 언론 입장에서는 정제되고 정리된 질문을 하는 편이 더 바람직한 소통이겠지만, 국민의 목소리를 이렇게 날것 그대로 듣는 것도 의미가 있다고 생각한다. 가끔 기자회견이 생중계될 때, 기자들도 질문을 잘하지 못한다는 식의 비난을 받지 않던가. 국민만 탓할 일도 아니다.

'소통'을 키워드로 학술 논문을 뒤지다보면 소통의 바다에 빠져서 허우적대는 기분이 든다. 소통은 거의 모든 현상을 분석하는 기반인가보다. 가볍게 포털에서 검색을 하면 결과가 너무 많다. 그렇다면 소통을 잘하는 것? 포털에서 '소통의 달인'으로 검색을 해봤다. 역시 각종 블로그와 뉴스가 수도 없이 많다.

살펴보면, 소통을 잘한다는 것은 말하기 혹은 프레젠테이션의 영역으로 보이기도 하고, 유머나 친절을 기술로 장착하라는 조언으로도 보인다. 조직 내 처세나 태도에 대한 부분도 중요하게 간주된다. 그러나 이런 개인적 차원의 소통 기술로는 대중을 상대로 한 정부의 소통, 기업의 소통 노력을 해석하는 데는 한계가 분명해 보인다.

"불확실성과 갈등이 증가하는 시점에서 소통의 중요성은 더욱 커지고 있습니다. 다양한 갈등과 사회 문제에 대해 머리를 맞대고 논의하는 과정 자체가 소통이고, 소통이 결국 혜안과 대안을 제시하는 과정이며, 문제 해결의 단초가 된다고 생각합니다."

제16대 한국소통학회장을 역임한 정의철 회장은 취임사에서 이렇게 말했다.[3] 사회적 논의 과정 자체가 소통이고, 문제 해결의 단초가 된다니… 모든 길은 소통으로 통하는 것일까.

소통 vs 불통

사람들은 소통에 대해 저마다의 해석을 가지고 있다.

"어떤 기업 CEO의 자서전을 정리하는 작업을 함께하기로 했어요. 좋은 분이었는데 자신은 소통을 가장 중요하게 생각한다고 하더라고요. 그런데 그분이 생각하는 소통이 제가 생각하는 소통과 달랐어요. 그분은 자신이 지시를 내리면, 어떤 말을 던지면, 아랫사람들이 최대한 신속하게 대답을 가져오는 것을 소통이라고 생각하더라고요."

어느 날 지인과 차를 마시다가 이 얘기에 뒤통수를 맞은 듯 정신이 얼얼했다. 자서전을 준비할 만큼 성공한 CEO에게 소통이란 조직 내부 커뮤니케이션이 신속하고 원활하게 돌아가는 것은 물론, 기본적으로 자신의 지시가 잘 이행되는 것이었다. 소통은 경청이 기본이며, 대부분 힘을 가진 조직의 상급자, 지도자가 대중의 목소리를 듣는 것으로 이해하고 있거늘, 거꾸로 생각할 수도 있다니 나름 신선했다. 모두가 소통을 이야기하지만 정의부터 전혀 통일되지 않은 상황이다. 내 말을 잘 듣고, 잘 따르는 게 소통이라고 생각할 수도 있다. 이 같은 바람은 어찌 보면 인지상정으로 여겨지기도 한다.

청원에 국민들의 참여가 적극적으로 이뤄진 이후 반응도 제각각이었다. 국민의 목소리를 담아내고 증폭시키는 플랫폼으로 이 정도면 괜찮지 않을까 했지만 불통이라는 반응도 적지 않았다. 불통이란 비판을 찬찬히 살펴보면 국민의 목소리를 듣는다고 해놓고 왜 그대로 따르지 않느냐, 왜 법을 바꾸지 않느냐는 내용이 적지 않다. 말해봐야 소용없다는 분노도 함께 따라온다. 국민의 의견을 냈다고 해서 그대로 따르는 것이 정답은 아닐 텐데 난감했다. 청와대가 할 수 있는 최선은 대체로 복잡하게 얽힌 상황을 확인하고, 관련 법제도가 어느 부처에서 어떻게 운영되고 있는지 살펴보면서 해법의 방향을 모색하는 것이다.

원하는 대답을 듣지 못했을 때 소통의 벽을 느끼고, 불통이라 비판하는 일은 심심찮게 볼 수 있다. 일터에서인들 다를까. 직장인들이 허심탄회한 이야기를 익명으로 올리는 '블라인드' 앱에서도 들지 않는 조직장에 대한 불통 비판은 흔하다. 말을 해보라고 해서 했는데 자신의 의견이 전혀 반영되지 않는다는 불만이다.

전 직장 카카오의 중요한 가치는 '신뢰, 충돌, 헌신'이다. 동료 간에 서로에 대한 신뢰가 기본이고 충돌도 당연한 일이다. 닉네임 혹은 영어 이름으로 직급 없이 서로를 부르는 카카오 문화는 상명하달과는 거리가 멀다. 나 역시 어떤 자리에서든 말을 꺼내는 데 주저한 기억이 별로 없다. 때로는 격한 토론이 벌어지기도 한다. 그다음이 문제다. 신뢰를 기반으로 충돌을 불사하며 실컷 토론했다고 해서 결정도 민주적인 것은 아니다. 결정은 사장이든 조직장이든 문제에 대해 책임을 져야 하는 의사결정권자, 즉 리더의 몫이다. 그들이 최종 결정을 하면 의견이 달랐다 하더라도 실행에 헌신하라는 것이 '신뢰, 충돌, 헌신'의 요구다. 하지만 그렇게까지 토론을 했는데, 결과는 왜 누구 맘대로 결정하느냐는 식의 불만이 없을 수 없다.

충분히 토론하고 충돌하는 과정에서 리스크를 점검하고, 장단점을 분석하고, 최선 혹은 차선의 결정을 내린다. 그런데 여기서 대체 적절한 분량의 토론은 어느 정도일까. 1시간 토론하면 충분한 걸까? 3시간은 해야 하나? 3일? 일주일? 한달? 새로운 정보나 변수 등 판단의 근거가 되는 재료가 다 쏟아졌다면 그만해도 되는 것일까? 실제로 충돌 이후, 결정에 수긍하고 따를 수 있느냐의 문제는 간단치 않다. 그것은 리더십이 발휘될 영역이기도 하고, 충돌 속에서 소통의 묘미를 살려냈느냐의 문제이기도 하다. 조직 내 소통의 절차를 잘 마련해놓아도 실행은 쉽지 않다는 얘기다. 물론 티격태격하는 것이 다른 목소리를 용납하지 않는 조직보다는 훨씬 낫다.

하지만 잘 생각해보라. '내 말을 들어주지도 않는데 무슨 소통이냐'라는 식의 불만은 '내 말을 잘 이해하지 못하는 것'이 모두 홍보 탓이라는 생각과 다르지 않다. 이전 대통령들도 홍보에 아쉬움이 많았다.

"이전에도 박 대통령은 여러차례 '홍보 부족'을 지적해왔다. '국민이 모르는 정책은 없는 정책이나 마찬가지'라며 청와대 참모들을 독려했다. (…) 최근에는 정부 정책에 대한 반대나 비판이 일고 있는 것은 '잘 몰라서 그러는 것'이라는 인식이 도드라진다. 사실 홍보 부족을 탓하는 대통령의 모습은 새삼스러운 일이 아니다. 이명박 정부 때도 그랬다. 4대강 사업에 대해 종교계까지 반대하고 나서자 당시 이명박 대통령은 홍보가 부족해서 생긴 일이라며 호통을 쳤고 청와대는 물론 여당까지 부랴부랴 4대강 사업 홍보에 나섰다. 물론 반대 목소리를 수렴하겠다는 태도는 아니었다. 4대강 사업 반대는 잘못됐으니 '잘 가르쳐서 생각을 바꾸겠다'는 쪽에 가까웠다."[4]

홍보를 필요로 하는 기업, 정부 중에 홍보를 아쉬워하지 않았던 이는 없었던 것 같다. 늘 그랬다. 그렇다고 '안 되면 홍보 탓'을 결코 일반화할 수는 없다. 4대강 사업에 대한 반대를 놓고 국민들이

잘 몰라서 하는 소리니까 가르치는 홍보를 하라고 했다지만, 4대
강 사업의 실익은 실제 토목 사업을 벌이는 건설사들의 수익 외에
는 모든 게 불확실한 반면, 강이 망가진다는 증거는 곳곳에서 등장
했다.

누구나 각자의 방식으로 소통을 생각한다면 어떻게 해야 소통을
잘하는 것일까. 정부든 기업이든 알리고 싶은 메시지를 잘 다듬어
보도자료를 내고, 기자간담회든 브리핑이든 할 수 있는 건 한다. 요
즘은 소셜미디어를 통해 알리고, 유튜브 채널을 개설해 영상을 올
린다. 보고 싶은 것만 보는 세상에서 그게 잘 통할 때도 있고 아닐
때도 있지만 할 수 있는 한 최선을 다하는 것 외에는 뾰족한 방법
이 없다.

때로는 신선한 방식을 시도했을 때 소통 잘한다고 칭찬을 받는
다. 그게 마치 사탕처럼 달콤하다. 소통 잘한다는 말을 듣는 것이
목표가 아니라 소통을 잘하는 것이 목표일 텐데, 어느새 미친 듯이
일하게 된다. 도전과 좌절을 반복한다. 누구나 그런 것 아닐까?

"정신과 의사이며 치유 전문가 정혜신의 신간 『당신이 옳다』를
오가는 비행기 안에서 읽었습니다. '공감과 소통'이 정치의 기본이
라고 늘 생각해왔지만, 내가 생각했던 공감이 얼마나 얕고 관념적
이었는지 새삼 느꼈습니다. 가족들과의 공감도 다시 생각하게 되
었습니다."[5]

문재인 대통령이 2018년 11월 소셜미디어에 남긴 책에 대한 소

감이다. 대통령도 스스로 얕고 관념적이었다면서 계속 성찰한다. 나 역시 내가 떠들어온 소통이 번지르르하지 않았는지, 모호하지 않았는지 돌아보지 않을 수 없다. 한동안 『당신이 옳다』에 따라 '충조평판(충고, 조언, 평가, 판단)'을 자제하는 대신 충분히 듣고 공감하는 소통에 애를 썼으나 보통 수양으로 될 일이 아니구나 좌절하기도 했다.

대화의 복원, 토론의 부활

이 책을 정리하는 과정에도 소통이라는 화두가 머릿속을 떠나지 않았다. 2019년 11월 최재천 이화여대 석좌교수를 만났을 때, 죽비가 내리꽂히는 듯한 느낌을 받은 것도 그 때문일 터다.

나는 청와대를 그만두고 포럼 프로그래머 아르바이트를 하게 됐다. 메디치 출판사의 김현종 대표는 '피렌체의 식탁'이라는 어젠다 저널리즘을 시도해서 관심 있게 보던 페이스북 친구다. 9월 어느 날 그가 좋은 콘퍼런스 한번 같이 해보지 않겠느냐고 제안했다. 어차피 앞으로 무슨 일을 하든 한국사회에 대해 진지하게 공부해볼 기회 아니겠냐는 설득에 넘어갔다. 어떤 분을 모시고 어떤 주제로 해볼까 논의하는 과정이 즐거웠다. 그리고 연사 중 한분으로 모시고자 최재천 교수 연구실로 찾아갔다. 따뜻한 차를 마시며 동물권에 대한 얘기를 시작했다.

최재천 교수는 국내 대표적인 동물학자이자, 동강댐 건설을 막아냈고, 서울대공원 수족관에 갇혀 있던 돌고래 제돌이를 풀어주도록 애쓴 운동가이기도 하다. 최근에는 아쿠아리움에 갇힌 흰고래 벨루가를 구해달라고 공개적으로 요구했고 결국 해냈다. 스웨덴의 환경운동가 그레타 툰베리 덕에 새삼스럽게 기후 변화가 핫이슈로 떠오르는 상황에서 지구의 반격 속에 동물권 보호라니, 1회 포럼 주제인 '힘의 역전'에 딱 맞았다.

하지만 더 재미있는 이야기는 따로 있었다. 최재천 교수가 기획재정부 중장기전략위원회 위원장을 맡았다는 걸 알고 있던 터라 그 이야기를 청했다. 그의 눈빛이 반짝거리기 시작했다. 문재인 정부 출범 초기 김동연 경제부총리의 제안으로 자리를 맡은 뒤 그는 한국사회에서 매우 보기 드문 위원회를 운영했다.

정부 산하 위원회는 대체로 누군가 발제를 하고 나면, 한 사람씩 돌아가면서 의견을 말하고, 주관하는 정부 측 관계자가 좋은 말씀 감사하다, 잘 정리해서 공유하겠다고 마무리하는 패턴이 있다. 기업에서 운영하는 민간 자문위원회도 비슷한 절차에 따라 운영된다. 국회 공청회 역시 마찬가지다. 하지만 누구나 알다시피 발제를 듣고 한마디씩 얘기하는 방식으로는 주제가 정리되기 어렵다. 대체로 각자 입장 차만 확인하고 마무리되기 일쑤다.

최재천 위원장은 첫날 발제를 듣고 이렇게 말했다고 한다. "자,

그래서 이제 서로 한마디씩 돌아가면서 하고 끝내면 되는 건가요?" 살짝 삐딱한 이 도발적인 한마디로 하고 싶은 대로 해볼 재량권을 얻었다고 했다.

"정말 미안한 얘기지만 지금 들으신 것은 없었던 겁니다. 안 들은 겁니다. 그냥 남은 시간에 2018년 대한민국을 어떻게 생각하시는지 한 말씀씩 하시죠."

위원장의 주문에 20명에 가까운 위원들은 온갖 걱정을 꺼내놓았다. 그 걱정을 다 이어붙이면 이 나라가 아직 안 망한 게 신기할 지경. 기획재정부 위원회였지만 경제학자는 별로 없었다. 각계의 고수들이 모인 자리에서 그들은 그렇게 '대화'와 '토론'을 위한 전초전을 시작했다.

어렵게 하루 일정을 모두 빼서 오전 9시부터 오후 6시까지 철학자의 발제를 듣고 느슨하게 종일 토론하는 자리를 만들었다고 한다. 한국사회의 전술과 전략이 어떤 방향에서 모색되어야 할지 공감대를 형성하고, 주제를 잡아나가기 시작했다. 이후 10여차례 토론을 매번 오후 2시부터 6시까지 4시간 동안 빡빡하게 진행했고, 한국사회의 온갖 위원회에서 빠지지 않는 친목의 저녁 자리 없이 헤어지곤 했다고 한다. 이것은 대화의 복원이자 토론의 부활이었다. 각자 다른 배경의 전문가들이 한가지 주제에 대해 온갖 이야기를 펼쳤고, 여성, 노동, 인구, 환경, 미래를 주제로 많이 떠들고 많이 들었다. 각종 회의는 많았지만 지금까지 이런 소통은 없었다고 할까.

최 교수는 "우리가 망할 때까지 싸우지 않는 한, 성실하고 똑똑한 이들의 국가인데 망할 이유가 없다"며 "토론이 없는 사회는 갈등과 분열을 멈추지 못한다"고 말했다. 의견 충돌, 논리로 부딪치는 대결은 나쁘지 않다. 티격태격하는 것이 토론이다. 절대 상대를 비방하지 않고, 나는 맞고 너는 틀리다는 식의 극단적 결론 대신 의견만 내는 것이다.

알고 보니 최 교수는 하버드대 유학 시절, 비즈니스 스쿨의 고수 롤런드 크리스텐슨 교수로부터 토론법을 배웠다고 했다. 최 교수는 크리스텐슨 교수에게 과학도들에게도 토론법을 알려달라고 청했고 세차례에 걸쳐 워크숍을 진행했다. 최 교수에게 그때 배운 토론 비법이 있는지 묻자 '토론이 안 되면 쪼개라'라는 답이 돌아왔다. 20여명이 모여 토론하는데 내용이 계속 겉돈다면 과감히 소그룹으로 쪼갠 뒤 각자 흩어져 이야기하고 다시 돌아오면 토론이 달라진다. 작은 규모에서 서로 막 떠들고 나면 문제가 또렷하게 보이기 시작하고 각자 관점이 생기기 때문이다.

11월 초 늦가을의 햇빛이 쏟아지는 이화여대 연구실에서 대화와 토론, 이른바 소통이 어떤 것인지 시간 가는 줄 모르고 들었다. 다시 생각해보니, 그 많은 토론회, 세미나, 공청회에서 제대로 된 토론이란 것을 본 기억이 없다. 대게 정해진 시간 내에 서로 자기 얘기를 하고 끝나는 자리였다. 주관하는 측에서 입맛에 맞는 결론을 정리해 공개하면 그것으로 마무리되곤 했다. 사실 토론회니 공청

회니, '했다는 것'이 중요하지 실제 토론에는 관심이 적었을지도 모른다.

우리는 제대로 된 토론을 경험한 적이 있던가? 배워본 적은 있던 가? 우리나라에서 가장 유명한 토론 프로그램인 「백분토론」만 봐도 어떤 때는 고수들의 현란한 논리와 지식을 나눠받기도 하지만, 어떤 때는 싸움만 보다가 끝나지 않았던가. 최 교수는 미국 ABC 심야뉴스 프로그램 「나이트라인」의 진행자 테드 코펠을 예로 들었다. 테드 코펠은 중요한 질문을 던질 때 미리 예고했다고 한다. 문제의 핵심은 이건데 저쪽 분과 이야기하고 난 다음 다시 돌아오겠다고 하면서 생각할 시간을 주는 방식이다. 진행자가 토론자를 궁지로 몰아넣거나 날카로운 질문을 하는 것이 능력처럼 보이지만, 사실 토론의 중요한 목적은 상대의 논리를 들어보는 것이다.

최 교수는 토론이란 순서를 정해서 한 사람씩 발표하는 것이 아니라 한없이 이야기하는 것, 하고 싶은 말을 다 하는 것이라고 강조했다. 소통이 어려운 이유는 다들 남의 말은 안 듣고 싶고 남이 내 말을 듣기를 원하기 때문이다. 최 교수는 'discussion'을 '숙의熟議'로 번역했는데, 남의 이야기를 들으면서 자신의 생각을 다듬는 것이 목적이지 자신의 의견을 관철시키는 것이 목적이 아니란 얘기다.

캐나다 토론토에서 1년에 두차례 열리는 '멍크 디베이트'(https://munkdebates.com/)라는 토론 행사가 있다. 금광기업으로 돈을 번 멍크 부부가 만든 공익 재단에서 토론을 주관한다. 이 행사에 몇천명이 유료 티켓에 기부금까지 내고 모인다. 토론 멤버는 그야말로 글로벌 슈퍼스타급. 90분 동안 당대의 가장 뜨거운 쟁점을 놓고 토론 배틀을 벌인다. 토론 이전과 이후 청중들의 투표로 승패를 가린다.

멍크 디베이트의 결과물을 책으로 엮은 『감시국가』(오수원 옮김, 모던타임스 2015)와 『사피엔스의 미래』(전병근 옮김, 모던아카이브 2016)를 보면서 지적 즐거움으로 가득하고, 현안에 대한 팽팽한 주장이 충돌하는 대화와 토론이 부러웠다. 국가 감시State Surveillance 문제를 주제로 했던 토론에는 에드워드 스노든의 폭로를 최초로 기사화한 글렌 그린월드와 레딧 공동창업자 알렉시스 오해니언이 국가 감시 반대 편에, 마이클 헤이든 전 NSA 국장과 28세에 하버드대 로스쿨 교수가 된 앨런 더쇼비츠가 찬성 편에 섰다. '사피엔스의 미래'로 번역된 토론의 주제는 사실 진보progress였고, 출전 선수가 심리학자 스티븐 핑커, 과학 저널리스트 매트 리들리, 작가 알랭 드 보통, 경영저술가 말콤 글래드웰이다! 지식 콘텐츠가 유료 행사가 되는 것도 신기한데 그것도 토론이라니.

대화와 토론, 소통이 어려운 사회는 갈등을 해결할 능력이 없다. 소통은 단순히 우리의 메시지를 전달하는 문제가 아니라 현안에 대해 의견을 쌓는 과정이 동반되어야 한다. 듣는 것부터 잘해야 한다고들 한다. 국민들은 어떤 생각인지 끊임없이 귀 기울일 수밖에 없다. 대통령의 말대로 진정성을 갖고 계속 설명하고, 동시에 계속 듣는 것. 각자 하고 싶은 얘기만 하고 끝내는 것이 아니라, 그래서 그다음에는 어떻게 접근할 수 있을지 각자 고민도 필요하지 않을까. 막무가내 비방 말고 대안을 꺼내들 수 있도록 훈련하기. 아무리 봐도 소통도 결국 교육이다. 이것도 리터러시일까?

소통이 망하는 이유

잘 듣고 생각을 나누는 것 혹은 홍보의 관점에서 메시지, 콘텐츠를 최적화된 방식으로 잘 포장해서 잘 전달하는 것. 이렇게 보면 소통의 흐름은 매우 단순하다. 그런데 이 작업이 대체 왜 그리 어려워진 걸까. 왜 모두가 소통을 말하는데 잘 안 된다고 할까.

미국의 분석기관 CB인사이트에서 2019년 11월 내놓은 '스타트업이 망하는 20가지 이유'[6]를 분석한 글을 읽는데 스타트업이 망한 이유가 소통이 망하는 이유를 재구성한 것이 아닐까 하는 생각이 들었다. 날마다 소통을 주제로 고민이 깊어지면서 모든 게 소통의 이야기로 보인다.

스타트업이 망하는 이유 1위는 '시장이 원하지 않는 사업'이었다는 사실이 결정타였다고 한다. 아무도 그 스타트업의 비즈니스 모델에 관심을 보이지 않았다. 소통이 필패하는 이유도 똑같다. 아무도 관심 없는 스토리를 던져봐야 소용없다. 정책 고객으로서의 국민, 즉 서비스와 제품의 고객이 최소한 관심을 가질 수 있는 것이어야 한다. 국민, 고객, 독자의 눈높이는 그래서 중요하다. 내 삶을 바꾸는 정책이 중요한 거지, 정부가 어떤 정책을 발표했다는 사실이 중요한 게 아니다. 높으신 양반이 관심 갖는 일인지 여부에 따라 홍보를 열심히 할 일이 아니라 고객의 눈으로 재해석하고 다시 포장해야 한다. 특히 정부 정책을 추진하는 과정에서 국민이라면 어떤 관점에서 어느 지점을 궁금해할지 철저하게 입장을 바꿔 고민해야 한다. 언론이라면 취재원의 관심사가 아니라 독자의 관심사를 봐야 한다.

스타트업이 망하는 두번째 이유는 '자금 고갈'이다. 이건 스타트업의 운명을 가를 수밖에 없는 가장 큰 문제 중 하나다. 소통하는 입장에서는 정해진 예산을 잘 쓰면 된다. 다만 기존 조직에서 유튜브에 영상 홍보를 하려면 예산부터 다시 짜야 한다는 걸 명심하자. 멋진 장비와 모든 시설을 다 갖추고 하면 좋겠지만 능력을 넘어서는 욕심은 곤란하다. 가볍게 시작하든 능력에 맞게 외주업체를 쓰든, 기존 예산을 어떻게 분배해야 할지 고민이 필요하다. 세번째 이유는 예산과 관련해 더 중요한 문제인데, 바로 '적절하지 않은 팀 구성'이다. 스타트업에서는 서로 다른 기술을 가진 다양한 팀 구성이 중요하다. 약간의 외부 도움 정도면 모를까, 자체적으로 제품을 만들 수 없다면 난감해진다. 자체 팀에서 기본은 해야 한다는 얘기다. 소통도 마찬가지다. 글 잘 쓰는 사람, 기획자, 영상 전문가, 디자이너 등 다양한 능력자를 갖춘 팀이 최선이고, 그게 어렵다면 반드시 필요한 최소한의 역량이 무엇인지 점검해야 한다. 주어진 예산 범위에서 할 수 있는 일이 무엇인지 살펴보고, 거기에 맞는 팀을 구성하는 것은 중요하다. 외주로 모든 것을 해결하기보다 외부 도움을 일부 받더라도 자체 역량을 키우는 방향에서 업무를 진행하는 게 바람직하다.

스타트업이 망하는 이유 네번째는 '경쟁에서 밀리는 것'이다. 아이디어가 괜찮고 시장에서 검증을 받으면 경쟁자가 등장하는 게 당연하다. 소통하는 입장에서는 사실 경쟁 상대가 너무 많다. 세상의 모든 이슈를 빨아들이는 블랙홀 이슈가 있을 때, 보도자료를 내고 영상을 만들어봐야 주목받기 어렵다. 부처 간에도 보도자료 내는 순서를 조율하는 작업이 필요하다. 기업에서 보도자료를 낼 때도 현재 사회에 어떤 이슈가 있는지 두루 살펴야 한다. 큰 뉴스가 더 큰 뉴스에 덮이기 때문이다. 메르스나 코로나19로 난리가 났다면, 어지간히 대단한 발표가 아니면 묻힐 수밖에 없다.

뉴스가 뉴스하고만 경쟁하는 것도 아니다. 청와대 동료가 중요한 현안을 발표하고 난 뒤, 나에게 온라인 반응이 어떠냐고 물은 적이 있다. 나는 좀 난감한 표정으로 답했다. "미안해요. 온라인 세상은 온통 「어벤져스 엔드게임」 얘기뿐이에요. 정말 난리가 나서 다른 이슈는 보이지도 않아요." 가끔 온라인 실시간 트렌드를 보고 있으면, 블록버스터 영화 개봉, 인기 아이돌 그룹의 음원 발표, 신작 게임 출시 소식에 다른 모든 소식이 묻히는 걸 보곤 한다. 이건 어쩔 수 없다. 영화 제작사들이 대작과의 경쟁을 피하듯, 이슈를 꺼내드는 타이밍을 조절할 수밖에. 도저히 조정이 안 되는 일정도 있지만 회장님, 장관님에게 이미 보고했다고 그 날짜를 고집할 일은 아니다.

다섯번째 이유는 '가격과 비용 문제'다. 이는 정부기관이나 기업에는 해당되지 않겠지만 언론사 입장에서는 굉장히 중요한 일이다. 국내 신문들이 대체로 비슷한 가격 정책을 갖고 있다는 건 놀라운 일이다. 일종의 가격 담합인 데다 사실 제대로 가치를 매긴 경험도 많지 않다. 패키지 상품 등을 개발해 상품을 다양하게 제공한다는 발상도 부족하다.

스타트업이 망하는 이유 여섯번째는 '이용자 친화적이지 않은 제품'이다. 기본적으로 이용자 인터페이스^{UI}, 즉 이용자가 제품을 이용하도록 만드는 디자인이 중요하다. UI가 엉망이면 쓰기가 싫어지는 법이다. 스타트업을 비롯해 기업들이 점점 더 중요하게 생각하는 UI와 UX(이용자 경험)가 약한 곳이 의외로 커뮤니케이션 분야다. 외면당하지 않기 위해 기본에 좀더 충실해야 하지 않을까.

스타트업이 망하는 이유 일곱번째부터 열번째까지를 빠르게 살펴보면, '비즈니스 모델이 없는 제품' '부진한 마케팅' '고객 무시' '타이밍이 맞지 않은 제품'이다. 소통으로 보면, 사업 모델이 없는 미디어는 살아남기 어렵고, 홍보 입장에서는 '통하는 한방'이 없는 한 실패할 수 있다는 얘기로 들린다. 아무리 좋은 메시지와 콘텐츠가 있어도 고객의 관심을 끌도록 만드는 홍보, 마케팅이 정말 중요하다는 것은 미디어든 정부나 기업이든 모두 당연하게 받아들여야 할 원칙이다. 이용자 피드백을 제대로 살펴보지 않거나, 그냥 방치하는 것은 소통의 입장에서는 그야말로 소통의 기본을 못하는 것. 고객을 무시한다는 것은 결국 소통을 못했다는 것이니, 역시 누구도 자유로울 수 없는 금과옥조 같다.

'타이밍이 맞지 않는 제품'이라는 것은 너무 늦게 출시해서 기회를 잃거나, 너무 일찍 내놓아 이용자의 필요에 맞추지 못하는 경우를 말하는데, 소통은 원래 타이밍! 온 국민이 국가적 재난에 비통할 때, 신나는 소식을 전하는 멍청이가 되지 않으려 애썼다. 온 국민이 축제 분위기에 빠져서 기쁜 소식에 환호하는데 찬물을 끼얹는 것도 피해야 할 일이다.

집중력을 잃었다거나, 열정이 부족했다거나, 있는 네트워크도 제대로 활용을 못했거나, 번아웃되는 것도 스타트업이 망하는 이유에 포함되는데, 이런 건 기업의 운명이나 소통의 길과 상관없이 거의 모든 일에 중요한 게 아닐까.

때로는 때와 운, 모든 게 다 작용하는 법이다. 소통을 위한 노력이라고 그런 데서 예외일 리가 없다. 다만 나는 사람의 의지를 믿는다. 되지도 않는 일에 발목 잡혀서 오래 고심하느니, 돌파구를 만들고, 또다른 방식을 모색하려는 의지가 결국 무엇인가를 만들고,

무엇인가를 바꾼다. 망하는 이유들을 줄 세워보면, 결국 우리 팀이 하기 나름이라는 편안한 마음, 자신감이 생기지 않는가?

저널리즘,
진화하거나 도태되거나

뉴스페이퍼에서 뷰스페이퍼로

소통은 기업이나 정부만 고민할 일이 아니다. 언론도 독자, 시청자와의 소통을 새로 정비해야 한다. 저널리즘에 대한 고민은 언론이 뉴스 소비자인 고객과 제대로 소통하겠다는 의지에서 출발할 수밖에 없다. 언론이 하고 싶은 말, 전하고 싶은 메시지를 정하는 게 아니라 고객이 듣고 싶어하고 알고 싶어하는 내용에 대해 좀더 진지하게 파고들어야 한다.

저널리즘의 기본인 '누가, 언제, 어디서, 무엇을'은 이제 인터넷에서 너무나 손쉽게 찾아볼 수 있는 정보가 되어버렸다. 그렇다면 저널리즘의 다음 질문이 '왜'가 되어야 하는 것은 당연한 수순이다. 선거 결과 보도? 정부 발표 속보? 이런 것들은 인터넷과 TV의 몫이다. 다음 날 보게 되는 신문은 이제 '뉴스페이퍼'가 아니라 관점을 담은 '뷰스페이퍼'viewspaper가 되어야 한다. 어쩌면 당연한 이야기다. 그러나 관점을 전달해주는 것은 익숙지 않은 일이다.

저널리즘 역사를 연구하는 미첼 스티븐스 뉴욕대 교수는 관점 대신 객관주의에 매달린 미국의 저널리즘이 문제였다고 지적한다. "사실에 굶주린 언론은 이용당할 수도 있다. 언론은 관료들이 하는 말을 받아 적는다. 공산주의자들이 정부에 침투했다는 조지프 매카시 상원의원의 말을 그대로 적었던 것처럼 말이다. 이 기사는 1952년 4월 22일 뉴욕타임스에 등장했다."[7]

그동안 대세는 '퀄리티 저널리즘'이었다. 옳고 그름을 판단하지 않고 어느 취재원이 뭐라고 말했다고 전하면 사실 보도이기는 하다. 그러나 이것이 객관적인 보도일까? 기자들은 사실이라는 나무를 쫓느라 저널리즘이라는 숲을 보지 못했다.

19세기 중반까지만 해도 "단순 사실 보도는 기자들이 감당하기에는 너무 저급하다"라고 했던 미국의 뉴스들이 단순 사실 보도, 객관성에 소명을 걸게 된 것은 일종의 자기보호였다. 스티븐스 교수에 따르면, 미국 독립 무렵 연방주의자 존 애덤스는 연방 반대주의 편집장의 작업을 테러리즘이라 불렀다. 중국이 반정부 의견을 모두 반테러법으로 잡겠다는 최근 움직임도 역사적 맥락이 있는 셈이다. 대통령이 된 애덤스는 1798년 선동금지법에 서명했다. 많은 연방 반대주의 편집자들이 기소됐고 감옥에 갇혔다. 그런데

1800년 대통령이 된 토머스 제퍼슨은 연방 반대주의 쪽이었다. 그는 연방주의 신문에 더 불만이 많았다고 한다. 정권 교체에 따라 '정답'이 달라지다니, 기자가 어떤 논리나 주장에 대해 의견을 말하는 것 자체가 위험한 일이 되어버렸다. 기자들은 단순 사실 보도라는 객관성 뒤에 숨기 시작했다.

대신 의견은 오피니언 지면에 갇혔다. 이 '객관적 저널리즘'의 전통은 그대로 이어져 내가 기자로 일하던 때도 기자는 의견을 숨겨야 한다고, 최대한 불편부당해야 한다고 배웠다. 오피니언 자리는 경력이 오래된 몇몇 고참 논설위원의 몫이었다.

하지만 의견을 내지 않으면 중립적이고 공정한 보도일까? 애초에 어떤 걸 보도할지, 보도하지 않을지에 대한 판단도 선택이다. 그 선택에 따라 세계를 바라보는 관점이 만들어진다. 100개 중 10개의 사실을 골라내는 것도, 어떤 취재원을 인용할 것인지 선택하는 것도 편향성을 가질 수밖에 없다. 기계적 중립을 지키며 객관적으로 보도했다는 행태는 공정하지 않은 때가 더 많다. 예컨대 2020년 초 트랜스젠더 합격자의 숙명여대 등록 포기 사건에서 일부 언론은 중립 뒤에 숨어서 혐오에 힘을 실어줬다. 혐오와 혐오를 비판하는 주장을 동등한 선에 놓고 보도하는 것은 무책임하다. 확대해서는 안 되는 혐오를 하나의 의견처럼 다루면서 혐오에 정당성을 부여하는 것은 중립적이고 공정한 일이 아니다.[8] 공정성을 앞세우면서 객관주의 보도를 논해도, 늘 정답인 것은 아니다.

스티븐스 교수는 "객관성, 공정성, 불편부당 그리고 균형 등은 때론 저널리스트들이 마땅히 해야만 할 일을 하지 않는 핑계"[9]라고 지적한다. 정치적 성향을 드러내기 두려워하는 언론이 지나치게 몸조심한다는 얘기다. 게다가 "관점이나 견해 없이 단순한 관찰자 시선으로 쓰인 뉴스 기사들은 시민 사이에서 정치적 혐오증을 조장할 수 있다."[10] 반면 의견은 시민들을 화나게 만들기도 하는데 "분노한 일부 시민 없이 민주주의가 역동적이고 자연스럽게 작동하는 것을 상상하긴 힘들다"[11]는 게 핵심이다. 오히려 의견이 가치를 더하고 시민 참여를 독려할 수 있다. 사실을 전달한다는 이유를 앞세운 밋밋하고 소심한 보도는 독자의 외면만 부른다. 관심을 기울이지 않게 만든다. 이쪽도 저쪽도 다 옳다거나, 다 그르다는 식의 보도는 무책임하다.

지혜와 해법을 담은 뉴스

이렇게 보면 언론 해먹기 힘들어진 건 사실이다. 게다가 경쟁 상대는 과거와 비교할 수 없이 많다. '누가, 언제, 어디서, 무엇을' 같은 육하원칙 팩트는 넘친다. 아마추어들이 사진 찍고, 트윗하고, 블로깅한다. 아마추어들이 저널리즘 영역으로 들어오면서 정확성, 신뢰성, 공정성 등이 쇠퇴하지 않는지 주의 깊게 봐야 하겠지만, 사실 인터넷의 신속한 피드백이 비판과 정정의 속도도 빠르게 만들었다. 아마추어들의 등장은 유쾌한 민주적 현상이기도 하다. 게이트 키퍼를 자처한 언론인들은 좁고 제한적인 게이트를 설정해왔지만, 이제는 만인의 기자인 시대, 관점도 다양해진다.

스티븐스 교수는 객관주의의 함정에 빠지지 말고 '위즈덤 저널리즘', 즉 지혜의 저널리즘을 추구해야 한다는 주장을 대안으로 내놓는다. 한마디로 세계에 대해 좀더 잘 이해할 수 있도록 해주는 저널리즘이다. 특종이나 경제, 탐사 관련 독창적 보도에 더해 현안에 대한 지식, 이해, 설명, 심지어는 자기 의견을 덧붙이는 것을 포함할 뿐만 아니라 장려하자는 주장이다.

이제는 뉴스 자체보다 그 의미와 결과를 찾는 것이 기자의 역할이 되어야 한다. 예컨대 경찰이나 검찰의 발표만 따라가지 말고 사안의 원인과 구조적 문제, 정책적 고민을 두루 살피라는 얘기다. 스티븐스 교수는 지혜의 저널리즘을 위해 이제 온라인에서도 쉽게 접할 수 있는 팩트 대신 5I를 갖추자고 제안한다. 5I는 교양 있고informed 지적이며intelligent 흥미롭고interesting 통찰력 있으며insightful 해석적인interpretive 보도를 말한다.[12] 이것은 언론사가 아닌 1인 미디어에게도 당연히 유효한 틀이다. 과거 PC통신의 하이텔 플라자와 다음 아고라를 거쳐 페이스북에서 조금 긴 글을 쓰는 인플루언서들을 떠올려보라. 그들은 5I를 경험적으로 갖춘 분들이다.

내 주장을 마구 떠든다고 해서 그게 의견이고 관점이 되는 것이 아니다. 다른 관점에 대해 공정할 뿐 아니라 상반되는 의견에 의해서도 검증되고 강화되어야 한다. 뉴스에 대한 분석과 해석을 전해주는 저널리즘, 기레기 시대에 고급한 고민 혹은 절박한 탐색이다. 한동안 위즈덤 저널리즘에 꽂혀 있던 나는 역시 그게 답이라고 떠들고 다녔다. 기자들에게 부디 5I를 챙겨서 성공하기 바란다고 당부했다. 하지만 그런 기사는 소수다. 여전히 블루오션이라고 해야할까.

지난 몇년 동안 저널리즘 바닥에서 뜨고 있는 유행어는 '솔루션 저널리즘'이다. 솔루션 저널리즘에 대해 이정환 미디어오늘 대표는 이렇게 말한다.

"'솔루션 저널리즘'은 단순히 대안을 제시하는 보도가 아니다. 해법을 고민하고 실험하고 대안을 모색하는 이들의 이야기를 추적하고 매뉴얼로 만드는 과정을 기록해 복제 가능한 해법을 끌어내는 데 목표가 있다. (…) 언론의 사명이 권력 감시와 비판이라는 건 명확하다. 문제는 비명만 지른다는 것이다. 문제 제기만 하고 해법에 대한 이야기는 너무 적다. 더 나은 세상을 만들기 위해서는 문제 제기와 함께 해결법도 취재해야 한다. 언론이 답을 내놓을 수 없지만, 답을 찾고 있는 사람들을 인터뷰하고 추적하고 데이터로 입증해야 한다."[13]

자신을 '기레기'라고 자조하는 기자들 덕분에 '저널리즘' 대신 '너딜리즘' '너절리즘'이라는 말까지 등장했지만 사회는 여전히 저널리즘을 필요로 한다. 아니, 더 절박하게 필요로 한다. 위즈덤 저널리즘이든, 솔루션 저널리즘이든, 요즘 유행하는 데이터 저널리즘이나 그 무엇이 됐든, 저널리즘의 가치를 계속 살려내기 위해 새로운 접근이 필요한 것만은 확실하다. 소셜미디어 시대에 속보 경쟁에 빠지기보다 지혜롭게 세상을 읽을 수 있도록 도와주거나, 대안과 해법까지 고민하는 미디어가 되어달라는 요구다. 이것이 시대의 요구로 보이지만 사실 더 정확하게는 독자, 시청자, 이용자, 고객의 요구다. 언론은 그동안 광고주 고객을 챙기느라, 고급 취재원 고객과 밀당하며 취재하고 기사 쓰느라, 정작 기사를 읽는 독자의 관심사, 눈높이, 독자의 언어에 별 관심을 두지 않았다. 전형적인 공급자 마인드다. 진정한 고객인 독자에게 눈을 돌리고, 독자의 요구를 경청하는 것이야말로 지금 언론에게 절실한 소통이다.

논픽션의 힘

플랫폼의 역할, 저널리즘이 나아갈 방향을 모색하는 시도들은 매우 중요하다. 현재진행형 이슈에 대해 정치적인 공방에 밀리지 않는 뚝심도 필요하겠지만, 이런 고민들을 둘러싼 제대로 된 공론장이 형성되어야 한다. 우리 사회에서 가장 부족한 게 공론장 아니던가. 지적 담론이 없으니 학계에서 풀어야 할 문제도 법원에 가져가 판결해달라고 하는 사회가 아니던가. 대체 줄기세포의 진실을 어떻게 검사와 판사가 판단할 수 있는지 알다가도 모를 일이다. 종교에 대한 공론장이 없으니 가끔 문제가 곪아터질 때쯤 방송국 시사 프로그램이 다루고, 방송하지 말라고 가처분소송을 내고, 그래도 방송되면 분노의 집회를 여는 구조 아니던가. 그나마 신문은 감히 건드리지 못하는 성역이다. 공론장이 없으니 갈등과 다툼이 제대로 길을 찾지 못하는 현실을 보면 최재천 교수가 말하는 '대화와 토론의 복원'을 더 간절하게 바라게 된다.

공론장이 성숙하지 않은 사회가 치러야 할 비용은 현재로서는 어쩔 수 없어 보인다. 조금 더 나은 방식으로 토론할 수 있는 사회가 되도록 더욱 노력하고 인내심을 갖고 기다려야 할지도 모른다. '긴 글'을 좋아하지 않거나, 글 자체를 그다지 즐기지 않는 세대 덕분에 미래의 공론장은 또다른 모습일 수도 있다. 게임과 영상에 익숙한 새로운 세대는 거기에 맞는 공론장을 만들 테지만, 어떤 모습일지는 아직 모르겠다.

그렇다고 세상이 바뀌는 변화의 방향을 탐색하고, 진실 혹은 진리를 갈구하는 일의 가치가 폄하될 수는 없다. 개인적으로 이 같은 저널리즘을 제대로 구현하려면 논픽션의 영역까지 확장되어야 한다고 주장해왔다. 논픽션은 허구의 이야기를 전하는 픽션을 뺀 나머지를 지칭하는 말이지만 그러면 너무 넓은 범위가 되고 만다. 내가 말하는 논픽션이란 최소한 짧은 논문이나 책의 형태로 나오는 글이다. 나는 이런 글들을 오랫동안 아껴왔다. 특히 기자들이 쓴 논픽션을 매우 좋아한다.

에릭 슐로서의 『패스트푸드의 제국』(김은령 옮김, 에코리브르 2001)은 내게 논픽션에 대한 관심이 커지게 된 계기가 되어준 책이다. 저자 에릭 슐로서는 월간 애틀랜틱의 기자로 3년간 책을 준비했다고 한다. 맥도널드의 노동 착취, 이른바 햄버거병[0157] 문제 등 음식으로서 위험한 부분, 학대 수준의 가축 사육과 도축 문제까지 꼼꼼하게 취재하고 기록했다. 2002년에 읽은 책 중에 올해의 책이라고 거품을 물었던 것은 피터 마쓰의 『네 이웃을 사랑하라』(최정숙 옮김, 미래의창 2002)이다. 어쩐지 종교적으로 보이는 제목과 달리 미국 워싱턴포스트 기자 피터 마쓰가 보스니아에서 2년 동안 취재한 기록을 담은 전쟁 이야기다. 27만여 명이 죽었고, 200만 명의 난민이 발생한 전쟁의 기록이 나에게는 인간의 나약함에 대한 보고서로 다가왔다. 어느 날 멀쩡한 의사와 변호사, 농민 등 민간인 세르비아인들이 평소 다정했던 이웃집에 쳐들어가 보스니아인 여자들을 강간하고 남자를 죽이는 장면들은 악의 평범성에 대한 문제로도 읽힌다. 그렇게 보면 역시 한나 아렌트의 『예루살렘의 아이히만』(김선욱 옮김, 한길사 2006)이야말로 역대급 논픽션이라 해야 할까.

꼭 현장 취재가 아니더라도 꼼꼼한 고증과 기록은 그 자체로 힘이 세다. 『동물원의 탄생』(이한중 옮김, 지호 2003)은 니겔 로스펠스라는 역사학자가 부와 지위, 식민지 정복의 상징으로 출발한 동물원의 역사를 끈질기게 추적한 이야기다. 워싱턴포스트, 뉴리퍼블릭 등에 글을 써온 저널리스트 폴 로버츠의 『석유의 종말』(송신화 옮김, 서해문집 2004)은 충격적이다. 저자는 사우디아라비아와 아제르바이잔의 유전부터 대체에너지 개발 현장까지 발로 뛴 보고서를 들이밀며 석유와 에너지를 둘러싼 탐욕의 역사, 국제 정세와 환경 파괴 등을 드라마틱하게 보여준다.

이 무렵의 나는 논픽션에 열광했다. 우리나라에는 몹시 드문, 제대로 된 '전선기자'의 기록을 만나기도 했다. 군을 따르거나 복종한다는 뜻의 종군기자 從軍記者라는 단어 자체가 전선에서 뛰는 기자들의 자존심을 짓밟는다고 당당하게 주장하는 정문태 기자의 책이다. 그는 국가로 위장한 정부가 저지르는 가장 극단적 정치 행위로서의 전쟁을 감시해왔다. 아시아와 유럽의 전장 40여곳을 발로 뛰었다. 국가가 환상을 동원한 전쟁 돈벌이에 나서는 동안, 언론사들은 군인과 동행하는 임베드 프로그램을 통해 군언 동침이라는 오욕을 뒤로한 채 승리만 전하는 전령사 노릇만 했다. 제대로 된 전선기자가 있었다면 그 많은 양민학살의 일부는 줄일 수 있었다고 믿는 저자는 외로운 길을 택했다. 불과 44일 만에 10만명의 군인과 20만명의 민간인을 학살한 미국의 1차 이라크 침공에 대해 조지 부시 전 미국 대통령이 "최소 희생자를 낸 현대적이고 깔끔한 전쟁"이라 자랑할 수 있던 것도 전선기자의 투쟁이 없었던 탓이라고 주장한다. 그의 『전선기자 정문태, 전쟁 취재 16년의 기록』(한겨레신문사 2004)은 개인적으로 안주하며 살아온 기자 생활을 아프게 각성하며 읽은 논픽션이다.

기자의 업보에 힘든 기자가 있다면, 지면에 다 담지 못한 이야기로 논픽션을 써보기를 권한다. 요즘은 종이신문의 한정된 사이즈 안에서 기사를 쓰는 것에 머물지 않고 온라인용으로 길게도 다르게도 쓰곤 하지만 그걸로도 성이 차지 않을 수 있다. 취재를 깊이 있게 하면 할수록 새로운 사실이 복잡하게 얽혀 있게 마련이다. 알고 보면 역사적으로 매번 문제가 된 사안을 번번이 미봉책으로 대충 덮은 일일 수도 있다. 현상은 충격적이고 놀라워서 선정적인 기사로 몇번 팔아먹기에 딱 좋지만, 구조적이고 근원적 문제가 큰 똬리를 틀고 있어서 건들기 어려웠을 수도 있다. 그럴 때 논픽션을 쓰면 조금 더 근본적 해법에 다가설 수 있다. 어떤 사회적 현상에 대해 역사적 맥락과 전후 상황을 씨줄과 날줄로 정교하게 엮어낼 수 있다. 맥락만 잘 살펴도 사건이 달라지지 않던가. 다양한 관점에서 사안을 차분하게 들여다보면 일희일비 즉흥적 땜질 처방이 아니라 구조를 살펴볼 수 있다. 기록하는 자로서 기자의 소명은 단순히 하루 땟거리를 처리하는 게 아니라, 다 담지 못한 얘기도 충분히 풀어내는 것까지 포함한다고 믿는다. 내가 못해본 게 너무나 아쉬워서 이렇게 적극적으로 권한다. 취재하고 기록하는 기자의 특성을 잘 살린다면 다양한 분야의 논픽션 작가들과도 충분히 진검승부를 펼쳐볼 만하지 않을까.

기막힌 논픽션 클럽

2019년 몹시 좋았던 몇권의 논픽션이 있다. 2019년 9월부터는 아예 '기막힌 논픽션'이라는 독서클럽을 만들어서 그동안 읽고 싶었으나 두꺼워서 시도하지 못했던 책들을 함께 읽고 있다. 한 칼럼이 논픽션 읽기에 대한 열망에 불을 지폈다. 좀 길지만 인용해본다.

"선생님, 훌륭한 기자가 되고 싶습니다. 뭘 준비해야 할지 모르겠네요. 민망하게도 모르기로는 나도 마찬가지다. 학생의 질문에 시원한 답을 해줄 만한 다른 선생이 있다면, 그쪽으로 책임을 돌릴 텐데, 이 또한 마땅치 않아 속상하다. 속상함과 민망함을 덜기 위해 내가 쓰는 수법이 있다. 일단 스베틀라나 알렉시예비치를 같이 읽어봅시다. 『전쟁은 여자의 얼굴을 하지 않았다』가 출세작이니 그걸로 시작하면 좋겠네요. (…) 저자가 왜 인터뷰를 기획했고, 어떻게 면담을 진행했으며, 그 많은 인터뷰 자료를 어떻게 정리해서 엮어냈을지 생각하며 읽어봅시다. 자기 경험을 말하기 어려워하는 사람들의 '목소리'를 저자가 이끌어낸 방법과 그들의 '이야기'를 복원한 수법에 주목해서 읽어봅시다.

주제를 내용적으로 파헤쳐 보이고야 말겠다는 다짐, 그 다짐을 실현하고자 하는 불굴의 헌신, 자료 수집을 위한 철저한 준비, 인터뷰의 진정성에 대한 의심과 확인, 강력한 글쓰기와 유려한 문체. 나는 훌륭한 기자가 되려는 학생이 훈련해야 할 모든 덕성을 알렉시

예비치의 인터뷰 모음집에서 발견할 수 있다고 믿는다. (…)

요즘이라면 필립 샌즈의 『인간의 정의는 어떻게 탄생했는가』를 같이 읽자고 하겠다. 다소 엉뚱한 번역 제목을 달고 있는 이 책은 미스터리 소설처럼 읽힌다. 그렇게 재미지다. 그러나 내용은 모두 역사적 인물들의 개인사에 대한 것이며, 그것도 전문적 검토를 거친 사실의 복원과 사려 깊은 해석을 동반한다. 이 책을 제대로 된 탐사 보도에 목말라하는 모든 언론학도에게 권하고 싶다. 역사적 사실이란 이렇게 교묘하게 자신을 드러내며, 진실은 이렇게 시적으로 자신을 숨긴다.”[14]

나는 『전쟁은 여자의 얼굴을 하지 않았다』(박은정 옮김, 문학동네 2015)를 읽고 서평을 쓰면서 제목을 ‘기록은 힘이 세다’라고 붙였다. 2015년 스웨덴 노벨위원회는 그를 노벨문학상 수상자로 선정하며 “그의 저술들은 우리 시대의 고통과 용기를 기록한 기념비들”이라고 평했다.[15] 제2차 세계대전에서 소련 병사 1,060만명이 전사했고, 포로 생활 중 260만명이 죽었다. 소련의 민간인 피해는 최소 1,500만명에서 최대 2,500만명에 달하는 것으로 추정된다. 그런데 “여자들의 전쟁은 이름도 없이 사라져버렸다”는 것이 출발점이다. 무수히 많은 무용담으로 애국심을 끓게 만드는 전쟁 이야기도 아니고, 용맹무쌍한 장군은커녕 영웅 병사의 이야기도 아닌 전쟁의 기록. 전쟁이 너무 무섭게 묘사됐다는 이유로 출판사에서 2년 넘게 출간을 거부당했던 책이다.

전쟁에서 이겨도, 살아남아도 결국 사는 게 지옥인 삶들. 이런 기록 없이 어떻게 전쟁을 승자의 기록, 혹은 비장한 전투의 이야기로만 남길 수 있을까. 언론이 시대의 기록자라는 사명을 추구한다면 반드시 필요한 작업들이다. 안전한 전선 어딘가에서 군대가 공개하는 막사의 모습만 보고, 첨단 무기로 적군을 격파하는 데 성공했다는 보도자료만 그대로 전하는 게 기자의 업은 아닐 것이다. 하기야 지도층 인사라는 어떤 이가 "만약 북한이 도발해도 국민이 3일만 참아주면 북한의 핵심 목표를 폭격해 전쟁을 승리로 이끌 수 있다"라고 한 말을 스스럼없이 전했던 한 일간지 논설위원의 칼럼을 기억한다.[16] 국민이 참아준다는 것은 상상하기 어려운 희생을 전제로 하는 것인데, 전쟁을 그리 쉽게 말하는 사람이 대체 어떻게 기자로서 밥벌이를 하고 있는지 도무지 이해가 되지 않았다.

'기막힌 논픽션' 독서모임의 첫 책으로 고른 것은 필립 샌즈의 『인간의 정의는 어떻게 탄생했는가』(정철승·황문주 옮김, 더봄 2019)였다. 나치 전범을 처벌하는 뉘른베르크 법정에서 인권과 정의에 대한 개념으로서 '인도에 반하는 죄'crimes against humanity와 '제노사이드'genocide가 등장하는 배경을 쫓은 기록이다.

인권법 전문가인 필립 샌즈는 저 두 개념을 만들어낸 허쉬 라우터파하트와 라파엘 렘킨이 자신의 외할아버지와 같은 도시 출신이라는 사실, 그 둘은 같은 대학에서 법을 공부한 선후배란 사실을 발견하고 추적한다. 저자는 외할아버지의 도시 리비우의 초청이 계기가 됐다고 하지만, 세 사람의 흔적을 찾아 유럽과 러시아, 북미까지 대륙을 누볐다. 예컨대 렘킨의 흔적을 찾기 위해 시립 기록보관실에 가서 1918년부터 1928년까지 법대 학생 관련된 책 수십권, 수천면을 뒤졌다. 끈질기게 추적하고, 단 한장의 사진을 보면서 수도 없이 '왜'라는 질문을 던진다. 그렇게 찾아낸 진실의 조각들이 전율을 부른다. 그 과정을 정리한 이 책이 추리소설처럼 읽히는 이유다. 뉘른베르크 법정에서 무슨 일이 벌어졌는지, 그게 어떤 의미인지, 기사로는 절대 전하지 못할 이야기. 그동안 논픽션의 세계에서는 기자가 유리하다고 생각했다. 시대의 현장을 기록하고, 사람들의 목소리를 담아내고, 자료를 분석하는 일에 특화된 직군이기 때문이다. 그러나 법률가 필립 샌즈의 이 책을 언론학자가 언론인 지망생들에게 추천하는 이유는 분명하다. 저널리즘의 본령이 어디에 있는지, 이보다 더 분명하게 보여주기 어렵다.

한국에도 필립 샌즈 부럽지 않은 논픽션 작가가 있다. 대중에게 가장 친절한 법학자로서, 『헌법의 풍경』(교양인 2004), 『불멸의 신성가족』(창비 2009), 『불편해도 괜찮아』(창비 2010) 등을 저술한 경북대 로스쿨 김두식 교수다. 그가 작심하고 3년간 정리한 『법률가들』(창비 2018)은 해방 전후 법률가들의 삶을 통해 시대를 탐구한 기록이다. 일본 천황의 항복방송이 나오던 1945년 8월 15일 경성에서는 조선변호사시험의 필기시험이 진행 중이었다. 총 나흘간의 시험 중 이틀째 일본의 항복으로 일본인 감독관들이 사라져 시험이 중단됐다. 누군가에게는 해방보다 중요한 일이었을 이 변호사 시험을 주관할 국가는 없어지고 새 국가는 기약 없는 상황에서 난리 친 끝에 결국 합격증을 받아낸 이가 106명이었다. 시험을 치르지 않고 법조인이 된 이들은 그게 끝이 아니었다. 당장 임용할 판검사가 부족하다는 이유로 법원과 검찰의 서기들이 대거 판사로 임용된다. 1945~58년 임용된 판사 517명, 검사 420명 중 서기 출신은 34.5퍼센트에 이른다. 검찰은 1946년 12월 기준 49퍼센트에 달했다고 한다.

시험을 보지 않았거나 선출되지 않은 권력은 이후에도 통제받지 않은 채 힘을 키웠다. "일단 사건에 착수한 이상 어떤 무리를 하여서라도 사건을 성립시켜야만 경찰 또는 검찰의 체면이 선다는 일제시대 관료 근성을 버리지 못했다"는 것은 이미 반세기 전의 지적이다. 경찰의 고문과 조작, 검찰의 동조, 법원의 묵인을 거쳐 무고한 이들이 죽거나 투옥됐다. 이른바 국회 프락치 사건, 법조 프락치 사건이 어떻게 한국 정치의 지형을 바꿨는지, 당시의 법률가들이 각자 어떤 목소리를 냈는지 꼼꼼하게 추적했다. 우리의 독서모임에 초대된 김두식 교수는 21세기의 판검사들 역시 언젠가 이런 기록이 남을 수 있다는 현실적 이유로 경계심을 갖기 바란다고 했다. 그런 게 기록의 힘이다.

영국과 한국의 법학자에게 밀리지 않는 언론인의 논픽션도 소개한다. 중앙일보 권석천 논설위원의 『두 얼굴의 법원』(창비 2019)은 한국사회를 뒤흔든, 전직 대법원장을 법정에 세운 사법농단 사태가 어떻게 드러났는지 추적한 기록이다. 전작인 『정의를 부탁해』(동아시아 2015)를 읽으면서 기자가 현장을 찾아가고, 약자를 직접 만나는 노력을 할 때 어떤 글이 나오는지를 보면서 감탄했다. 치열하고 성실한 기자로서 업을 대하는 태도가 다르다는 느낌이랄까. 그는 『대법원, 이의 있습니다』(창비 2017)에 이어 『두 얼굴의 법원』에서 "시작은 한 젊은 판사가 던진 사표였다. 그 사표 한장이 관료사법의 지축을 뒤흔들고 '사법농단'의 베일을 벗겼다"면서 이탄희 전 판사의 인터뷰를 토대로 자세한 기록을 남겼다. 권석천 위원은 프롤로그에서 "이 책을 쓰겠다고 마음먹은 것은 이 중대한 상황을 또다시 무관심과 진영논리의 휴지통에 욱여넣고 싶지 않기 때문"이라고 밝히고 있다. 책을 읽는 이들이 관심을 가질 때 법원의 변화가 시작되고, 법원이 달라지면 그 변화는 사회 곳곳으로 퍼져나간다고 했다. 부디 함께 고민하고, 토론하고, 행동하고, 대안을 찾아갔으면 좋겠다는 말이야말로 우리 사회의 중요한 공론장에 대한 갈망을 드러낸다. 기레기가 아닌, 기자는 할 수 있는 일이 무척 많다.

사회적 이슈를 정리해 기록하고 널리 알리기 위한 노력으로서 논픽션을 다룬다면 다큐멘터리를 통한 시도에도 마음을 보태고 싶다. 2020년 2월 아카데미 시상식 단편 다큐멘터리 본상에 진출했던 영화 「부재의 기억」(2018)은 세월호 참사를 다뤘다. 비록 수상은 못했지만 희생자들의 아픔을 나누고 국가의 역할을 돌아보게 해준 작품이다. "세월호 참사는 영원히 새드엔딩이지만 세상 모든 아이들이 안전하게 살아갈 수 있는 나라를 만들 수 있다면 그게 진짜 해피엔딩"이라는 고 장준형 군 어머니 오현주 씨의 방송 인터뷰에 마음이 머물렀다.[17] 꽃 같은 아이들에게 조금이나마 위안이 되었으면 하는 바람을 언급하며 '기억하는 이들이 더 많아졌다'는 댓글에 공감이 7,400회를 웃돌았다.

넷플릭스 화제작 「인사이드 빌게이츠」Inside Bill's Brain: Decoding Bill Gates(2019)는 빌 게이츠의 소통을 다시 돌아보게 했다. 한때 미국에서 가장 각광받던 청년 기업가에서 MS 독점 이슈 이후 조롱받는 악당으로서 케이크에 얻어맞는 모습이 총 3편으로 구성된 다큐멘터리의 도입부마다 등장한다. 그가 세상을 바꾸는 데 얼마나 큰 열정을 갖고 있는지 새삼 놀라게 되는 작품이다. 자신의 탁월한 능력이나 업적뿐 아니라 약점, 비판받았던 과거까지 투명하게 드러내면서 메시지 전달을 위해 최선을 다하는 그의 노력이 다가온다.

그는 제3세계 비위생적인 지역의 거주자들을 위해 깨끗한 물을 만드는 작업, 아프리카에서 소아마비를 없애는 작업, 안전하고 깨끗한 에너지로서 원전을 재탐구하는 작업 등에 세계인들의 관심을 모으기 위해 다큐멘터리를 제작했다. 문제 해결을 위해 '다른 관점'에서 접근하자고, 불가능하지 않다고 역설하는 그에게서 진심과 의지가 느껴진다. 세계적 갑부에다 위인전에서나 볼 법한 **빌 게이츠**

를 유튜브(https://www.youtube.com/user/thegatesnotes)로
도 만날 수 있다. 그는 구호^{saving lives}, 교육 개선^{improving} ^{education}, 기후 변화 대처^{tackling climate change} 등 진지한 이슈에 대해 적극적 소통을 시도하면서 420여개의 동영상을 올렸다. 빌 게이츠 같은 사람도 이렇게 소통을 한다. 가만히 앉아 있어도 누군가 알아주는, 그런 일은 없지 않겠나.

긴 호흡 저널리즘과 스토리텔링

논픽션 읽기에 푹 빠져 지내던 무렵 마침 나와 같은 의견을 가진 글을 읽게 되었다.

"일본, 미국과 달리 우리나라에서는 오랜 기간 공들여 취재한 결과를 담은 저널리즘 단행본을 찾아보기 어렵다. 신속성 위주의 보도 관행, 열악한 출판 시장 등 다양한 어려움이 존재하지만 긴 호흡 저널리즘은 추락한 저널리즘의 신뢰 회복과 진중한 탐사 스토리에 대한 갈증을 해갈시킬 대안이자 희망이다."[18]

'긴 호흡 저널리즘'이라고 할 수 있는 논픽션의 매력은 스토리가 훨씬 풍부하다는 점이다. 추리소설을 방불케 하는 종류가 아니라 해도, 빨려 들어가는 흡입력을 갖추고 있다. 그렇지 않고서야 긴 책 한권을 한 주제로 끌고 가기 어렵다. 이렇듯 이야기의 힘을 강조한

것이 이른바 '스토리가 견인하는 저널리즘'story-driven journalism이라고 할까. 박상현 칼럼니스트가 2019년 8월 '저널리즘의 미래' 콘퍼런스 때 강조한 내용이다.

과연 진짜 이야기의 조건은 무엇일까. 저널리즘이 파는 상품은 팩트인가, 이야기인가. 제목만 보면 굳이 내용이 궁금하지 않은 기사들이 있다. 대부분의 한국 기사들이 그렇다. 국내 언론과 뉴욕타임스 홈페이지를 열어서 비교해보면 제목이 다르다는 것을 한눈에 알 수 있다. 국내 기사는 주로 속보성이라 제목 한줄에 핵심이 모두 요약되어 있어, 기사를 열어보지 않아도 맥락을 짐작할 수 있다. 뉴욕타임스 기사는 주로 'How'로 시작한다든지, '대체 무슨 일이 벌어진 걸까' 스타일의 제목이 많다. "전투기 프로그램이 망했다는데 왜?" "친기업에서 친소비자로 간 엘리자베스 워런 상원의원에게는 무슨 일이?" 이런 식으로 궁금증을 갖도록 해 기사를 열어보게 만든다.

뉴욕타임스도 과거에는 팩트를 전달하는 제목을 썼다. 그런데 2000년대 들어서면서 팩트 대신 스토리를 파는 것으로 방향을 바꿨다고 한다. 속보만 며칠씩 이어지면 독자 입장에서는 그 어떤 이슈라도 피로도가 높아지게 마련이다. 날마다 '단독'이 이어지던 '조국 대전'을 떠올려보면 이해할 수 있지 않은지.

박상현 칼럼니스트가 '저널리즘의 미래' 콘퍼런스에서 소개한 사례가 매우 흥미로워서 함께 나누고 싶다. 미국 텍사스주 엘패소

총기난사 사건이 소재다. 속보는 이렇다. 총기 사고로 20명이 사망했다, 그다음 날 어딘가에서 또 사고가 났다, 범인이 백인우월주의자다, 트럼프 대통령이 아이디어를 제공한 것 아니냐, 이런 식의 공격이 이어지는 패턴이 속보의 특징이다.

반면 미국의 공영라디오 NPR의 접근은 달랐다. 엘패소에서 20명이 희생된 총기 사건의 범인은 백인이었다. 그는 운전해서 1,000킬로미터를 달려와 범행을 저질렀다. 왜 그 먼 거리를 달려왔을까? 왜 하필 엘패소인가?

엘패소는 멕시코 접경으로 월마트를 가기 위해 하루에도 수천 명이 국경을 넘는 도시다. 월마트를 찾아오는 멕시코 사람들, 쇼핑을 하는 사람들, 그 사람들의 이야기가 이어진다. 차에서 라디오를 듣다가 목적지에 다 왔는데도 내리지 못한 채 시동을 끄고 끝까지 듣게 만드는 이야기의 힘. 그런 '주차장의 순간'a driveway moment을 만들어내는 게 스토리텔링이다. 기자들은 팩트를 나르는 사람이 아니라, 스스로 호기심을 갖고 자신과 다르지 않을 독자, 시청자의 호기심을 충족시키는 취재를 대신 해주는 사람이라는 게 그의 분석이다. 이야기로 독자를 사로잡고 충분히 맥락을 전달하는 스토리텔링이 속보보다 훨씬 근사하지 않은가. 기자든 혹은 기록자든 기레기 일 말고 할 게 많다는 이야기를 반복하게 된다.

스토리텔링에 꽂혀 있던 나 같은 상사를 만나서 청와대 뉴미디어비서관실 동료들이 심리적 압박에 시달렸다는 고백에 미안함이 남아 있다. 스토리텔링을 위해서는 깊이 있는 취재를 위한 시간이 필요하다. 그래도 하고 나면 뿌듯하지 않느냐고 했지만, 앞서 소통이 망하는 이유에서 봤듯 인력과 역량을 잘 분석해서 하는 데까지 해볼 일이다. 남들이 다 같이 안 할 때 해보는 것이 '기레기' 탈출에 훨씬 유리한 건 당연하다. 소통은 공들인 만큼, 진심을 다하는 만큼 달라지지 않을까.

미디어에 대한 상상

기자를 그만둔 후에야

과감하게 '소통'으로 책을 쓰겠노라 했다. 기자 생활 14년에 포털에서 9년, 소통 담당 공무원 2년까지 25년 사회생활을 통해 경험한 일들이 있으니 할 말이 많다고 생각했다. 막상 정리하면서 알게 된 것은 나는 홍보 전문가보다 기자로서의 정체성이 훨씬 깊이 뿌리박혀 있다는 것이었다. 뉴미디어를 바라볼 때에도 아쉬운 일과 입맛 다시는 일들이 많다.

미디어가 더 활발하게 작동하고, 멋진 보도로 사람들을 흔들고, 사회를 보다 나은 방향으로 개선하면 좋지 않을까. 인문학적 상상력이든, 사유와 성찰의 깊이든, 새로운 시대에 필요한 사람들의 역량을 키우는 것도 미디어가 적극 나선다면 좀 수월하지 않을까. 기업들이 변화하는 시대에 맞춰 경쟁력을 키우면서 또다른 도전에 나서도록 비판하고 격려하는 미디어는 국가적으로도 얼마나 고마울까. 정부가 하는 일을 있는 그대로 봐주면서 정보 매개자의 역할과 비판적 감시자의 역할을 담당하는 것은 그 자체로 여전히 중요하지 않은가. 정치에 대한 불신과 냉소 대신 낡은 제도를 바꾸고 약자를 보호하는 입법가들이 더 주목받을 수 있도록 하는 것은 언론과 정치가 함께 성장하는 방식 아닐까.

기자로서 가장 좋았던 일은 기자를 그만두어본 것이라고 말하곤 한다. 기자를 그만둔 이후 저널리즘에 대한 나의 고민은 완전히 다른 토양에서 자라기 시작했다. 기자가 가진 특권을 다 버린 다음에야 그것이 어떤 것이었는지 실감이 났다. 나의 일, 정체성에 대해 더 깊이 생각해볼 기회가 기자를 그만두고서야 찾아왔다는 것이 아쉽다. 기자 시절에는 늘 기자들끼리 모이던 기자실, 출입처, 사무실에 있었다. 모두가 비슷한 무리 속에 섞여서 각자 기사로만 경쟁하는 구조에서 기자의 특권이나 소명을 성찰을 하지 못한 채 둔감해졌다. 어디든 찾아가서 누구든 만날 수 있고 어떤 질문이든 할 수 있다는 것이 권리라는 사실을 종종 잊었다. 국민을 대신해, 약자를 대변해 누군가에게 질문을 하는 것이 기자의 책무라는 사실도 어쩌다 떠올렸던 것 같다. 하루하루 무엇으로 마감할지 취재와 기사 작성에 쫓기다보면 스스로 가진 힘도 잘 몰랐다. 그러나 기자는 정말 힘이 세다. 기자가 할 수 있는 일이 정말 많다. 그렇기 때문에 기자들에게 더 화가 나는지도 모르겠다.

책을 쓰기 시작한 2019년 여름부터 겨울까지 여러가지 일을 겪었다. 한국사회에서 가장 힘든 직업 중 하나는 기자였을 것이다. 기자에게 가장 뿌듯한 성과였던 '단독'은 저렴해졌고, 외면받거나, 패스트 팔로워로 따라온 기사들에 묻히곤 했다. 대형 이슈가 터질 때마다 기레기라는 손가락질만 심해졌다. 가짜뉴스는 점점 더 심각해지는데, 정부가 가짜뉴스와의 전쟁에 직접 나서는 일은 한계가 불가피했다. 그렇다고 가짜뉴스를 만드는 이들에게 자정을 기대하기도 어려웠다. 민간 영역의 전문가들이 때로 분개하며 자신의 소셜미디어에 팩트체크를 내놓기도 했고, 네티즌 수사대가 나서서 하나하나 반박하기도 했지만, 가짜뉴스만 보는 이들에게는 아마 도달하지 못했을 것이다.

한국인이 가장 많이 사용하는 앱으로 유튜브가 등극했는데, 뉴스와 미디어의 측면에서 좋은 소식은 별로 들리지 않는다. 콘텐츠 전문가 김경달 네오캡 대표의 『유튜브 트렌드 2020』(이은북 2019)에서 주목하는 유튜버는 불과 며칠 만에 21억원어치의 티셔츠를 판매한 '염따', 괴랄한 요리 동영상 3편으로 구독자를 17만명이나 모은 '과나', 개설 한달 만에 온갖 광고를 섭렵 중인 '소련여자', 돈 버는 법을 차근차근 알려주는 '신사임당' 등이었다. 이들을 모른다면 유튜브 세계를 아직 제대로 맛보지 못한 것이라는데, 이 가운데 뉴스 영역의 채널이 없다는 것이 우리나라의 저널리즘 현실을 그대로 보여준다.

모든 것이 기승전, '미디어'의 문제로 다가온다. 독자, 시청자, 청취자와의 소통의 노력이 가장 필요한 곳이 미디어라는 점도 분명해 보인다. 그리고 달라졌으면 하는 기대를 여전히 버리지 못하고 있다. 좋은 뉴스가 사라지는 세상은 생각보다 더 나쁠 수 있기 때문이다.

기자가 해야 할 일, 기자가 할 수 있는 일

2019년 11월 가수 구하라 씨가 극단적 선택을 했을 때 많은 이들과 마찬가지로 나 역시 너무나 참담했다. 기성세대의 한 사람으로서 최진리 씨에 이어 별 같은 이들이 별이 되어 떠나는 상황이 몹시 미안했다. 그런데 당시 '많이 본 뉴스' 기사 제목들은 이랬다.

'절친들의 눈물… 애도 행렬' '사망 직전에도… SNS까지 뒤쫓은 악플' '경찰 "구하라 신변 비관 손글씨 메모 발견… 부검 안 한다"' '구하라와 법정 공방 최종범 미용실 가보니'

안 그래도 마음이 천근만근인데 기사 제목들을 보니 더 우울해졌다. 악플러를 욕한다고 세상이 달라질까? 애도와 경찰 속보만으로 충분할까? 딱 예상한 대로 비슷비슷한 기사가 수도 없이 쏟아졌다. 구하라 씨의 선택에 우리 사회의 책임은 없을까? 근본적으로 달라져야 할 부분은 어디일까? 이대로 있을 수 없다는 이들의 비통한 고백이 줄을 잇는데, 대체 무엇을 할 수 있을까? 어려운 단어와 개념이 아니라 실질적 솔루션 저널리즘을 생각했다.

언론은 할 수 있는 일이 많다. 예컨대 케이팝의 그늘과 실태를 살펴볼 수 있다. 미성년 시절에 데뷔를 준비하는 연습생들이 어떤 대우를 받는지, 한때 물의를 빚었던 불공정 계약 조건이 개선됐는지, 업계 실태는 감사·감독받고 있는지, 대중에 노출됨으로 인해 취약해질 수밖에 없는 연예인들의 심리적·신체적 건강권은 어떻게 챙기고 있는지, 특히 악플에 시달리는 상황에서 심리상담이나 정신과 전문의 정기진료 등 지원 시스템이 있는지, 아니면 개인의 몫인지, 어떤 경우 회사가 나서는지, 연예인들의 우울증이 일반인 대비 어느 정도 발병하며 얼마나 심각한지, 노동권 관련해 노동 시간이 어느 정도인지, 심신 문제로 산재를 적용받은 경우가 있는지, 없다면 뭐가 문제인지, 연예인 관련 협회나 기구에서 이 문제에 대응할 방법은 없는지, 자살 통계에서 직종별·산업별 통계가 나오는지, 연예인들 경우 데이터가 집계되는지 등등 살펴볼 일이 한둘이 아니다.

구하라 씨가 피해자였던 재판에서 가해자가 풀려난 뒤, 그리고 절친이던 최진리 씨가 떠난 뒤, 구하라 씨에 대해 기획사 차원에서 소속 가수를 어떻게 챙긴 것인지, 같은 일이 반복되지 않도록 하기 위해서도 알아야 한다.

이 사건과 관련하여 보호받지 못하는 여성들도 봐야 한다. 불법 촬영 범죄는 왜 처벌이 약한 것인지, 관련 판결 전수조사라도 해서 선고에 일관성은 있는지, 판사에 따라 처벌이 약하다는 오해가 정말 근거 없는 불신인지 아닌지, 새롭게 등장하고 점점 더 심각해지는 불법촬영 범죄의 처벌 강화 입법은 왜 더딘지, 법안은 발의됐는지, 누군가 준비 중인지, 법 개정의 걸림돌은 무엇인지, 성폭력에 대한 입증 책임은 누구에게 있는지, 다른 문제는 없는지, 해외와는 무엇이 왜 다른지, 많은 여성들을 분개하게 한, 감자탕 고기를 남자의 접시에 덜어준 것을 두고 '성관계를 묵시적으로 동의한 것일 수 있다'며 강간 혐의 무죄를 선고하는 판결의 법리는 무엇이 문제인지, 피해자를 최우선하지 않고 가해자 앞날을 걱정하는 관행이 되풀이되는 것 아니냐는 의구심은 근거가 있는 것인지, 무작정 판사에 분개할 게 아니라 법리와 양형, 판결에 대해 체계적인 분석이 필요하다. 마땅히 던져야 할 질문들을 챙기는 것이 허망하게 떠나보낸 이들에게 덜 미안한 길이다. 우리는 이런 문제에 소통할 자세가 되어 있다고 믿는다.

다들 치를 떠는 문제가 되어버렸지만 '악플 문제와 표현의 자유'도 차분하게 봐야 한다. 도입 5년 만에 위헌 결정을 받은 실명제를 다시 고민해야 하는지, 그 제도가 왜 위헌 결정을 받았는지, 도입 당시 실효성은 있었는지를 질문해야 한다. 연구 결과에 따르면 실명제 효과는 거의 없었다. 사실 페이스북만 봐도 실명 악플을 도처에서 볼 수 있지 않은가. 그렇다면 악플 처벌 현황은 어떻게 되는지, 트위터·인스타그램·페이스북·유튜브 악플에 대해 왜 속수무책인지, 왜 유럽에서는 규제가 가능한데 우리는 안 되는지, 여성 혐오 발언은 결국 차별금지법으로 해결해야 한다는 지적에 대해 여론 지형은 어떻게 변화하고 있는지, 입법 좌절 배경은 무엇인지, 다른 나라는 어떤지, 한때 절대적 가치였던 표현의 자유로 보호받는 영역에 대해 사회적 공감대는 어떻게 변화하고 있는지, 나 역시 궁금하다.

이런 일을 겪을 때마다 인권 감수성 문제와 인권 교육의 현황과 한계도 알고 싶다. 비통한 누군가의 자살 소식에 '유작' 운운한다는데, 대체 인권 교육과 성평등 교육은 어떤 식으로 이뤄지고 있는지, 그릇된 일부 인식들은 어떤 과정에서 형성되는 것으로 추정되는지, 여성 혐오를 자연스럽게 받아들이는 일각의 문제에 해법은 없는지.

모든 것을 한꺼번에 해결하는 마법의 솔루션, 만병통치약은 없다. 다만 답을 찾는 과정을 만들어가는 데 언론이 할 수 있는 일은 많다. 정부도 할 수 있는 일이 많고, 민간의 전문가 혹은 평범한 모두가 할 수 있는 일도 적지 않다. 일단 생각을 다르게 하고, 문제를 정확하게 이해할 수 있도록 재료가 되는 팩트들이 정리되어야 하지 않을까. 그 과정에서 함께 소통하면서 공론장을 만들고 뜻을 모아 변화를 만들 수 있지 않을까.

나는 최근 기레기로 퉁쳐서 기자 모두를 비난하는 대신 의미 있
는 기사에 대해 기자 이름을 거명하는 방식으로 실명 칭찬에 주저
하지 않겠다는 결심을 했다. 언론의 위기를 맞아 기레기로 싸잡아
비난받을수록 좋은 기자를 편애하며 힘을 실어주고 기운을 잃지
않도록 뭐든 해야겠다는 생각이다.

고군분투하는 기자들

2019년 11월 '2019 데이터 저널리즘 코리아 콘퍼런스'에서 주목
한 일부 기자들의 성과에 눈물나게 고마웠다. 이혜미 한국일보 기
자는 2018년 11월 서울 종로 국일고시원 화재 당시 쪽방촌 기사를
마감한 뒤, 문득 자신이 쪽방에 사는 이들의 빈곤을 이용한 게 아
닌가 싶은 생각이 들어 다시 취재원을 찾아갔다고 한다. 그 자리에
서 "이 골목 쪽방은 전부 우리 집주인 소유야. 여기 월세를 모아 인
근에 빌딩도 하나 세웠대"라는 말을 듣고 충격을 받아 취재를 시작
했다. 이 취재의 결과물인 '지옥고 아래 쪽방' 시리즈는 발로 뛰며
엄청난 자료를 파헤친 노력이 두드러진다. 그의 팀은 318채 쪽방
건물의 등기부등본을 전수조사하여 실소유주 270명의 증여, 매매,
상속, 경매 경로를 추적해 강남 건물주, 유명 강사, 중소기업 사장,
지방 큰손이 쪽방 건물주라는 걸 확인했다. 쪽방의 평당 임대료를

강남의 타워팰리스보다 비싸게 걸어가면서 문짝이 부서져도 수리해주지 않아 쪽방 사람들은 겨울에 비닐로 문을 막고 살아야 했다.

2019년 10월 말 '대학가 신 쪽방촌' 시리즈도 기대를 저버리지 않았다. 월세를 더 걷기 위해 방 한 칸을 세 칸, 네 칸으로 쪼개어 만들면서 기숙사 신축은 한사코 반대하는 건물주, 독버섯처럼 퍼지는 '신 쪽방'을 보고도 단속 여력이 없다며 묵인하는 행정기관, 기숙사 마련에 소극적인 대학 등이 복합적으로 초래한 결과를 고발했다. 데이터 저널리즘 지원 체계가 부족해 아직은 '노가다(막일) 저널리즘'이라 자조하고 있지만 이 기자의 말은 개인적으로도 울림이 컸다.

"취재하는 동안 (기자들이 흔히 말하는 것과 달리) '현장엔 답이 없다' '데이터는 아무 말도 해주지 않는다'를 곱씹었어요. 좋은 기사를 쓰기 위해서는 '현장'과 '데이터' 중 하나만 갖고는 안 되죠. 현장은 실마리를 제공하고, 데이터는 이를 증명합니다."[19]

이혜미 기자 외에도 데이터 저널리즘의 사례들은 노력을 들인 만큼 정직하게 드러나는 진실의 힘을 보여준다. 장슬기 MBC 데이터 전문기자는 250만편의 논문이 실려 있는 학술정보포털 디비피아DBpia의 데이터를 한달 넘게 웹크롤링 하는 방식으로 고등학생 저자 1,218명을 찾아냈다. 고등학생 학술 논문은 학생부 종합전형이 도입된 2007년 등장하기 시작했고, 장 기자는 411건의 논문을 추적해 자녀와 함께 논문을 쓴 교수, 동료 교수의 자녀를 챙겨준 교수 등을 종합적으로 취재했다.

SBS 데이터 저널리즘팀 '마부작침'의 심영구 기자는 2019년 국회 예산회의록을 전수분석한 '의원님, 예산 심사 왜 그렇게 하셨어요?' 기획을 위해 5,000페이지에 이르는 회의록을 분석했다. 그 결과 국회발 신규 사업의 74퍼센트가 지역구 의원들의 민심 얻기 목적이었다는 내용을 밝혀냈다.

마음을 울렸던 혹은 꼭 필요한 진실을 드러낸 기획 보도들 중에 데이터 저널리즘의 결과물이 많기는 하지만, 그게 전부는 아니다. 좋은 기사는 어떻게든 모습을 드러낸다. 이희정 한국일보 미디어 전략실장은 이런 기자들의 노력에 감사를 표했다. 2018년 1월부터 2019년 9월까지 중대재해로 사망한 노동자 1,200명의 이름으로 채운 1면 보도로 충격을 남겼던 경향신문의 기획 '매일 김용균이 있었다'를 비롯해 이혜미 기자의 쪽방촌 기사 등을 언급하고 "저널리즘은 기자들 스스로 분투해서 성취한 딱 그만큼만 나아갈 수 있다"며 기자들에게 냉소 대신 문제의식을 갖고 노력해달라고 당부했다.

"위기에 빠진 언론에 당장 필요한 것이 '개혁'인지 '혁신'인지 '변화'인지는 잘 모르겠다. 다만 분명한 것은 하던 대로 신문 만들고, 포털의 가두리 횡포를 비판하면서도 트래픽에만 목매는 현실을 바꾸지 않으면 영영 길을 잃고 말 것이다. 개혁이든 혁신이든 그 시작은 이들처럼 현장에서 '주어의 힘'을 실천하려는 기자들이 더 많아지는 것, 이런 기자들이 현장에서 길어 올린 단서를 붙들고 더 치열하게 고민할 수 있는 여건을 만들어주는 것이라고 나는 믿는다."[20]

좋은 기사는 다른 언론사, 평범한 시민에게 영감을 주거나, 그 정보와 데이터를 토대로 또다른 소통이 가능하도록 노력을 이끌어낼 수 있다. 관행에 머무른 게으른 기사 대신 사회에 꼭 필요한 기사를 쓰는 미디어에게 기회도 열릴 것이라 믿는다. 솔직히 대형 언론사의 미래를 어떻게 설계할 수 있을지는 잘 모르겠다. 과거의 방식대로 종이신문을 계속 인쇄하는 생산라인과 배달하는 유통망 비용을 감당하면서 가려면 또다른 노력이 필요할 수밖에 없다. 하지만 규모가 작은 미디어라면 시대정신을 담아 공감할 수 있는 내용의 콘텐츠로 얼마든지 유료 독자를 확보할 수 있지 않을까 싶다.

"우리는 클릭률을 극대화하려고 하지도 않으며, 구독자들을 상대로 별로 이윤이 많지 않은 광고를 판매하려고 애쓰지도 않습니다. 페이지뷰를 놓고 벌이는 각축전에서 이기려고 하지도 않죠. '뉴욕타임스'에 어울리는 건전한 비즈니스 전략은 전세계 수백만명의 독자가 기꺼이 돈을 지불할 수 있을 만큼 강력한 저널리즘을 제공하는 일이라고 생각합니다."[21]

2017년 뉴욕타임스가 내놓은 혁신보고서 '독보적 저널리즘'에 실린 뉴욕타임스 CEO 마크 톰슨의 말이다. 강력한 저널리즘이 결국 미디어의 미래가 된다고 단정하는 건 쉬운 결론이지만, 아마 실행은 그리 쉽지 않을 것이다. 영어권 독자 수백만명을 확보할 수 있는 세계적 미디어의 전략이 모두에게 맞을 수 없다. 다만 방향은 분명하다. 규모에 맞는 독자를 확보한다면 지속가능한 저널리즘을 추구하는 기반이 될 수 있다.

지속가능한 저널리즘을 위하여

좋은 미디어로 사회에 필요한 뉴스를 만드는 방법을 고민할 때 꼭 콘텐츠 경쟁력으로만 풀어내는 것이 유일한 정답은 아니다. 외부에서 전격적인 구세주가 등장하는 경우도 없지 않다. 2008년 설립된 미국의 탐사 보도 전문 매체 프로퍼블리카ProPublica는 은행가 출신의 수조원 자산가 허버트 샌들러 부부가 재단을 설립한 뒤, 월스트리트저널에서 16년간 편집장으로 일하던 폴 스타이거에게 3년 동안 매년 1,000만 달러를 지원하겠다고 약속하면서 시작한 매체다. 프로퍼블리카는 다른 외부 펀딩도 활발하게 받고 있다.

영국의 가디언은 1936년부터 공익재단 성격의 '스콧 트러스트'가 운영해오고 있다. 가디언은 21세기 들어 가장 주목받는 매체였고, 여러가지 디지털 전략에서도 성공적인 미디어였으나 2019년에 들어서야 간신히 쥐꼬리만 한 흑자 전환에 성공했다. 수십년의 적자를 버텨낸 스콧 트러스트가 아니었다면 영국인들, 아니 나 같은 독자를 포함해 전세계의 독자들이 이 훌륭한 미디어를 갖지 못했을 것이다. 프랑스 판매부수 1위인 우에스트 프랑스$^{Ouest-France}$ 역시 1990년대 초부터 비영리단체가 소유권을 확보, 적대적 인수합병에서 비켜 갔다.

언론을 공공재처럼 비영리 관점에서 운영할 경우 조회 수에 매달리거나 광고주에게 약한 모습을 보일 필요가 없다. 올곧은 미디어로 성장할 기반은 된다. 물론 그만큼 신뢰를 받는 언론을 상대로 사회적 합의가 있어야 가능할 텐데, 언론 신뢰도가 바닥인 현재 우리 상황에서는 기대하기 어렵지 않나 싶다. 그렇다면 미디어가 당장 해야 할 일은 조회 수를 늘리는 게 아니라 좀더 단단하게 신뢰를 쌓아가는 그 어려운 일이어야 한다.

미디어와 자본의 결합은 우려와 기대를 동시에 낳는다. 제프 베이조스의 워싱턴포스트 인수는 편집권 독립을 보장하면서 데이터를 잘 활용하는 미디어를 만들어낸 성공 사례다. 『생각을 빼앗긴 세계』의 프랭클린 포어는 자신이 편집장을 맡았던 뉴리퍼블릭이 페이스북 공동창업자였던 크리스 휴즈의 인수 이후 변했다는 불만을 책에 담았다. 정통 언론사가 기술과 수익만 좇는 '졸부'에게 삼켜진 상황에 대한 울분이 책 곳곳에 드러난다. 그러나 그가 현재 일하는 정통 언론사 월간 애틀랜틱의 최대 주주는 애플의 공동설립자인 고 스티브 잡스의 부인 로런 파월 잡스가 만든 자선단체 에머슨 콜렉티브다. 그 덕분에 애틀랜틱은 여전히 품격 있는 매체의 정통성을 유지하고 있다.

이베이 설립자 피에르 오미디아는 에드워드 스노든의 NSA 감시를 폭로한 글렌 그린월드 등이 참여하는 인터셉트를 창간했다. 클라우드 기반 기업용 솔루션 제공 업체 세일즈포스의 창업자 마크 베니오프와 그의 아내 린 베니오프는 96년 전통의 미국의 대표 주간지 타임을 현금 1억 9,000만 달러(약 2,140억원)에 인수한다고 2018년에 발표했다. 자본가의 미디어 인수에 이제는 그다지 놀라지 않는 서구 언론이지만 아이러니하게도 중국 알리바바 창업자 마윈이 2015년 말 홍콩 기반 미디어 사우스차이나 모닝포스트 인수를 발표하자 편집권 독립이 유지될지 우려하는 목소리를 냈다.

아마 국내 기자들 중에도 우리 회사를 인수해줄 백마 탄 '자본가'를 기대하는 마음을 가진 이가 있을지 모른다. 하지만 내 생각에 그 기대는 접는 것이 좋겠다. 국내에서 특정 미디어를 인수한다는 것은 정치적 행위로 읽힐 가능성이 높아 이를 감수할 만큼 용감한 자본가가 등장하는 것은 쉽지 않기 때문이다. 게다가 미디어는 사업 전망이 밝은 분야라 보기 어렵다. 수익보다 사회적 가치를 지향하는 자본가가 등장하거나, 완전히 다른 방식의 혁신을 통해 수익도 내고 가치도 잡는 일에 성공하는 리더가 등장해야 하는데 이 역시 유니콘 같은 일이 아닐지…

뉴스와 콘텐츠 승부가 아니라면, 이런 행운밖에 기대할 게 없는 것일까? 그렇지는 않다. 본업에서 돈을 벌고, 적자 미디어 계열사를 유지하는 사례도 가끔 발견된다. 미디어의 영향력을 본업에 거꾸로 악용하는 경우가 아니라면 지속가능한 미디어로서 괜찮은 구조다. 디지털 시대에 미디어가 콘텐츠를 파는 방식은 구독 모델로 가능하겠지만, 콘텐츠 외에 커뮤니티 서비스, 퀄리티를 담보한 유료 콘퍼런스 등 미디어의 서비스를 확장하는 것도 의미가 있다고 생각한다.

결국 미디어도 다른 기업과 마찬가지로 독자, 이용자와 소통을 잘하는 것이 관건이다. 기자라면 다른 매체, 다른 기자보다 더 빨리, 더 먼저 단독을 보도하고, 출입처에서 '취재 잘하는 기자'로 인정받는 것보다 중요한 게, 그 내용이 왜 의미가 있는지, 어디서부터 어떻게 봐야 하는지, 독자, 시청자의 눈으로 전하는 것이다.

마음에 드는 기사를 발견하는 자체가 어려운 시대라면 좋은 큐레이션 서비스도 가치가 있다. 어려운 내용을 쉽게 이해할 수 있도록 이용자의 눈높이에 맞춰서 번역 수준으로 재구성하거나 전달력이 좋은 인플루언서를 활용하는 것도 방법이다. 품격 있고 수준 높은 얘기라 해도 이용자의 눈높이가 아니라 특정 엘리트 집단의 언어로 얘기한다면 소용없지 않겠는가. 아예 수준이 다른 집단을 상대로 특정 이용자만 겨냥하는 맞춤형 서비스가 아니라면 고민하고 개선할 지점이 줄줄이 이어진다.

미디어에 요구하는 것은 보다 깊이 있는 전문성이지만, 시민사회의 역량과 잘 결합시키는 것도 중요한 과제다. 미디어야말로 소통을 잘하려면 이용자를 향한 태도부터 달라져야 한다. 우리가 정론이니 우리만 믿으라는 언론 대신 어떻게 취재했고, 어떤 자료가 있는지 투명하게 밝히고 이용자와 전문가, 시민사회의 의견을 묻는 겸허한 미디어는 어떨까. 실수는 있을 수 있지만 솔직히 털어놓고 수정해나가면서 취재 과정을 밝히는 편이 어떨까. 오보를 해놓고 1단 반론과 해명으로 달랑 마무리하면서 부끄러워하지 않는 것보다는 낫지 않을까.

거짓말처럼 달콤하거나 신념 공동체의 구미에 맞지 않아도 실체를 조심스럽게 드러내는 진실, 선동적 구호보다 훨씬 복잡하고 어렵지만 이 사회의 변화를 위해 꼭 고민해야 할 사실, 그런 것들을 지켜나가는 것은 얼마나 가슴 뛰는 일인가. 이 같은 미디어의 고민은 국민이나 고객, 유권자와 어떻게 소통할지 고민해야 하는 모든 단위에서 유효하다. 미디어는 비즈니스 모델과 생존 문제까지 고민하느라 더 어려운 날들을 보내고 있지만 그것은 결국 이용자와 소통하는 데 실패하고 있다는 반증이 아닐까.

미디어가 예전처럼 대중적 사랑을 받지 못하는 시대에 정부와 기업은 다른 방식의 소통을 고민한다. 우리는 각자 애쓰고 있다. 아마 해법은 모두 다를 것이고, 뭐든 시도해보는 과정에서 얻는 것과 잃는 것이 있을 수도 있다. 청와대의 소통 담당으로서 필사적으로 모든 시도를 다 해보면서 소통의 어려움을 경험으로 남겼다. 그것이 어떤 정책과 제도든 무슨 결정이든, 국민들에게 소상하게 더 잘 알릴 수 있었다면 좋았을 텐데 하는 아쉬움이 크다. 딱 부러지는 한가지 정답이 없는 시대에 사는 수고로움이다.

그래도 이걸 알아주면 완전히 다르게 생각할 텐데, 실제 경험해보면 훨씬 중요한 걸 알 텐데, 이 제품을 써보면 훨씬 더 편리할 텐데, 이 서비스를 이용해보면 훨씬 즐거울 텐데, 그런 마음으로 소통을 이어갈 수밖에 없다. 소통을 그럭저럭 잘했다는 칭찬이 아니라, 궁극적으로 정부의 결정이, 기업의 선택이, 미디어의 이야기가 어떤 것인지, 왜 우리가 좋아하고 분노하고 슬퍼하고 설레는지, 그걸 당신에게 전달하고, 당신의 생각을 듣는 과정 자체가 근사할 것을 안다. 이런 의미가 전달된다면 함께 변화를 만드는 여정에 동지들이 늘어날 텐데 이것이야말로 가슴 뛰는 일이 아닌가. 그 마음으로 미디어에 대한 상상, 소통에 대한 상상을 나눠본다.

2019년 초 나는 언론계 현직 선배들의 '지속가능한 저널리즘 포럼'에 발표자로 다녀온 인연으로 매달 포럼 공부모임에 참여해 귀동냥할 기회를 얻었다. 20~30년 경력의 기자들이 쏟아내는 지속가능한 미디어에 대한 고민은 절박했다. 각계 전문가를 초대해 의견을 듣고 다들 구체적 전략을 모색하기 위해 치열하게 토론했다.

돌이켜보면, 20대 초반 신문사에서 사회생활을 시작한 뒤 14년간 유능한 기자들, 각 분야 최고의 취재원들을 선생님으로 모시고 젊은 시절을 보냈다. 대학 졸업 후에도 언제 어디에서든 배우고 성장하는 경험에 집중할 수 있었던 건 사회 초년병 시절 좋은 훈련을 받았기 때문이다.

뉴미디어 전략을 고민하는 이야기는 다음과 카카오 동료들과 보낸 9년의 세월이 많은 부분을 차지한다. 플랫폼으로서, 서비스로서 여러가지 시도를 계속해온 동료들에게서 얻은 인사이트는 어느 대학 미디어 강의 못지않게 훌륭했다는 사실을 새삼 깨달았다. 기자를 그만둔 이후, 미디어에 대한 생각이 조금 다르게 여물어갈 수 있었던 것도 다 이 시기에 만난 분들 덕분이다. 몇년간 매달 만나 함께 도시락을 먹으면서 인터넷 정책을 공부하던 모임 '그네'는 학계와 현장의 전문가들이 만나면 토론의 시너지가 훨씬 높다는 것을 가르쳐줬다.

최근 몇년 동안 지인들과 함께한 디지털 미디어를 탐색하는 모임 IWDM에서도 얻은 게 많다. 각기 다른 영역에서 전문성을 발휘하는 이들을 만나면 서로 다른 관점에서 떠들 수 있어서 더 재미있다. 미디어오늘이 여름마다 개최하는 저널리즘 콘퍼런스 역시 미디어와 저널리즘에 대한 '심화학습 과정'이 되어주었다. 이 콘퍼런스에서 발표된 내용을 이 책에도 적지 않게 인용했으니 여러가지로 고마울 따름이다. 2016년 8개월 동안 트레바리 독서모임 '뉴미디어 클럽'을 이끌면서 새로운 미디어를 꿈꾸는 2030 세대와 토론을 이어간 것도 귀한 시간이었다. 늘 주장하지만, 2030 세대와 계급장 떼고 깊게 토론할 기회가 있다면 돈을 내고라도 함께해야 한다.

기자 시절이나 기업 근무 경력에 비해 시간으로는 훨씬 짧지만 2년여 청와대 경험은 결국 이렇게 책을 쓰겠다는 결심으로 이어졌다. 문재인 정부 청와대 1기 시절 함께했던 분들 덕분에 잊지 못할 경험을 쌓으며 배웠다. 리더가 진정 많은 것을 바꿀 수 있다는 사실도 새롭게 각인됐다. 깊이 감사드린다.

계속 직업을 바꾸며 달려온 탓에 책에는 결이 다른 이야기가 서로 치고받고 복잡하게 엮인 느낌이다. 하고 싶은 이야기가 중구난방으로 뻗어가는 와중에 곁가지를 쳐주고 단단하게 묶어준 창비 편집부에게 진심으로 고맙다. 편집자들의 꼼꼼한 업무가 나의 빈틈을 채워주고 있다는 것이 내내 든든했다. 답하는 것보다 질문하는 능력이 더 중요한 시대라 믿는데, 필요할 때마다 정확한 질문으로 방향을 잡아줬다.

같은 기자로 만나 시도 때도 없이 미디어와 저널리즘, 소통에 대한 이야기를 나눈 남편에게도 감사의 말을 전하고 싶다. 취미와 취향은 많이 다르지만 관심사와 고민의 방향이 비슷한 덕분에 늘 함께 소통할 수 있었다. 각자 생각을 키우는 데 있어 서로에게 행운이었다고 믿는다. 어쩌다보니 바쁜 직업만 골라 다닌 엄마로서 어느새 잘 자란 딸과 아들에게도 고마움과 사랑을 전한다. 다음 세대에 조금이라도 도움이 되면 좋겠다는 마음으로 살아왔다는 걸 알아줄까. 나 역시 평생 성실하게 업무 지식뿐 아니라 사회를 공부하는 아빠 밑에서 자랐다. 아빠는 딸이 이런 책을 썼다는 것을 분명 좋아하실 거라 생각한다.

격변기에는 어디에 서 있든 각자 생각이 복잡해지기 마련이다. 미디어와 소통에 대해 고민 많은 이들과 지속적으로 생각을 나누고 싶고 그래야 한다고 확신한다. 분명 새로운 기회를 만들어낼 수 있을 것이다. 굳이 꺼내보자면, "내겐 절망할 권리가 없다, 나는 희망을 고집한다"는 미국의 지성 하워드 진의 말을 붙들고 살아왔다. 투명하고 열린 소통이 우리의 미래를 더 나은 방향으로 이끌 것이라고 믿는다.

1장. 미디어 환경의 변화

1 프랭클린 포어 『생각을 빼앗긴 세계』, 박상현·이승연 옮김, 반비 2019, 103면.

2 「연합뉴스, 네이버 PC '많이 본 뉴스' 54% 차지」, 『기자협회보』 2016.12.1.

3 「김무성 "악마의 편집으로 기울어진 운동장" 비판했지만… 네이버·다음카카오 포털토론회 참석 거부」, 『국민일보』 2015.9.17.

4 「"왜 야당 기사 더 많냐" "악재를 왜 굵은 글씨 처리하냐"」, 『경향신문』 2015.9.9.

5 「2019 언론수용자 조사」, 한국언론진흥재단 2019, 35, 37면.

6 "'Parents killed it': why Facebook is losing its teenage users," *The Guardian* 2018.2.16.

7 「네이버 검색과 동영상 우려는 쇼핑으로 만회, 주가도 V자 반등 성공」, 『비즈니스포스트』 2019.9.24.

8 「인터넷 결제도 네이버 파워… 작년 20.9兆 '1위'」, 『디지털타임스』 2020.1.14.

9 이정환 미디어오늘 대표 페이스북, 2019.11.12. https://www.facebook.com/100000535992236/posts/3025444770816693/?d=n

10 「네이버 뉴스 광고 수익, 구독자따라 배분」, 『중앙일보』 2019.11.13.

11 「김기식 "네이버 언론 독점 심각, 뉴스 서비스 폐지해야"」, KBS1R 「김경래의 최강시사」 2019.11.14.

12 스티븐 핑커 외 『마음의 과학』, 이한음 옮김, 와이즈베리 2012, 33면.

13 알랭 드 보통 『뉴스의 시대』, 최민우 옮김, 문학동네 2014, 277면.

14 "How much data is generated each day?" 세계경제포럼 2019.4.17.

15 케빈 켈리 『인에비터블 미래의 정체』, 이한음 옮김, 청림출판 2017, 419면.

16 알랭 드 보통, 앞의 책 36~37면.

17 「조국 기사는 정말 118만개였을까」, 『미디어오늘』 2019.9.10.

18 「막내리는 네이버 뉴스캐스트 시대… 뉴스스탠드 두마리 토끼 잡을까」, 『한국경제』 2013.2.13.

19 「한달에 460억분! 유튜브에 푹 빠진 한국인」, 『한국일보』 2019.9.10.

20 「카카오톡·유튜브·네이버… 앱 사용자 부동의 1·2·3위」, 『매일경제』 2020.1.14.

21 「CES 2020 A to Z 오픈채팅방, 참가자들 '사랑방'」, 『헬로디디』 2020.1.15.

22 「'대선 댓글사건' 국정원 개입… 30개 원세훈 외곽팀이 여론 조작」, 『연합뉴스』 2017.8.3.

23 「'듣는 콘텐츠 시대'… 네이버·팟빵 웃는다」, 『매일경제』 2020.1.2.

24 「"법적으로 '위험한' 가로세로연구소, 형사처벌 등 조치 필요"」, 『한국일보』 2020.1.23.

25 AlgoTransparency, https://algotransparency.org/

26 "'Fiction is outperforming reality': how YouTube's algorithm distorts truth," *The Guardian* 2018.2.2.

27 "How an ex-YouTube insider investigated its secret algorithm," *The Guardian* 2018.2.2.

28 기욤 샤스로 트위터, 2018.2.25. https://twitter.com/gchaslot/status/967585220001058816

29 "How YouTube Radicalized Brazil," *The New York Times* 2019.8.11.

30 Samantha Bradshaw, Philip N. Howard 「The Global Disinformation Order: 2019 Global Inventory of Organised Social Media Manipulation」, Oxford Internet Institute, University of Oxford 2019.

31 Oxford Internet Institute, https://comprop.oii.ox.ac.uk/wp-content/uploads/sites/93/2019/09/Case-Studies-Collated-NOV-2019-1.pdf, 95~96면.

32 헌법재판소 2002.6.27. 99헌마480 전원재판부 결정.

2장. 고전하는 올드미디어

1 「'텔레그램 N번방' 최초 신고자는 텔레그램을 지울 수 없다」, 『미디어오늘』

2020.3.18.

2 「한국 언론 신뢰도, 4년 연속 부동의 꼴찌」, 『서울신문』 2019.6.14.

3 「한국 언론자유지수 세계 41위, 참여정부 시절 '회복'」, 『미디어오늘』 2019.4.18.

4 "U.S. Media Polarization and the 2020 Election: A Nation Divided," Pew Research Center 2020.1.24.

5 「신문 구독률 6.4% '사상 최저'」, 『미디어오늘』 2020.1.10.

6 「작년 모바일 광고비 3조원 첫 돌파… 방송·인쇄 매체는 하락세」, 『연합뉴스』 2020.2.13.

7 프랭클린 포어, 앞의 책 185면.

8 이준웅 「비판적 담론 공중의 등장과 언론에 대한 공정성 요구」, 『방송문화연구』 제17권 제2호, 2005, 151~52면.

9 네이버 뉴스 서비스 운영 원칙, https://news.naver.com/main/ombudsman/edit. nhn?mid=omb; 다음 뉴스 서비스 원칙, https://media.daum.net/info/edit.html

10 조선일보 사시(社是), https://about.chosun.com/mobile/pages/company_c01.php

11 「'조작 논란' 실검, 수술대로… 다음 "폐지도 검토"·네이버 "폐지보다는 개선"」, 『조선비즈』 2019.10.28.

12 「실검은 공론의 장, 네티즌들 폐지에 부정적」, YTN라디오 「노영희의 출발새아침」 2019.11.1.

13 「네이버 책 추천 기준 '정치성 배제' 논란」, 『연합뉴스』 2012.12.24.

14 "Zuckerberg defends politician ads that will be 0.5% of 2020 revenue," *TechCrunch* 2019.10.31.

15 "Political Ad Spend to Reach $6 Billion for 2020 Election", *eMarketer* 2019.7.19.

16 "Exclusive: New York Times Internal Report Painted Dire Digital Picture," *BuzzFeed.News* 2014.5.15.

17 https://www.nytimes.com/projects/2020-report/index.html

18 "How A.G. Sulzberger Is Leading the New York Times Into the Future," *TIME* 2019.10.10.

19 "The L.A. Times' disappointing digital numbers show the game's not just about drawing in subscribers — it's about keeping them," *Nieman Lab* 2019.7.31.

20 티엔 추오·게이브 와이저트 『구독과 좋아요의 경제학』, 박선령 옮김, 부키 2019, 110~11면.

21 「네이버 뉴스, 사용자 과반 3040… 20대 17% 불과」, 『이데일리』 2019.11.12.

22 「정의의 파수꾼들?」, 『시사인』 467호, 2016.

23 나무위키 '시사인' 항목, https://namu.wiki/w/%EC%8B%9C%EC%82%ACIN

24 「[누가 한국을 움직이는가] 손석희 아성 누가 무너뜨릴까」, 『시사저널』 1556호, 2019.

25 「"한국 언론 방향성 없는 '혁신병'… 팩트체크로 신뢰 쌓아야"」, 『한겨레』 2019.3.6.

26 "The True Story Behind The Biggest Fake News Hit Of The Election," *BuzzFeed.News* 2016.12.16.

27 "What is fake news? How to spot it and what you can do to stop it," *The Guardian* 2016.12.17.

28 「"페이크 뉴스" 진짜와 가짜 사이에서의 저널리즘의 위기」, 『미디어오늘』 2017.5.23.

29 "Facebook deletes Brazil president's coronavirus misinfo post," *TechCrunch* 2020.3.31.

30 「국제 팩트체킹 네트워크가 밝힌 팩트체크 강령은」, 『미디어오늘』 2019.12.2.

31 "The Truth Is Hard", 뉴욕타임스 유튜브, https://youtu.be/gY0Fdz350GE

3장. 진화하는 뉴미디어

1 「언론 효능감 최악… 지금의 출입처 구조로는 생존불능」, 『신문과 방송』 2020년 1월호.

2 루시 큉 『디지털 뉴스의 혁신』, 나윤희·한운희 옮김, 커뮤니케이션북스 2015, 125~26면.

3 "How Morning Brew grew to $13m in revenue with 33 employees," *Digiday* 2020.2.6.

4 "FOMO in China is a $7 billion industry," *Marketplace* 2018.9.13.

5 「"이동진 어려운 말, 잘난 체" 기생충 평 논란… 심각한 韓 문해력」, 『중앙일보』 2019.7.8.

6 「"세상이 빠르게 변할수록 '쓸모없는 공부'가 더 필요합니다"」, 『한겨레』 2019.4.14.

7 「현대판 살롱의 열가지 속성 때 아닌 살롱 부활, 왜?」, 『톱클래스』 2019년 5월호.

4장. 새로운 소통이 새로운 정부를 만든다

1 「文대통령은 파격소통 vs 靑홈페이지는 개점휴업」, 『이데일리』 2017.6.15.
2 「조직의 변화가 일궈낸 통합의 힘, GOV.UK」, 『월간디자인』 2016년 4월호.
3 「문재인 대통령 시정연설 중 PPT 등장…"신박""소장각""절실함 느껴져"」, 『동아일보』 2017.6.12.
4 "Inside the Trump Tweet Machine: Staff-written posts, bad grammar (on purpose), and delight in the chaos," *The Boston Globe* 2018.5.22.
5 「청와대 기자들이 뉴미디어비서관실에 뿔난 이유」, 『미디어오늘』 2017.11.15.
6 청와대 트위터, https://twitter.com/TheBlueHouseKR/status/1126733062643912704
7 「외출금지령 속 이탈리아 대통령의 일상…"나도 이발소 못 가"」, 『연합뉴스』 2020.3.30.
8 '나에게 실수할 기회를 주세요', 셀레브 유튜브, 2018.6.2. https://youtu.be/3c-7E8oo6J4

5장. 국민청원, 새로운 소통을 열다

1 「change.org Impact Report 2018」, change.org 2018, 4면.
2 헌법재판소 2012.8.23. 2010헌마47 지정재판부 결정.
3 제인 맥고니걸 『누구나 게임을 한다』, 김고명 옮김, 알에이치코리아 2012, 19면.
4 같은 책 310면.
5 헌법재판소 2014. 2. 27. 2011헌마825 전원재판부 결정.
6 헌법재판소 2019. 4. 11. 2017헌바127 전원재판부 결정.
7 「[책과 삶]민주주의 국가에 치명적인 '대의민주주의 비효율성'을 꼬집다」, 『경향신문』 2019.7.5.

6장. 소통은 계속된다

1 미국 PR협회, https://www.prsa.org/about/all-about-pr
2 「MBC '국민이 묻는다' 측 "중구난방? 그게 기획 의도"」, 『미디어오늘』 2019.11.20.
3 제16대 한국소통학회 회장 취임 인사, http://ksmca.or.kr/notice/view.php?idx=650

4 「홍보 부족만 탓하는 박 대통령, MB도 그랬다」, 『오마이뉴스』 2013.12.17.

5 문재인 대통령 페이스북, 2018.11.18. https://www.facebook.com/moonbyun1/posts/1688854611220884

6 https://www.cbinsights.com/research/startup-failure-reasons-top/

7 미첼 스티븐스 『비욘드 뉴스, 지혜의 저널리즘』, 김익현 옮김, 커뮤니케이션북스 2015, 65~66면.

8 「숙대 입학 포기사건, 혐오에 힘 실어준 언론」, 『미디어오늘』 2020.2.10.

9 미첼 스티븐스, 앞의 책 164면.

10 같은 책 180면.

11 같은 책 181면.

12 같은 책 219면.

13 「"언론, 문제 진단과 함께 해결법도 취재해야 한다"」, 『미디어오늘』 2019.8.13.

14 「[미디어 세상]어떻게 훌륭한 언론인이 되는가」, 『경향신문』 2019.7.14.

15 「전통 장르 대신 '목소리 소설' 지평 연 女저널리스트」, 『서울신문』 2015.10.8.

16 「[김진의 시시각각] "국민이 3일만 참아주면…"」, 『중앙일보』 2010.5.23.

17 「아카데미에 띄워올린 세월호… "이제 해피엔딩으로"」, MBC뉴스데스크 2020.2.12.

18 「긴 호흡 저널리즘의 현황과 전망: 하루살이 저널리즘 넘으려면… '언론인 작가' 움트는 토양 조성돼야」, 『신문과방송』 2019년 11월호.

19 「"현장엔 답이 없고, 데이터는 말이 없다"」, 『단비뉴스』 2019.11.23.

20 「[메아리] '조국 이후' 냉소에 빠진 기자들에게」, 『한국일보』 2019.11.27.

21 티엔추오·게이브 와이저트, 앞의 책 125면.

홍보가 아니라 소통입니다

초판 1쇄 발행 / 2020년 5월 25일
초판 3쇄 발행 / 2021년 9월 21일

지은이 / 정혜승
펴낸이 / 강일우
책임편집 / 최지수 홍지연
조판 / 박아경
펴낸곳 / (주)창비
등록 / 1986년 8월 5일 제85호
주소 / 10881 경기도 파주시 회동길 184
전화 / 031-955-3333
팩시밀리 / 영업 031-955-3399 편집 031-955-3400
홈페이지 / www.changbi.com
전자우편 / nonfic@changbi.com

ⓒ 정혜승 2020
ISBN 978-89-364-7797-4 03300